流动生计与社会变迁

云南少数民族区域调查

王云仙　赵群　主编

Mobile Livelihoods and Social Transformations among Ethnic Minority People **in Yunnan**

社会科学文献出版社
SOCIAL SCIENCES ACADEMIC PRESS (CHINA)

前言

在日益全球化和市场化发展的情境下，流动成为越来越多人生活的一部分。虽然居住在相对偏僻的山区，云南少数民族的妇女和男人也不能避开市场的渗透，从原先的以游耕游牧为主的流动被带入到更为多样的要脱离本土本乡的远距离的流动中去——其中有他们自己的选择，也有无奈和被迫。

对于流动，多数研究和政策关注的焦点在城乡的劳动力转移和流动、因基础设施建设或生态发展和扶贫项目带来的搬迁移民以及国际移民。来自云南一线的调研显示，在全球化大生产背景下，流动的概念和含义已大大伸展，不仅包括了外出打工（到城市或沿海），还包括跨境和流入；不仅进入非农行业，还有大量的农业生产性流动；不仅仅是单向，而且更多的是循环流动。多样的流动给他们带来的是什么？是生计的机会还是被挤占或失权？在社会经济大变迁的时代，这成了一个复杂而动态、不易捉摸的问题。

本书所展示的是一个由多方合作，在印度、老挝和中国开展的“印度、中国和老挝少数民族的流动生计与社会性别”研究项目的成果。所有三个国家的研究都是在这个总研究的大框架下进行的。中国研究在云南开展田野调查，于2010年10月的初步考察后，选择了昆曼公路沿线和附近区域的四个村为案例做系统的调研，这四个村是元江县的戈村[①]（哈尼族）、普洱区南村的布朗新寨（布朗族）、西双版纳州的夕村（布朗族）和召村（傣族）。这四个村都在昆曼公路沿线及辐射区。之所以选择这四个村，是因为它们代表了不同的民族、地理形态和农业生计、多样的流动形式。

此研究采用了综合的研究方法。在2011～2012年，研究团队开展了系统的实地调研。在所选择的四个村进行了问卷访谈（216份），访谈了关键信息人如村干部、村民小组长、青年、妇女骨干、退休村干部、小商人、土地承包人和种植承包商、频繁外出的组织者和中间人等，与青年、妇女和长者等进行了焦点组访谈，追踪和观察了夕村老寨、布朗移民村搬迁前他们村寨的资源和生计情况。在每个州县，研究团队与政府部门就研究涉及的议题、目的和当地的状况等有充分的交流，并且取决于各地的需要，与农业局、旅游局、移民局、妇联、民委、经贸委、人力资源和社会保障局等部门交流并探讨当地的流动生计情况与趋势。在调研有了初步的结果后，我们也举行了一个为期两天的工作坊，邀请村民代表、学者和发展实践者，确认调研所得的资料和判断，不同背景的参与者相互交流和论证我们的主要分析。这样的综合研究方法能使我们对流动和相关的生计变化有多方位的理解和认识。

本书分为九章。前言之后的第一章，包括文献考察和理论框架的论述。此研究项目的总协调人冉格尔·伦德（Ragnhild Lund）教授架设了对于流动和流动生计的理论认识和框架。流动是一种生计策略和能力，流动产生的不同的循环，即反地域循环，包含着政治、社会、经济、文化和身份关系的改变。因此流动也是一

① 为保护案例村和村民，村寨和村民的名字都不是真名，被引用的村民的名字用编号，如CFX来表示。

个社会过程。三国（中国、印度和老挝）比较研究都运用了这一统一的研究理论框架。

第二章是整个比较研究项目中中国研究的总论，运用了第一章的理论框架来论述中国的流动现实，结合了中国的宏观发展环境和实地调查的资料，阐述中国在全球化生产和贸易、交通通信迅速发展、文化日益趋同的情势下，流动的多样性及其带来的多重影响，以及身份（公民、民族、性别、年龄）变化和社会的变迁。

第三章、第四章、第五章和第六章分别分析了云南四个村的案例，它们代表不同的演变和交织的流动形式：外出务工、跨境和境内走穴（旅游业中的民族文化的装饰）、移民搬迁、农业循环耕作、流入以及不流动的生计方式。每一种流动反映了不同阶段的生计策略（或在非自愿搬迁的情况下常常是生计的断裂），流与留的抉择中劳动力的安排、个人发展、资源利用和控制、政策发展和文化环境，以及流动中资源（土地利用、资本、劳动力）的控制对边远少数民族妇女和男人的影响。

第七章是有关昆曼公路的社会经济分析：流动与社会性别。虽然这是另外一个研究项目的产出，但在相同的区域——昆曼公路沿线开展相关的研究，是与流动生计研究相匹配的。这一章以昆曼公路为案例，展示在西部大开发的场景下西部省份大规模基础设施建设所产生的社会经济影响：交通设施的发展和条件改善改变了边境地区人们的贸易和生计、流动状况和土地利用，但少数民族妇女的流动和生计机会却有被挤占的趋势。

第八章阐述了与流动有关的政策意义，包含了对流动中社会服务和保障的获得和覆盖、土地与林地的利用和改变、流动与边境贸易及旅游、民族文化发展与传承四个议题的政策分析，旨在为政策改善提供一些来自地方和底层的视角。

第九章是一个简要的结论，以回应这个研究所关注的几个方面的问题，以云南民族地区多样的流动性来理解更广阔的流动与生计的关系：流动作为生计策略和能力，是否为边远地区人民提供了更多的选择；流动作为社会过程，是否影响了妇女和男人对资源的拥有；他们的社会和文化身份又是否在全球化的反地域循环中受到了影响。

目　录

第一章　社会性别、流动性以及生计转型：分析工具和综合发现

冉格尔·伦德（Ragnhild Lund）

姚韵松　杨晓红/译

一　引言

在当今时代，随着全球主义和跨国主义的日益加深，越来越多的人处在流动中（Cresswell，2006；Rigg，2007b；King，2011）。这是一个“流动的时代”（越来越多的个人流动、商品流动、疾病传播、机构变动、知识传播），这种现象不只为工业化社会所独有，如今南方国家（发展中国家阵营）在全球化发展进程中也呈现这样的特征。然而到目前为止，属于发达国家阵营的北方国家仍是各种创新思想和发展的主要发源地。因此，在社会科学研究中，有必要以南方国家为核心开创一种“新的流动范式”，深入研究流动和生计（Rigg，2007b）。

我们这个名为“印度、中国和老挝少数民族的流动生计与社会性别”的研究项目填补了这一空白。该项目主要关注上述各个国家的男性和女性如何通过流动这一生计模式来应对当今的社会经济和空间的变化。来自印度、中国、泰国和挪威四个合作机构的主要研究者，从生计变迁的角度比较不同文化、不同区域间的异同，探讨原住民中因为不断加强的联通性和流动所带来的社会性别方面的影响。宏观地说，我们旨在探究国家政策和跨境/跨区

域的联通性如何塑造和重新定义原住民的生计方式、公民权益、身份认同和社会性别关系。本书是中国的研究发现，所有参与项目的地方研究人员都有著述。

尽管在新的经济体系中，还有其他很多被边缘化的群体成为流动一族，我们的研究还是选择考察居住在边境地区的少数民族，因为这些地区正迅速向资本主义的扩张和市场经济敞开门户。在这个背景下，有着显著迁徙传统的原住民，他们的能力和选择可以促进我们了解当今流动迁徙模式的复杂性及其背后的社会性别关系。

在流动生计研究基础上，本书通过分析经济转型和市场一体化形势下人口流动的现象（不管是否强制），深入探究原住民生计的变化，以展示发展的不同侧面，尤其是这种变化背后的社会性别因素。由于迄今为止关于原住民的研究多为民族志的案例，我们希望能往前迈进一步，提出一些跨界的研究成果，这有助于认识和了解亚洲各地当代的社会变革。

原住民如今是一个有争议的词语。由于种种原因，一些政府部门和学者并不愿意使用它：有些人认为这个词包容性不够；有些人则认为该词带有贬义；也有些政府认为使用这个词就得承认这类群体对某些土地的优先权，如在老挝就有这样的情况。在亚洲各地，原住民也被称为部落民族、土著民族、少数民族、阿迪伐西斯（印度原住民）等。本书在谈及中国的少数民族时，使用被广泛接受的“少数民族”一词，但泛泛而谈时使用“原住民”一词。

原住民正遭遇失去土地或自然资源的不幸，这不仅给他们带来经济上的贫困，也造成身份认同上的迷茫，危及他们的文化传承（World Bank，2010）。身处自然资源和矿产资源丰富的原始森林地区，他们却成了新经济体系的最大输家，这也是多国政府所面临的一个严峻的发展困境。不过，各地原住民的境况也各不相同，国与国之间甚至一国之内，原住民与主流社会疏离或融合的程度差别都很大。共同的集体身份认同使得“原住民”一词得到国际认可。原住民社区的居民对自己的民族身份有强烈的认知感，但他们的这种认知未必能得到各自国家的尊重和承认——这种情况是存在的。尽管联合国 1948 年就通过了《世界人权宣言》，承认了人类家庭所有成员的固有尊严、平等和不可分割的权利①，但是，在全球化浪潮的席卷下，原住民正被迅速边缘化，遭遇着巨大的发展压力。针对这样的背景，对当今的社会变迁及其所带来的不断加强的生计流动，我们进行了探究并提出一份跨文化的研究成果。

在发展领域和社会性别领域的研究中，当代话语要么谈及“流动”（一个新的热门词），要么谈及生计（这是发展领域研究中一个广泛使用的方法）。而我们把这两个传统的研究领域整合在一起，来考察被边缘化的社区男性和女性经历的剧变过程，这种剧变改变了他们的生计，并可能促使他们流动。我们认为，这个过程带有很多社会性别的成分。该研究拓展了目前流动迁徙分析的领域，因为它不仅研究出生地和迁徙目的地之间的关系，也关注人们在迁徙过程中的整个形态。考察农村生计时常有的一个偏见是，认为农民尤其是原住民的未来总是跟农业生产和土地联系在一起，不管这种偏见是暗指还是明说出来（Rigg，2006）。但是，本书在关注流动时，旨在对人们在快速变革时期所做的生计选择提出一个更加务实的评估。

二　解构政治—空间关系变化中的流动

多数南方发展中国家城市化、现代化和工业化过程中的扩张，给原住民社区造成了压力。这些社区通常位于偏僻的地方，人们

---

① 关于联合国《世界人权宣言》的历史和内容，参见 http：//www. un. org/en/documents/udhr/，最后访问日期：2011 年 12 月 10 日。

的生活环境比较边缘化。学界普遍认为，全球化和/或经济转型、道路交通的改善、与市场的接触更为便利等因素，都会促进原住民社区人员向外流动，使土地使用发生变化，原有的生计方式受到挑战。这种变化会通过强制异地安置、长期外出、通勤流动、更长的日常流动（如需要花费更多的时间采集林产品等），影响到女性和男性的流动。走亲访友也是一种古老的流动方式，人们参加一些仪式，共同去森林，聚在一起商议婚丧嫁娶以及生意上的事。虽然人们也去其他地方找工作，但近来的趋势是劳动力从农村流入城市已成为主要的流动方式。也有一种逆向的趋势，即由于有了更好的基础设施和通信设施，在新经济下人们的流动变得更少，不过这取决于他们住在哪里。不同的社会、经济、政治和空间结构给人们提供了不同的改善处境的条件，因此，不管选择流动还是不流动都是为改善生计而采取的策略。随着外部市场和发展压力的出现，人们的流动模式正在发生变化。本书呈现的就是这种流动如何与新的方式、新的选择以及跟往日不同的日常生活交织在一起，影响人们对社会变迁和身份认同的看法。

欧马切特等（Ohnmacht et al.，2009）认为，流动现象是分布不均的，因此，它既是社会分层和社会不公的结果，又是其诱因。当然人们也有可能被迫流动或留在原地，所以，流动或不流动有可能同时发生。因此，不同的流动形式未必取决于人们流动的能力，而是取决于他们能否认识到自己的能力并运用这种能力来流动。甚至在某些理论上流动几乎没有可能的情形下，人们的流动选择极为有限，流动却照样发生了，并促成了更好的个人发展和生活状况。因此，可能正如科隆里德（Kronlid，2008）所认为的那样，流动性是人们流动与否的一种能力。本书同样把流动和不流动看作一枚硬币的两面，流动既可能是被迫的也可能是自愿的，也都能很好地解释人们流动的选择和潜能。

跨国界的流动已出现，而且时常对穷人和弱势群体造成危害。萨森（Sassen，2000）认为，导致许多国家采用新自由主义政策的各种国际力量也促成了更多的压迫型迁徙流动模式（她称这种变化为反地域循环，各种形式的拐卖人口也是其中不可分割的一个部分）。这些力量强化了最贫困人群边缘化的过程——以强制的方式增强了他们的跨境流动。我自己对斯里兰卡异地安置的原住民维达斯人（Veddas）的研究显示，妇女出境去做女佣是一种流动策略。更为常见的是，年轻姑娘去工业区找工作，而各年龄层的男性则季节性地到全国各地的工地打工。他们在社会上的地位从民族、社会、经济几个方面来看都是边缘化的，因此其流动是一个选择性的过程。人们流动与否的能力与生计策略交织在一起，而生计策略又反映维达斯人被边缘化的地位——他们的流动能力是有限的。这种流动的能力是受社会因素制约的（Haraway，1988），从这个角度看，我们就能明白，了解人们的生活状况、他们在各地创造的各种实践活动以及他们的身份是多么重要。

原住民组成的社区有显著特征：他们居住的土地和赖以生存的自然资源与他们的身份和文化密不可分。因此，失去土地或自然资源使用受限，不仅导致他们经济上的贫困，还会导致其他方面的贫困——失去身份认同和文化传承（World Bank，2010）。世界银行对原住民的定义考虑了如何把属地身份认同、文化和生计交织在一起。其他学者的研究也显示，人们的日常生活和属地能帮助我们更好地理解文化演变是如何适应或抵制变化的（Wise，2000；Scott，2009）。这些反思表明属地和流动是社会基本维度并能产生身份认同（Attanapola & Lund，2013；Lund，2013）。

在新自由主义政策的时代，原住民更加被描述成被边缘化的受害者——因经济转型而失去了权利。关于原住民和文化以及恶化的可持续性的研究可谓汗牛充栋（Singh，1982；Burman，1989；

Panda, 1996; Kumar, 2007; World Bank, 2010); 也有研究谈及环境项目如何影响到原住民，限制了他们对自然资源的利用 (Tauli-Corpuz, 1995; Lund, 2003; Xu and Salas, 2003); 发展项目如何引发异地安置 (Vandergeest et al., 2007; De Wet, 2008); 公民权缺失 (Staheli et al., 2004); 发展导致的异地安置如何对原住民造成更大的影响和其具体的运作过程如何造成社会性别的不平等 (Lund, 1993; Baviskar, 2004; Kusakabe, 2012)。因此，原住民越来越被描述成没有权利的被边缘化的受害者。但是，关于他们的生活现实，即他们以怎样的智慧和策略来维系其日常生活，却少有关注。一个例外是司各特 (Scott, 2009)，他揭示出流动是原住民对抗边缘化的一种武器。他认为，纵观历史，通过流动，东南亚高地居民（原住民）避免了政府对农业、盈余、劳动力的控制，而且很好地应对了语言差异、刀耕火种农业和少数民族身份认同等问题。他的观点契合了其他学者认为原住民一直都在流动的观点 (Stepputat and Sorensen, 1999, 2001)。这也是我们在本书中所要做的，即揭示人们如何把流动传统与新经济模式结合，创造出各种生计策略，昭示了人们可以因地制宜地做些什么。所以，流动正成为一种主要的应对策略，其对生计的影响因性别而异 (Sørensen and Olwig, 2002)。我们没有把人们看作转型变革的受害者，而是去理解在交通运输和联通性不断改善的条件下，人们怎样通过流动来采取策略，创造生计机会。此外，全球对农产品和矿产品的需求，使得发展中国家减少为本国民众生产食物和基本生活用品，导致传统生计状况恶化，贫困的男女寻求食物、住所和其他生活必需品的负担加重。这个过程与其他结构上的不平等，如民族、阶级交织在了一起。虽然流动迁徙对社区生计和身份认同的影响已有很多研究分析 (Murphy, 2002)，但流动本身——不仅包括劳动力的流动，也包括短期的通勤流动和日常流动，是怎样影响生计和身份这一点，并没有得到足够的关注。依据克莱斯威尔（Cresswell，2011）的观点，流动是在社会和文化背景下的移动。这种移动，男性和女性的经历不尽相同，其移动的行为规范也不同。

原住民总在流动，而且不喜欢受到国家的控制（Scott，2009），但我们注意到如今他们的流动更加受到外部力量，即国家和市场的影响，对于这些力量他们几乎无法控制，或者说谈判的难度越来越大。所以，流动通常发生在经济转型和变化的政治—空间关系背景下。所谓的政治—空间关系（Massey，1994；Hyndman，2002），我们指的是当前盛行的发展政策，还有国家及其他外部力量。这些因素企图控制人们的生计选择和策略并促使人们流动。虽然人们有能力流动，但流动的具体行为还是取决于其所处环境的各种条件，而不仅仅是流动者个体的选择。此外，原住民社区生活发生变化的原因不仅仅是基础设施和与外部的联系，在多数社区，内部变化也在同时发生（Rigg，2007a；Scott，2009）。在后面几章里我们会看到，流动或不流动的各种表现形式，展示了变化的政治—空间关系是如何影响到人们改善生活的能力和选择的。与里格一样，我们不支持那种念旧的观点，认为在道路的出现和发展活动的干预之前，这些原住民社区是世外桃源。就像司各特（Scott，2009）一样，我们看到原住民妇女和男人以流动为工具，竭尽全力来保持他们各自的生活状态，规避国家的控制。这种观点与新自由主义国家政策不同，新自由主义国家政策通常把流动视为以养家糊口为目的的行为，人们流动是因为经济压力，流动的目的是寻求更好的经济处境。其实，女性和男性的流动形式和原因都可能不尽相同，例如流动的原因可能是为了逃避社区或家族的性别压迫，这种压迫源自父权传统和具有压迫性的婚姻习俗（Jin Huashan，2008）。

三 分析工具

受克莱斯威尔（Cresswell，2011）的启发，我们认为下面几个相互关联的维度是了解本书谈及的原住民流动的几个重要方面：流动作为社会进程，流动作为生计，从自愿流动到强迫流动，流动的社会性别因素。我们发现几种流动形式能塑造或重新塑造生计方式，并导致社会性别分工和实践的改变。

（一）流动作为社会进程

流动作为社会进程不仅包括有形的流动（身体的移动），也体现为通过和其他进入社区的人的接触与外界产生联系（Rigg，2002；Xu，2006）。这意味着流动是一种改变当地结构和社会关系的过程。经常跨越地理政治边界的人也行走在文化的边界，这种边界由语言、公民权、种族、民族渊源以及社会性别意识等产生（Duany，2002）。这样的流动能促进新的移民身份和政治差异的产生（Rigg，2007a）。迁移到新的地方的人面临各种挑战，如使用土地和其他资源的权利、归属感、民族渊源和身份差异等。而留下来的人则面临其他挑战，如要会管理使用打工汇款，传统社区文化遭到侵蚀，还有社会性别角色和分工的变化等。因此，正如克莱斯威尔（Cresswell，2011）所说，流动发生在某些地方，也因为地方的改变而发生流动，不同的流动之间是相辅相成的，一些流动带动产生另一些流动。

作为社会进程，流动是跨边界跨国界的。虽然纵观历史，流动是原住民一个主要的应对策略，但直到近来，流动才越来越受到地理联系和以市场为导向的发展政策的影响。除了各自的国家对他们有些特殊的法律条例外，我们的研究所关注的原住民大多是社会的边缘群体。他们的边缘化也体现为劳动力市场距他们的居所遥远和他们的权益受到侵犯。例如，流动到新目的地并不总能保证得到好的收入或体面的生活条件。对中国的农民而言，户籍制度规定了总体的城市和乡村地区关系，尤其是对流动产生了制度限制。许多男女在城市寻求新的生活，却不得不冒险承受各种压榨。也就是说，对于进城务工的人来说，存在许多经济、社会和政治障碍，这也会对他们的生计选择产生直接影响。

本研究的实证数据显示，流动和不流动都可能导致原住民男女进入螺旋形的处境恶化状况或渐进的脱贫状况，这取决于当时的政治—空间关系情况。例如，云南省那些无力支付到昆明的旅费的人只能留在家乡的村子里，虽然他们很向往去昆明。同时也有这种状况：由于户籍制度的约束，有些人，尤其是中年妇女和老年人，只能待在他们先辈世世代代居住的村子里。而年轻一些的人又不得不外出务工，赚钱为孩子付学费、付医药费并购买粮食，因为他们现在不再自给自足。人们为支付教育费采用流动的生计模式，因为其日常生活货币化了（也可参见 Bryceson，2002；Rigg，2006）。所以，正在发生的经济转型已经彻底改变了人们流动和接触外部世界的能力。流动的经历因性别、民族、阶级的不同而不同，个体与个体之间以及不同的群体之间也有差异。流动是一种移动，同时它与流动的内涵和产生流动（或不流动）的权力也交织在一起（Cresswell，2006）。

（二）流动作为生计

作为生计的流动从时间长度来看有永久性流动和临时性流动两种，其原因有农业生产的变化、新兴农业产业的进入、工业的发展和教育的变化等。流动取决于也体现出人们创造生计方式的能力，因此，生计可能是流动的。“流动生计”的概念由斯戴普塔特（Stepputat）和索伦森（Sørensen）于 1999 年提出，用以解释加勒比地区和其他地方的流动现象。根据斯戴普塔特和索伦森（2001：770）的观点，“流动生计的概念意味着涉入迁徙流动的人们的社会和空间实践活动，把生计的概念提升到超出原来属地的范畴。这个概念包含对生计的更宽泛的理解，因为它不仅观察女性和男性的迁徙，也观察他们的日常流动和长期流动”。这种观点使得我们可以理解，人们在生计规划中把地方和处所作为资源和资本。当人们以流动的生活方式维持生计时，流动生计可以被理解为一种空间的拓展，是人们在新的地方、区域和国家背景下维持生计之道。

中国正从温饱或半温饱农业向新兴市场经济转化。我们发现人们通过调动不同地方和处所的资源，来实现把地方和处所作为生计资源的策略。农业富余劳动力完全改变了原住民（也包括农村地区其他人）的生计，产生了多样的生计模式——从永久迁徙到临时迁徙，从循环流动到日常通勤。另一种流动的影响是搬迁到新的地方或重新安置，新的生计方式出现了，如采矿、建筑，甚至还有拐卖人口。同时，也有很多人在努力维持传统农业。在中国农村，年轻夫妇和孩子倾向于永久地移到城市，而困难多的中年妇女更多在从事农业生产，中年男性则更多在村外务工。所以，从一个家庭的生活轨迹来看流动与不流动是很重要的，这能展示社会经济变革在移民代际的动态图景。这些都是人们流动选择和能力的例子，也显示了他们行动的内涵，而这最终又形成不同的生计策略。这些研究发现表明，流动和非流动都可能导致原住民男女生活状况呈螺旋形恶化或逐渐脱贫，这取决于在起作用的政治—空间关系。

（三）从自愿流动到强迫流动

从自愿流动到强迫流动，我们指的是由于发展活动的干预而产生的人口或劳动力的迁徙和异地安置。异地安置对许多原住民来说，意味着得面对艰难的生活条件。本书中的一个例子是因为大坝建设，有一个社区不得不整体搬迁，而搬迁补偿并不到位，就算补偿到位了，异地安置改变了原有的生活，使得搬迁的人们不断地在原住地和现住地之间做比较，从而引发他们去争取得到更高的补偿。

有不少做研究的人著书提醒说，异地安置的想法是基于这样的观点，即人们居住在固定的居所，对原住民而言最佳途径就是回到他们“原住地”并待在那里（Stepputat and Sørensen，2001；Dyer，2010；Oo and Kusakabe，2010）。这样的假定忽略了一个事实，即许多原住民的生存是以流动为策略的，而且正是因为这种流动性，国家希望把他们固定在一个地方以方便控制管理。中国的户籍制度就是一个很好的例子。正如戴耶所说，流动被消极地看作“穷人以迁徙来应对外界的变化”，而这种说法掩盖了这样的事实，即移民和流动是“自我选择的能动性的表现”（Dyer，2010：301，307），并不总是对结构不平等的应对，也并不总是阻碍人们的选择。这些相反的观点显示，流动的经历和意义因人、因地而异，流动的具体方式不一，而这也不是那么出人意料的现象。

更为重要的是，流动的方式在不同层面上受权力的影响，在国家层面是决定融入抑或排斥，在地方层面是决定谁流动和以什么方式流动。我们在项目点的研究也显示流动方式和生计选择丰富的多样性。在中国，流动与“国民待遇”紧密相连，没有城市户口的农民工并不能享受与城市居民同样的权益，户籍制度从制度上把人们拴在固定的地方，并将社会保障与户籍地捆绑，从而剥夺了他们流动的权利。对不流动的人，由于大量的经济作物的种植和大规模基础设施建设的扩张，发展的压力日益增强，所以原住民两头受挤压，失去了对流动的选择，而如果选择留下，大型农业产业对土地和资源的需求又让他们的生存环境受到挤压。据观察，流动与否人们通常都没有选择的余地，社区的生计条件恶化，人们为了生存只能增加流动。

（四）流动的社会性别因素

第四个相关联的方面是流动的社会性别因素。正如西尔维（Silvey，2006）和哈考特（Harcourt，2009）所指出的，空间的流动是一个社会、经济和身体的过程，所以以社会性别视角来看流动是一个极为重要的方式（Sørensen and Olwig，2002；Staheli et al.，2004）。原住民妇女一直以来都与流动相伴——参与轮耕农业劳动，在森林采集林产品，长途跋涉去做买卖。流动通常被放在某种特定的语境（如迁徙、旅行的方式）中讨论，而缺乏一个更宽泛的语境来把流动的外在形式和内涵，以及女性和男性主体性的转变是如何受空间移动的影响等方面涵盖进去。克莱斯威尔和友藤（Cresswell and Uteng，2008）指出，性别影响流动，而流动也影响性别。科隆里德（Kronlid，2008）、友藤（Uteng，2006）和罗宾斯（Robeyns，2003）一直坚持认为，流动应该作为一种能力来研究。对流动的限制会加重妇女的从属地位，而改善的、可行的流动则会改变不平等的社会性别关系（Lund，2013）。日下部（Kusakabe，2012）曾经编写了一个关于湄公河地区修路所带来的影响的案例研究系列，关注了女性和男性的流动，指出流动与女性赋权之间，以及基础设施建设和女性流动之间的关系是复杂的，因具体环境和条件的不同而不同。日下部认为有必要对每一个道路建设项目做社会性别分析。

最后，下面几种情形中，社会性别角色和关系的变化需要引起重视，如很多男人流动是为了娶媳妇，发生在工业和农业中的劳动力女性化现象，旅游业和小商业发展中新的工作机会的出现等。这种变化的过程在我们所研究的几个国家都能看到。在中国，找媳妇是一个心照不宣的流动原因。流动也会改变社会性别关系，这对从事农业生产的妇女产生了伤害，但对居住在城市和新住处的人来说，其结果是性别间有更多一点的平等。云南少数民族年轻女性为了追求生活的自由和乐趣离开家乡，而云南少数民族年轻男性更多是要回到家乡。在中国，除了影响云南少数民族流动模式的一些宏观因素外，流动的动因在社区、家庭和个人层面上也各不相同。西部开发和农业产业化综合开发的实施，弱化了为追求经济利益的流动，人们在自家附近就能得到更好的创收机会。但是，受其他地方的发展的鼓舞和诱惑，年轻人渴望亲自去经历这种发展。所以，哪怕收入未必比在家乡高，他们还是要去看看“外面的世界”。

四 结论性讨论

当前中国国民经济的迅速发展和众多的地区发展项目及政策并存，让中国的流动规模变得前所未有。以云南省几个少数民族农村社区的田野调查为基础，本研究记录了中国流动模式的多面性和复杂性。随着经济的快速发展和基础设施的建设，云南的少数民族要么被吸引去流动，要么被迫流动，其流动模式与宏观政策和经济结构的调整息息相关，流动的动力各不相同并时有重叠。流动作为能力和生计策略抑或是为发展所迫，对男性和女性都有不同的意义并引发不同的后果。

我们也发现，空间流动模式的变化会影响个体和集体的选择与行为，从而产生不同的社会流动形态。如今，人们的流动越来越受到外部因素如国家和市场的影响，而这些外部因素几乎无法控制，讨价还价的难度也日益增强。同时，我们在此也记录了，流动对许多少数民族来说并不陌生，因为这在其历史上是不断发生的。因此，传统的流动中包含稳定性，而这种稳定性又由周期性和季节性的流动所构成。

（一）迁徙与流动

我们研究的一个主要发现是，农村生活正变得越来越去本土化，家庭分散在各处，生计与生存农业的联系日益淡薄，而更多地与矿产、工业和经济作物相联系。此外，城市化和城市的生活方式，对已经处于边缘的弱势群体带来了更大的压力。所以，我们认为仅仅用“移民”“迁徙”这样的词已无法充分描述人们流动的程度。我们发现人们的流动不仅仅是从一个起点移动到一个终点，而且是关于移动在时空上的范围。迁徙和流动都是内涵丰富、具有背景特征的运动，但是研究流动可以捕捉到人们实践的流动性，这构成他们的日常社会生活，反映出他们选择的增加和受限。关注流动还能捕捉到移动的复杂性、移动中的不平等现象以及移动的社会性别因素。

我们发现了人们移动的不同形态。“流动的农村人口”在乡村的家和城市的住处来回移动。从生命轨迹来看流动，我们了解到，移动的观念和能力在不同代际是不同的。同时，我们也发现的确存在代际流动差别，如年轻夫妇，尤其是有学龄儿童的年轻夫妇移居到城市，其永久移居的可能性就很大。我们也了解到人们是如何做出流动抉择的。第一代移民攒钱寄回祖祖辈辈居住的农村老家，而新一代的移民则努力在城市开创新生活。

（二）流动与不流动

我们的实证研究显示，排斥的过程与流动和不流动都相关。我们发现不流动，即待在原地，与牵制人们的传统有关，正如其与促使人们寻求新的生计方式（不论被动与否）的新的移动活动相关一样。不同的地方存在一些根本的差异，因为这些差异是与不同的环境和社会—空间关系交织在一起的。例如，由于户籍制度的限制，流动的人们在年老时都倾向于回到祖居地。农村人口没有城市人口所拥有的养老保险和社会福利，他们的未来很不确定，所以，在家乡做些投入是退出城市生活的一个可能选择。我们认识到人们的移动是有意识的，因为他们不仅从一个地方移动到另一个地方，而且通常还来回移动，这部分取决于他们的公民权和享受社会福利的程度。所以，向完全的市场经济的过渡正迅速成为各少数民族面对的现实（这种现实往往让他们容易遭受到剥削）。

各章所显示的是，流动与不流动并非对立的两极，而是相互关联的两个维度。同时，流动的社会—政治因素又促进了我们对流动/不流动的复杂性的理解。正如本书许多案例中所记录的那样，外部机制如国家、企业以及地方政府导致流动形式具有多样性，并对女性和男性如何寻求新的生计产生影响。因此，研究流动、不流动和发展之间关系的必要性也就凸显出来。

（三）重新安置、异地安置和领地重划

目前迅速增多的关于流动的文献，都强调在流动/不流动产生的过程和人们异地安置的过程中国家所扮演的角色的重要性，并通过分析具体的异地安置事件，看国家如何强制实施、包容、排斥和促进异地安置的人们的流动。我们也记录了通常由国家和公司实施的重新安置和异地安置是如何成为人们流动的主要原因的。本书的实证数据显示，户籍制度有所松动，人们身体的流动可以不受户籍的过多限制，即使仍然试图继续做些传统的农活，但困难越来越大，所以许多人寻求新的生计方式。这些研究发现挑战了司各特（Scott，2009）的推断，他认为东南亚的少数民族一直都保持流动。我们发现，流动虽然有促进作用，但它是受限制的。在全球化的生产过程中，流动劳动力被当作一种生产手段，但社会保障方面的限制影响了流动者的永久定居。

所以，我们的研究发现表明，在当前的社会变革形势下，中国的流动现象暗示着土地和资源的根本性再分配，而且这个过程从国家和地区层面来看都是不可逆的。因此，社会和空间流动的相互作用可能会给人们带来消极的影响，因为人们的选择有限，

所以流动者在劳动力市场处于不利地位，尤其是少数民族妇女。

（四）日益女性化的流动

具有性别含义的流动代表着少数民族不可分割的流动经历。由于环境和结构的变化，如父权制度和新的社会—经济现状，我们发现流动中的性别因素正以新的方式呈现。例如，少数民族的流动有性别特点，因为女性和男性寻找的工作类别不同；女性更喜欢在农村和城市得到一些非正式的就业机会；农业正呈女性化趋势；妇女涉入一些新的领域，如做家政和保洁，从事性服务，从事娱乐业，成为农业劳动力和产业工人等。显然，与过去家庭的束缚和权力关系不同，如今妇女在新的空间扮演新的角色时，受传统文化和社会行为的影响要小些。这种变化对处在流动中的妇女既有赋权也有弱化其权力的可能。

不过，我们发现，虽然年轻男女离开家乡进城，远离传统文化和规范，但女性在家乡的选择仍受当地传统和规范的约束，尤其是在维持再生产的活动方面。例如，流动模式的代际变化，传统的社会性别角色在老一代和年轻一代间产生了差异。老一代移民把在外挣得的资源送回农村老家，男性外出也多为季节性的，中年妇女留在农村照料小孩和老人。我们发现，新经济使妇女扮演再生产的角色得到延伸。相反，年轻一代的移民会离开家乡数年，有的就不再回去了，特别是当他们的小孩需要更好的学校教育时。为了在城里过上好日子，年轻人变得更加自信，对他们自己的权益也更有意识。

由新自由主义政治纲领引发的全球经济结构重整对妇女生活产生的影响在学者们的著述中已有很好的记录（Elson，1991；Lie & Lund，1994，2005；Sassen，1998；UNRISD，2005；Pearson，2007），这些记录显示，经济全球化为了追求利润，把女性劳动力视为商品。越来越多的女性不得不离开家乡外出找工作挣钱

（Kabeer，2007；Pearson，2007；Azmi & Lund，2009），这导致劳动力女性化。此外，全球对农产品和矿产品的需求，使得发展中国家越来越少为本国民众生产食物和基本生活用品，传统生计状况恶化，贫困的男女寻求食物、住所和其他生活必需品的负担加重。强特（Chant，2010）认为，性别与贫困的关系被过于简单化和低估。根据她的观点，我们应该重新思考"贫困女性化"，解决"责任女性化"的问题。我们的研究发现丰富了上述论述，因为我们的研究揭示了女性的劳动如何变为商品，这又如何导致她们陷入贫困中。但是，由于经济结构调整和不同的政治—空间关系，由于阻碍或促进各类流动的政策的实施，少数民族的地位依然较低。此外，由于缺乏教育，社会地位低，少数民族妇女在农村处于边缘化的地位，到了城市还是处于边缘化、易受伤害的地位。在新目的地或流动的生活处境中，从工资待遇、身份、健康保险、法律资源的利用、住房和其他基本服务来看，她们的公民权没有得到保护。虽然流动能带来新的就业机会，但这些服务和权益的缺失使得流动的意义打了折扣。

参考文献

Adey, P. 2010. *Mobility.* Key Ideas in Geography. Routledge, London.

Azmi, F. & Lund, R. 2009. Shifting Geographies of House and Home-female Migrants Making Home in Rural Sri Lanka. *Journal of Geographical Science* 57, 33 – 54.

Attanapola, C. and Lund, R. 2013. Contested Identities of Indigenous People: Indigenization Orintegration of the Veddas in Sri Lanka. *Singapore Journal of Tropical Geography*, July 2013.

Baviskar, A. 2004. *In the Belly of the River: Tribal Conflictsover Development in the Narmada Valley.* New Delhi: Oxford University Press.

Bryceson, D. F. 2002. The Scramble in Africa: Reorienting Rural Livelihoods.

World Development, 30, 725 - 739.

Chant, S. , ed. 2010. *The International Handbook of Gender and Poverty: Concepts, Research, Policy.* Edward Elgar, Cheltenham.

Cornwall, A. Harrison, E. , Whitehead, A. , 2008. *Feminism in Development. Contradictions, Contestations and Challenges.* Zubaan, New Delhi.

Cresswell, T. 2006. *On the Move: Mobility in the Modern Western World.* New York: Routledge.

Cresswell, T. 2011. Mobilities. in J. A. Agnew and D. N. Livingstone, eds. *The Sage Handbook of Geographical Knowledge.* Sage, London, 571 - 580.

Cresswell, T. and Uteng, T. P. 2008. Gendered mobilities: Towards an Holistic Understanding. in T. P. Uteng and T. Cresswell, eds. *Gendered Mobilities.* Aldershot: Ashgate, 1 - 14.

Duany, J. 2002. *Irse pa'fuera*: The Mobile Livelihoods of Circular Migrants between Puerto Rico and the United States. in N. N. Sørensen and K. F. Olwig, eds. *Work and Migration: Life and Livelihoods in a Globalizing World.* London and New York: Routledge, 161 - 184.

Dyer, C. 2010. Education and Social (in) Justice for Mobile Groups: Re-framing Rights and Educational Inclusion for Indian Pastoralist Children. *Educational Review*, 62 (3), 301 - 313.

Elson, D. 1991. *Male Bias in Macro-economics: The Case of Structural Adjustment.* Manchester University Press, Manchester.

Haraway, D. 1988. Situated Knowledges: The Science Question in Feminism and the Privilege of Partial Perspective. *Feminist Studies* 14, 575 - 599.

Harcourt, W. 2009. *Body Politics in Development: Critical Debates in Gender and Development.* London and New York: Zed Press.

Hyndman, J. 2000. *Managing Displacement: Refugees and the Politics of Humanitarianism.* Minneapolis: University of Minnesota Press.

Jackson, E. T. Kassam, Y. 1998. *Knowledge Shared: Participatory Evaluation in Development Cooperation*, IRDC/Kumarian Press, West Hartford.

Jin, Huashan. 2008. Domestic and International Migration of Korean Ethnic Women in Transformative China. in Yang Guocai and Chen Xingbo, eds. *Discipline Building of Minority Women's Studies and the Development of Women.* Kunming: Yunnan Ethnicity Publishing House, 215 - 228.

Kabeer, N. 2007. *Marriage, Motherhood and Masculinity in the Global Economy: Reconfigurations of Personal and Economic Life.* IDS Working Paper No. 290. Institute of Development Studies, University of Sussex, Brighton.

King, R. 2011. Geography and Migration Studies: Retrospect and Prospect. *Population, Space and Place*, 18 (2) 134 - 153. DOI: 10. 1002/psp. 685.

Kronlid, D. 2008. Mobility as Capability. in T. Priya Uteng and T. Cresswell, eds. *Gendered Mobilities.* London: Ashgate, 5 – 34.

Kumar, D. V. 2007. Tribal Development: Issues, Movements and Interventions. *The Sociologist*, 1 (1), 101 – 124.

Kusakabe, K. ed., 2012. *Gender, Roads and Mobility in Asia.* London: Practical Action Publishing.

Lie, M. & Lund, R. 1994. *Renegotiating Local Values: Working Women and Foreign Industry in Malaysia.* Curzon Press, Richmond.

Lie, M. & Lund, R. 2005. From NIDL to Globalization: Studying Women Workers in an Increasingly Globalized Economy. *Gender, Technology and Development* 9, 7 – 30.

Lund, R. 1993. *Gender, Place and Social Change: Towards a Geography Sensitive to Gender, Place and Social Change* (Vol. 1) and *Gender and Place: Examples from Two Case Studies* (Vol. 2). Trondheim: Department of Geography, NTNU.

Lund, R. 2003. Representations of Forced Migration in Conflicting Spaces: Displacement of the Veddas in Sri Lanka. Shanmugaratnam, N., R. Lund and K. A. Stølen, eds. *In the Maze of Displacement.* Kristiansand: Norwegian Academic Place, 76 – 104.

Lund, R. 2013. Mobility in Marginalized Spaces: Manoeuvring for Survival among the Veddas in Sri Lanka. *Norwegian Journal of Geography.*

Massey, D. 1994. *Space, Place and Gender.* Minneapolis: University of Minnesota Press.

Murphy, R. 2002. *How Migrant Labor Is Changing Rural China.* Cambridge: Cambridge University Press.

National Population and Family Planning Commission. 2011. *China's Mobile Population Development Report 2011*, China, 9 Oct.

Oo, Z. M. and Kusakabe, K. 2010. Motherhood and Social Network: Response Strategies of Internally Displaced Karen Women in Taungoo District. *Women's Studies International Forum*, 33, 482 – 491.

Panda, S. M. 1996. *Forest Degradation, Changing Livelihoods and Gender Relations: A Study of Two Tribal Communities in Orissa.* Unpublished PhD Thesis. Bangkok: Asian Institute of Technology.

Pearson, R. 2007. Beyond Women Workers: Gendering CSR. *Third World Quarterly* 28, 731 – 49.

Pholsena, V. and Banomyong, R. 2004. *Laos: From Buffer State to Crossroads?* Chiangmai: Mekong Press.

Pratt, G. 2012. *Families Apart: Migrant Mothers and the Conflicts of Labor and Love.* Minneapolis: University of Minnesota Press.

Rigg, J. 2006. Land, Farming, Livelihoods, and Poverty: Rethinking the Links in the Rural South. *World Development*, 34, 180 – 202.

Rigg, J. 2007a. Moving Lives: Migration and Livelihoods in the Lao PDR. *Population, Space and Place*, 13, 163 - 178.

Robeyns, I. 2003. Sen's Capability Approach and Gender Inequality: Selecting Relevant Capabilities. *Feminist Economics*, 9 (2 - 3), 61 - 92.

Roy Burman, B. K. 1989. Problems and Prospects of Tribal Development in North-East India. *Economic and Political Weekly*, 24 (13), 693 - 697.

Sassen, S. 1998. *Globalization and Its Discontents.* New York: The New Press.

Scott, J. 2009. *The Art of Not Being Governed: An Anarchist History of Upland Southeast Asia.* New Haven, CT: Yale University Press.

Sheller, M. & Urry. J. 2004. The New Mobilities Paradigm. *Environment and Planning A* 38, 207 - 226.

Silvey, R. 2006. Geographies of Gender and Migration: Spatializing Social Difference. *International Migration Review*, 46 (1), 64 - 81.

Singh, K. S. 1982. Transformation of Tribal Society: Integration versus Assimilation. *Economic and Political Weekly*, 17 (33), 1318 - 1325.

Stepputat, F. and Sørensen, N. N. 1999. Negotiating Movement. in N. N. Sørensen, ed. *Narrating Mobility, Boundaries and Belonging.* Working Paper No. 99. 7. Copenhagen: Centre for Development Research.

Stepputat, F. and Sørensen, N. N. 2001. The Rise and Fall of the Displaced People in the Central Peruvian Andes. *Development and Change*, 32 (4), 762 - 792.

Staheli, L. A., Kofman, E., and Peake, L. 2004. *Mapping Women, Making Politics: Feminist Perspectives on Political Geography.* London and New York: Routledge.

Sørensen, N. N. and Olwig, K. F. 2002. *Work and Migration: Life and Livelihoods in a Globalizing World.* London and New York: Routledge.

Tauli-Corpuz, V. 1995. Three Years after Rio: An Indigenous Assessment. in S. Buchi, C. Erni, L. Jurt, and C. Ruegg, eds. *Indigenous Peoples, Environment and Development, Proceedings of the Conference* Zurich, May 15 - 18. Copenhagen: IWGIA.

UNRISD. 2005. *Gender Equality: Striving for Justice in and Unequal World.* Geneva: UNRISD.

Urry, J. 2007. *Mobilities.* Polity Press, Cambridge.

Uteng, T. P. 2006. Mobility: Discourses from the Non-western Immigrant Groups in Norway. *Mobilities*, 1 (3), 435 - 462.

Uteng, T. P. 2012. *Gender and Mobility in the Developing World.* World Bank, Washington, DC. https: //openknowledge. worldbank. org/handle/10986/9111 (accessed 29 January 2012)

Vandergeest, P., Idahosa, P., and Bose. P. S., eds. 2007. *Development's Displacement:*

Ecologies, Economies, and Cultures at Risk. Vancouver: University of British Columbia Press.

Wang, Y. & Gu, G. Forthcoming. Home Perception and Home Making Strategy: The Struggle of Rural Urban Migrant Women in Beijing and Shanghai. Wang, M., Pookong Kee & Jia Gao, eds. *Transforming Chinese Cities.* Routledge.

Wang, Yunxian and Zhao, Qun. 2012. Gendered Impacts of Road Infrastructure Developmentalong the Kunming-Bangkok Highway. in K. Kusakabe, ed. *Gender, Roads and Mobility in Asia.* London: Practical Action Publishing.

World Bank. 2010. *Indigenous Peoples.* Available from: http://web.worldbank.org/WBSITE/EXTERNAL/TOPICS/EXTSOCIAL DEVELOPMENT/EXTINDPEOPLE/0 (Accessed 21 September 2010).

Xu, J. and Salas, M. 2003. Moving the Periphery to the Centre: Indigenous People, Culture and Knowledge in Changing Yunnan. Kaoa-sard, M. and Dore J., eds. *Social Challenges for the Mekong Region*, Bangkok: White Lotus, pp. 125-148.

Xu, J. 2006. The Political, Social, and Ecological Transformation of a Landscape: The Case of Rubber in Xishuangbanna, China in *Mountain Research and Development* Vol. 26 No. 3 August, pp. 254-262.

第二章　社会经济转变中云南少数民族的流动生计

王云仙　赵　群

到坝溜移民村①

莫独（哈尼族）

乘着一条叫“异地扶贫”的词语，你们从高山上来；从密林里来。

从几棵瘦瘦的苞谷秆上来；从几块薄薄的荞子地上来。

从那间住了数十年甚至上百年的祖传的小茅屋中来；从那个埋着祖先的遗骨和自己的胞衣的村庄来……

来到一条长年滚滚的大江边。

来到一块四季热腾的土地上。

来到一个没有梯田只有胶林的地方。

来到一幅被建设和发展看中的蓝图上……

十几二十户人家，几排长长相连的木板房，就是一个寨子（当地相互叫队）。

沿着一纸红头文件——

车路已经来到家门口。

① 《到坝溜移民村》，2005，载莫独《村里村外》，云南民族出版社，第122～125页。

哗啦啦的自来水已经来到家门口。

亮闪闪的灯葫芦已经挂到房梁上……

一夜醒来，许多生活方式成了故事，许多神奇传说成了现实。

而那双使惯了犁耙的手掌，操使割胶刀顺手吗？

那双喜欢走进梯田的赤足，踏进咖啡地习惯吗？

但试想，谁是天生的胶工？而当初先祖开垦第一丘梯田前，谁知又出于怎样的心态？怎样的境遇？

既然来了，就把那几丘早晚念叨四季琢磨的水田放下吧；梯田民族的后生，走到哪片天地都能培植出生活的新枝，收割到新鲜的稻香。

只要炊烟能升起，不必在乎用什么方式来点燃。

2001－12－14

一　引言

中国正经历快速的经济增长，这样的发展深刻地影响着人口的流动，而流动的规模前所未有，没有哪个国家能够与之相比。中国拥有最大规模的地区流动人口，根据《中国流动人口发展报告2012》，到2011年底，流动人口规模达到2.3亿，占全国总人口的17%。此数字主要包括城乡和区域流动，没有包括其他流动类型。

中国情境下的主流话语所说的流动主要是指城乡流动，把它看作脱贫和家庭经济改善的手段，而如何让以流动为生计的人能够在流动中获得幸福和有尊严的生活，是中国社会健康发展的必然要求。中国的户籍制度一直以来将人们限制在一个地方，尽管改革开放以来户籍制度在逐渐松动，流动中的人暂时不在乎户籍的限制，但一旦考虑到公共服务如社会保障的话，中国人尤其是农村户籍的人从来不曾享有在城里定居的自由以及和城市人口同样的社会福利。

云南地处边疆和少数民族地区，在第十二个五年规划中，云南提出城镇化人口要达到45%，大量的农村人口将向第二、三产业转移。在以高速现代化和城市化为导向的发展过程中，少数民族流动的现状如何，面临什么样的问题？我们知道少数民族流动生计不仅是从农村向城市的人口流动，而且是指在快速城市化、全球化和工业化的背景下，少数民族如何（被动或主动）调整其生存策略，回应以经济全球化、市场化和城市化发展为导向的发展主义带来的问题。虽然云南边疆地区的少数民族传统中有很强的跨境联系和不同的流动形式，如农林轮作、跨境游牧和贸易，但随着全球化大生产和各类发展项目的涌现，这里也正经历快速的基础设施建设、边境贸易和自然资源的开发，从而使得流动的形式变得多样化——不仅有农村人口流向城市和东部沿海地区，移民到邻近国家，还有从中国内陆流入的企业和劳务人员，这使得云南成为一个净流入的省份（包广静、莫国芳，2007）。除了传统的流动方式，也出现了与经济作物如咖啡、橡胶等的种植相关的日常性、季节性和循环流动。同时，云南的少数民族人口也因为基础设施建设、生态防灾和扶贫移民，非自愿地迁移出原有的村落，而丰富的水资源吸引了大量的水电开发项目，同时也引致了少数民族聚居地区的非自愿迁移。

那么，各种类型的流动给流动的人口带来了什么，尤其是对边缘人群如少数民族和妇女而言？为了尝试回答这个问题，本章旨在：①总结和概括四个案例中涉及的云南少数民族各种流动的形式；②理解生计与流动的关系；③理解流动作为能力是否能在其他能力缺失的状态下为人们的生计提供一个选择；④理解流动作为一个社会过程对女人和男人在资源的拥有、社会和文化身份的影响上是否有所不同，从而导向经济和社会分化的过程。总论分为七个部分。引言之后第二部分是对文献的考察，在此基础上建构对流动的理论认识；第三部分阐述了云南情境下影响流动的宏观环境和因素；在描述了云南少数民族人群多样的流动形式（第四部分）后，我们以流动作为生计和能力、流动作为社会过程以及流动作为全球化的反地域循环为概念框架，对研究案例中提供的实证资料进行了分析（第五、第六部分）；最后简要概括从分析中得出的一些结论。

二　对流动的理论认识

（一）流动概念的理解

这一部分是在文献考察的基础上对流动的情境化和理论理解，包括流动的多种含义，以及对“流动是能力和生计策略”和“流动是社会分化的过程”的认识。

不同情境下，流动形式不同，并由不同的概念来反映。历史上有迁徙、流徙、迁移、移民等概念反映人口和牲畜从一个地方搬到另一个地方，以获得更好的自然资源或逃避战争、疾病或压迫（王明珂，2008）。在当代中国，移民一词包括了各种形式的国内流动、国际流动和定居，不仅反映小规模地或以家庭形式从他们原先出生和生活的地方暂时流动到另一个地方，也与迁移一词同义，表明从原居住地永久性地非自愿地搬迁到另一个地方，特别是在一些政策和发展项目引导下的移民（王维博，2011），如生态移民、工程移民或扶贫搬迁等。因此，移民一词从不同的情境和流动方式看至少有两大类：政府组织或发展工程驱动的非自愿搬迁和个体的自愿移民。相反，流动的概念则更生动准确和广泛地表达了中国情境下的工作移民和城乡流动的含义。与迁徙、迁移和移民这些概念相比，流动的概念包含了流出与流入，更反映出动态的运动。

而关于流动的研究和文献主要还是以劳务和工作为主的国内流动，另外两类流动，即因基础设施建设和发展、生态和备灾及异地扶贫而产生的非自愿搬迁和国际移民，也在移民研究的范畴之内（M. Li，1999）。当然，英文反映中国国内劳动力流动（labour migration）的概念，如果直译翻成"移民"，多少都有一些别扭，因此多数情况下，只要涉及城乡和地区劳动力的转移，很少使用"移民"一词，而是用"流动"这一概念取代。所以概念的差异实际反映的是不同情境下的不同流动的方式或类型。不管怎样，上述种种概念都有一定含义上的重合，因此，当我们运用流动的概念时，它其实包含了各种自愿的流动和非自愿的搬迁。

（二）流动作为生计策略和社会分化的过程

历史上，多数少数民族人口处于不断流动的状态，尤其是北方和西北游牧民族以及西南少数民族。在对游牧民族的发展历史回顾中，王明珂（2008）发现其流动的原因是为了在不同的季节获取适合牲畜生长的牧草和环境，以及避开各类风险，同时通过流动以贸易和掠夺来扩展资源，另外，游牧民族能够通过流动来摆脱政权对他们的控制和剥削。因此，在过去游牧民族的流动深刻影响了他们的民族身份、社会机构、领导力和权威，以及道德与社会价值（王明珂，2008）。

云南亚热带地区的少数民族有刀耕火种的习惯。王清华（1999）从农业形态，如刀耕火种、迁徙游耕和梯田农业发展进程来看社会形态包括迁徙和社会适应性，例如，从事迁徙游耕农业的苗族和曾有过漫长的游耕农业后来从事梯田农业的哈尼族，都有着不断迁徙的历史。关于少数民族流动原因比较典型的说法是，随着人口的增长和资源压力，族群之间和族群内部的冲突和分层出现，内部外部的压迫使弱小一点的族群开始不断流动，以寻求更好的生计方式（王清华，1999；赵瑛，2001；李宣林，2004）①。王清华（1999）在长期对哈尼族梯田生态系统的民族志研究中，就明确提出，流动是哈尼民族历史的特征，从“逐水草迁徙”的游牧生涯，到定居农耕，最后迁移到哀牢山区，在漫长曲折的迁徙后，发展并生存于高度复杂的生态系统——梯田农业。轮耕农业和游牧中的流动和灵活性也被认为是大量的小户生产者有效和生态可持续运作的特点，这使得他们的土地或牧草能够在另一个生产周期开始前恢复和累积足够的营养成分（Xu et al.，2006）。

Nicholas Tapp（2010）从历史的角度阐述，由于云南与邻居亚洲国家地理上接壤，少数民族长期存在紧密的经济和贸易关系，他把不同的关系和融合（如跨境贸易，旅游中民族文化的商业操作和消费，汉族通过婚姻、种植开发以及武力进入少数民族地区等）看作市场和流动的结果。不少研究指出，历史上，为了政治控制、边境稳定和所谓的文明发展，汉族人口进入少数民族地区常常是被鼓励的（Xu，2006；Tapp，2010）。许建初认为20世纪50年代西双版纳橡胶的引入和种植是典型的国家力量彰显——要在少数民族地区引入现代工业和政治意识。随着60～70年代橡胶种植在西双版纳的扩展，相比于云南少数民族劳动力，中国内陆省份的汉族农民被认为是有更好的受教育程度和更“有素质”的劳动力，因此被组织到西双版纳以国有农场职工的身份从事橡胶种植。“橡胶种植的意识形态景象包括让封建领主的生产方式转换

① 《哈尼阿培聪坡坡》是一部长达5000行的记录哈尼族从北方向南迁徙的史诗，研究哈尼族的学者都会参考这一根据哈尼族学者唱诵记录的口传史诗。

到社会主义社会，缩小阶级差别，动员群众并集中生产力发展和土地使用的决策权”（Xu，2006：256）。“在西双版纳橡胶种植园内定居的汉族人不仅改变了生态地形，也改变了本地人与外来人之间的地方社会网络和政治景象”（Xu，2006：258）。Scott（2009）则认为，少数民族利用频繁的流动作为手段来逃避政权的控制和国家主导的文明，因此他们有意或被动地保持一种无政府状态的农耕，这反过来又强化了流动。

从中国整体来看，人口的流动被限制了几十年，农村和城市人口被他们的户籍限定在一定的区域里生活。改革开放以来户籍制度有了松动，对流动的限制减少，农村劳动力从“离土不离乡”到“离土又离乡”，从季节性的外出到长期外出，流动的形式有了多样的发展。但由于公共服务与户籍的捆绑和输入地对流动人口获取服务的限制，中国城乡流动仍以高密度的循环流动为特征（Davin，2005）。国内的多数研究倾向于将流动视为家庭劳动力优化分配的策略和生计（蔡昉，2007；蔡昉、白南生，2006），流动和外出打工被看作一种能力。谭深（2004）则认为家庭生计策略不能全面解释外流的复杂性。相反，个人和非经济的因素越来越成为有说服力的变量。根据金一虹（1998）的研究，个人通过流动“寻求发展机会”有着“提升个人素质和能力”的目的和含义，流动因而是增强能力的手段；但这毫无疑问需要动摇传统的家庭和社会性别关系，尤其是在获取其他方面的能力上，权力关系需要改变。

主流研究是以社会阶层为轴心的对劳动力流动的分析，社会性别在很大程度上是被忽略的，因为妇女被看作与男性家庭成员有着共同的利益和兴趣（金花善，2008）。20 世纪 90 年代女性主义研究反映了在男性大量外流从事非农行业的情境下农业女性化的状况以及对妇女发展的影响（高小贤，1994），劳动力从农业到非农的转移往往被看作机会和一种进步的生计选择，因此缺乏这样的机会使得妇女的发展受到影响（高小贤，1994；金一虹，1998）。这些研究让人们关注到了农业女性化的问题，也揭示了一个阶段的现实：除了男性外，当工业和服务业需要妇女纤细灵活的手指和年轻的面孔时，往往是年轻的受过一定教育的女性会更有流动性（黄祖辉、宋瑜，2008；刘宁，2011）。对工业化和城市发展的幻想和向往使得农村年轻男女走向城市和工业发达地区。从劳工权益的角度，潘毅在多部著作中展示女性在全球化生产中从农村和农业流向城市和工业，但农民工“进退两难”的身份困境使她们的劳动权利与生存权利无法得到保障（潘毅，2011）。然而，城市化发展也越来越吸引中年女性提供传统的服务，如餐饮业、小杂货店、保洁、家政等，以获取相对较低但稳定的收入来源（Wang & Gu，2013），因而家庭流动成为主要趋势（国家人口和计划生育委员会流动人口服务管理司，2012）。

英文文献对流动有相对较为丰富的论述。Uteng（2006）和Kronlid（2008）都将流动理解为一种能力，能够流动，不管是真正成行还是有潜在的行动，都是一种自由和能力。Kronlid（2008）认为，获得这样的自由和能力还要取决于获得其他维度的能力，不同的流动形式是由能力的差异产生的结果。Cresswell（2006）和Kronlid（2008）也指出，一些男人和女人的流动可以使其他的男人和女人不流动。更进一步说，男人和女人的能力在一个地方可能受制约，但他们在另一个地方所具备的在社会、空间或现实的流动的能力或许是不同的。尽管与流动相关的一些方面的能力是很多人共享的（如交通设施），但女人和男人由于其他能力的差异，会展示不同的流动形式（Kusakabe，2012）。

英文文献展示了对当代中国流动中的社会性别关系的丰富研究，如A. Gaetano和T. Jacka（2004）编著的《流动中：当代中国城乡迁移中的女性》（哥伦比亚大学出版社，2004），D. Davin 的《当代中国的妇女与迁移》（《中国报告》，2005），Jacka 的《中国城市中的农村妇女：性别、迁移与社会变化》（M. E. Sharpe，2006）等，都对流动中的妇女的经验有所侧重。在深入的民族志研究方法的基础上，Jacka 特别关注妇女的流动经验以及流动对她们身份感和社会性别关系的影响，全球化和现代化的影响通过个人的经验得以展现。

全球化强化了交通枢纽、市场的发展和贸易的自由化，反过来增加了世界上许多地方人们的流动。特别是在国家边界比较模糊的少数民族地区，更好的道路设施、跨境贸易和市场扩展甚至导致邻国经济作物的耕作迅速增加，影响了土地利用和生态系统（Xu et al.，2006；Y. Wang et al.，2010）。由于民族与阶级和地方交织在一起，市场的发展带来了深远的影响，少数民族的身份和相互关系也得以改变（Tapp，2010：105）。云南外向的面孔不仅仅是因为它特殊的地理位置，也因为历史上少数民族与邻国如老挝和缅甸族群的紧密关系（Tapp，2010）。直到 19 世纪，少数民族都能够在老挝、缅甸、越南与中国的边境自由地流动（Xu et al.，2006），因此流动及其影响常常跨越了国家边界的限制（Tapp，2010）。如 Michaud & Forsyth（2011：15）称，少数民族生计可以最恰当地被理解为以跨国为基础的文化和贸易关系的现实存在。

在涉及跨境移民和非法拐卖的研究里，Sassen（2000）发现并描述了这种现象中弱势人群寻找生存、公司寻找利润、政府赚取硬通货和税收等产生的种种循环，并将这些循环概念化为“全球化的反地域循环”。她指出，全球范围内出现很多跨境的循环，这些循环形式非常多样，但具有一个共同的特征，也就是赚取利润和税收的循环是以真正弱势的群体垫底的。这些循环由全球化的各个因素叠加而成，如全球市场的形成、跨境和地方网络的强化、交通和通信技术的发展。这样的反地域循环是动态的，改变着它们的方位特征，它们是影子经济的一部分，但它们也利用了正规经济的一些制度设施；因为全球经济体系的存在，新的循环不断产生、加强，并交织在全球经济体系以及与此相关的支撑跨境货币的流通和市场形成的制度中（Sassen，2000）。之所以把它们叫作全球化的反地域循环，是因为全球经济增长带来的制度和设施促进了跨境的流动，代表了有利于这些循环产生的环境。这些循环直接或间接地与全球经济的一些关键活动和条件相联系，它们不被看作全球化的典型表现，却常常超出法律的规范甚或违法操作，反地域循环之间系统的联系表现为，一方面，这些循环引入了大量的贫穷、低工资、低附加值的妇女，她们被看作负担而不是资源；另一方面，这些循环成为非法获利和政府硬通货的重要来源（Sassen，2000）。这样的概念帮助我们理解不同的循环中资源获取和产出的分化过程，因而，流动可以被理解为不同规模和层面上的分化过程。

三　影响云南少数民族流动的社会经济环境

从中国整体来看，国家认可并影响流动的宏观因素包括经济快速发展所需要的劳动力，尤其在东南沿海地区；为发展交通和开发能源所需的基础设施；生态保护、扶贫和防灾而造成的一定规模的搬迁；贸易与投资；等等。云南作为一个西部边境贫困省份，没有能够免于任何一项影响因素。相反，云南既有中国共通的背景又有它特别的理由，这使流动形式更具丰富性和多样性。在基层，造成村民流动的原因是复杂的，无论是从个体还是从不同区域到整个农村的社会经济、文化环境中去考察，都会发现各种因素影响流动，其中交织着国家宏观发展政策、中观社区发展、微观家庭生计策略和个人发展选择。这些不同层面的因素的共同作用，成为这些区域少数民族以流动作为生计来源的主要原因。

(一) 全球化生产和城市扩展

尽管云南处于边疆地区，但其受到的全球化影响并不比东部沿海地区少。由于众多的少数民族群体聚居于云南，生物和文化具有多样性，以及云南少数民族历史上与邻国如老挝和缅甸的族群关系紧密，其全球化生产模式甚至比其他省份更早得以显现。当邻近国家如泰国在20世纪90年代快速走向工业化、需要大量廉价劳动力的时候，云南少数民族劳动力加入了泰国城郊和农村地区园艺和非正规服务业。随后当中国的工业化进入快速发展的进程、工资上升，云南少数民族劳工开始回到云南。为全球化生产服务的快速工业化，直接吸引了内陆省份的劳动力外出打工。20世纪80年代以来，当城乡的流动限制放松，同时因为从土地中能够获得的收益很微薄，在内地农村，外出打工成为农村家庭增加收入的重要途径。而这个阶段并不是云南农村普遍外出打工潮流开始的重要时间。正如前面所说，80～90年代，内地农村向沿海地区流动和打工，而云南边境少数民族向泰国流动打工。随后，出口导向的经济发展以及近年来云南打造东盟自由贸易桥头堡的蓝图建设进一步推动了边境贸易，吸引了内陆商人和边民在缅甸、老挝的亲戚来到云南工作或从事贸易。同时，60～70年代来到西双版纳从事橡胶种植的内地人（如湖南人和四川人），其后代也流入云南，成为新一拨流入云南的汉族人口的主体，是边境贸易和小生意的主要经营者，流动的密集性随着国际市场商品价格的上扬而强化。当国际市场橡胶和咖啡价格上升，鲜切花和绿色植物的需求增加，流入种植业的投资者和劳动力也在增加。有研究表明，云南是人口净流入的省份（包广静、莫国芳，2007）。

除了全球化生产的需要，中国快速的城市扩展也直接带动了人口流动。到2011年，中国城镇人口比例超过50%（国家人口和计划生育委员会流动人口服务管理司，2012）。城市化发展带动各种生产和服务，而城市的扩展又使这些生产和服务从原来的城郊延伸到郊外、卫星城和其他邻近城市。在西部大开发的推动下，西部省份城市的扩展和基础设施的建设更是前所未有。昆明城郊曾经是鲜花、绿色植物、蔬菜和粮食的产地和集散地。昆明城市的扩展，把原先的郊区纳入城区，附近的小城镇变成了这类产品的生产基地和集散中心，产品运往昆明和中国其他大城市，有些都出口到亚洲其他城市，如鲜切花、咖啡等。随着昆明城市化的扩展，原来属于鲜花、水果和蔬菜种植基地的周边农村迅速被城市化所淹没，这些鲜花、蔬菜和水果种植与资本逐渐向离昆明最近的玉溪等地转移。昆曼公路上的元江县城周围就吸引了大量的鲜花公司、苗圃和热带水果生产商。来自元江和红河地区的哈尼族人是这些涉农企业的主要劳动力。

政府政策和主流观念视外出打工为更好的生计方式，如21世纪新扶贫规划为贫困省份农村劳动力提供技能培训，即将外出的农村劳动力可申请补助参加职业培训，支持性政策和措施鼓励农村劳动力外出前获得一定职业技能和城市生活能力。云南作为边远和贫困省份，农村劳动力外出就有资格申请培训，向扶贫对口支持省份如上海、广东、浙江等沿海地区流动。

同时期的扶贫规划也将农业产业化发展作为扶贫措施的支柱，旨在发展农业和涉农企业，将小农生产者纳入经济作物的价值链，让小生产者分享价值链中合理的利润。在云南的一些地区，如西双版纳，土地资源相对比较充裕，蔬菜、水果、茶、咖啡和鲜花等成为农业产业化发展的产品，公司组织的“合作社”或合同农业把小农生产者组织在一起从事相同品种农产品的种植。如南村开垦了大面积荒山荒地，用于发展咖啡种植业，需要大量的劳动力补充。具有高附加值的农产品的种植使得农村劳动力不需要外出打工就能获得一份经济收入，这甚至吸引了一些外出的人回到家乡从事农业耕作。留在家乡从事与涉农企业有关的生产活动，比远离家乡在建筑业、制造业和服务行业打工更有利可图。产业化发展也吸引了外来农业雇工。例如，从20世纪90年代中期开始就有不断增加的外来劳动力来到南村；2000年后，每年的季节性农业用工成为南村外来流动人口的主要组成部分。因此除了农业企业的经营者流入云南外，云南人口流动主要是季节性的，并且在省内流动①。

（二）旅游发展

在西部大开发战略中，中央和云南省政府投入资源用于发展道路和交通设施，道路交通的改善使在云南境内的旅游、边民跨境访亲探友更为方便。1991年，省政府批准打洛镇为省级对外开放口岸，从此，跨境贸易、旅游和相关的服务蓬勃发展。随着云南旅游业的发展，全国各地的游客蜂拥而入。2004年以前，跨境短途旅游尤其吸引国内游客去感受异域风情。少数民族丰富多样的文化和汉民族对少数民族文化传统所具有的好奇心理，使少数民族文化风情被看作可以提升旅游价值、吸引游客的手段，因此被当作商业资源用于旅游市场的开发，旅游业也成为云南地方发展的重要产业之一。云南旅游业发展的主要指标年增长均在15%以上，持续保持全国第八和西部第一的水平。在“十二五”期间，旅游业在全省生产比重中占10%以上，而在西双版纳这样的旅游区，已经占到34%。把旅游业培养为全省的战略性支柱产业是近

① 云南省科学技术协会：《有序转移农村剩余劳动力，促进我省农业持续发展——关于云南农村劳动力流动转移的专题调研报告》，http：//222.221.5.103/DisplayPages/ContentDisplay_89.aspx？contentid=1606。

年云南旅游业提出的战略发展目标[①]。云南和中国其他地方将少数民族文化风情添加到当地的旅游活动中，少数民族地区的男女也被招聘到各地表演民族歌舞。夕村的村民就是被这样的浪潮拉进去，有规模地组织“走穴”，到全国各地的大中城市和旅游景点进行各种民族文化活动的表演。

（三）基础设施和发展项目

在过去，由于山地轮作的耕种方式或自然灾害等原因，少数民族的村庄搬迁和流动耕作一直以来是存在的。随着土地制度改革，农村土地固定在村集体所有的基础上后，任何村庄的搬迁都需要上级政府的介入才有可能。即便如此，搬迁仍然存在。云南虽地处边疆，却也是中国发展的一个缩影，是一个动员式发展主义的典型样本（McGee，2011）。在西部开发中，扶贫措施和发展项目都落户云南。丰沛的水资源吸引了众多的水电开发项目，导致少数民族人口非自愿搬迁（郭家骥，2008）。

国家权力可以通过户籍制度和行政干预限制人们完全自由地流动，同时也可以使人们搬迁离开他们祖辈生活的地方。1949～2008 年间，经济建设导致全国 7000 万人非自愿移民，单是水库建设一项就达 1930 万人（王维博，2011）；有数据表明，在水库建设引起的移民和他们的后代中，1/3 人口的温饱还得不到解决（刘鉴强，2012）。尽管如此，移民搬迁还常常被认为是最快速的减贫手段（Z. Lin，2003）。

由政府干预的非自愿搬迁移民在搬迁补偿和安置点土地重置的问题上没有讨价还价的空间，部分赔偿、缺乏足够的土地资源以及适应新地方的社会和社区关系方面的困难，往往导致移民的生计不可持续，移民被迫进入另一种流动和生活动荡中。在政府

① 参见云南旅游局在 2009 年 9 月“全国网络媒体云南行”活动中发布的讲话，http：//special. yunnan. cn/feature2/html/2009－09/13/content_ 908011. htm。

行政权力干预下，受影响人群的可持续生计权利经常被忽视（胡尔贵、黄东东，2010）。社会对非自愿移民的立法有很高的呼声，以达到非自愿移民中行政权力影响的最小化（胡尔贵、黄东东，2010；王维博，2011）。

四　少数民族人群流动生计的形式

从以上的影响因素看，很明显的是，在我们所选的四个调研村中，流动的形式很多，甚至一个村里有多种流动形式共存。在这里我们可以做一个初步的归纳以理解不同群体中的流动形式（见表2－1）。

表2－1　四个调研村土地资源与收入来源概览

村寨	总户数	人均田/地（亩）	主要流动形式	主要收入来源
夕村	178	0.6/0.4	日常和循环流动，流动演出（走穴）	橡胶、水稻、茶叶、流动演出
召村	186	1.5/0.3	不流动	水稻、茶叶、甘蔗、手工纸、砖瓦
布朗新寨（南村）	66	0.7/0①	搬迁、日常和循环流动	水稻、玉米、农业雇工、外出打工
戈村	70	0.5/0.9	外出打工	烟草、玉米、水稻、外出打工、农业雇工

①虽然在移民点没有山地，但在原来的老家还有大片山地和林地。

居住在边疆地区的布朗族，由于其生产方式主要是跨境的游耕，也由于族群矛盾等原因，一直处于流动或搬迁的状态。从我们的田野调查看，夕村的布朗族是最灵活最具流动性的一支，他们也最大化地利用了每一波流动所带来的机会和好处。在短短的一二十年里，流动形式非常动态和多样。

在南村安置的布朗新寨的村民，虽然也属于布朗族，却没有经历类似夕村的流动生计。如果不是因为建设水库而需要搬迁，他们或许跟在澜沧江一带生活的其他少数民族没有不同，过着自足半自足但可持续的简单生活。但是，水库建设完全改变了他们的生计，他们被迫搬出了原来的居住地，但又必须再回到原来的村庄，去那里耕种还没有被水淹的土地和管理山地，开始了季节性流动耕种，以获得足够家庭消费的粮食和未来的山林收入。

元江的哈尼族，似乎遗传了他们祖先的特质，也勤于流动，甚至会流动到很偏远陌生的地方。但他们的流动从职业、社会阶层和经济回报来说，相对比较同质。由于他们资源禀赋有限，随着人口的增加，不断需要有人外出获取额外的生计来源。相反，由于有着相对较好的土地资源和传统文化中对土地的依恋，召村村民很少流动在外。

（一）跨境流动

由于夕村地处与缅甸接壤的边境，从20世纪90年代开始，村民就跨境到泰国打工。根据对村里关键人物的访谈，1994年前后有100多位村民从缅甸到泰国，他们多为年轻未婚的男性，也有少量家庭和几位单亲妇女。由于没有合法的身份，他们不能频繁回家，在那里一待就是很多年。

第二类跨境流动伴随着旅游业发展而生，1991年开始的跨境旅游为夕村人带来了工作机会，他们从事歌舞表演、导游和讲解及店员工作。在1998~2003年期间，大约有七八十位村民参与到与旅游相关的服务之中。在2004年跨境旅游被终止后，取而代之的是边民的跨境贸易和经济作物耕种（如橡胶等）。

边民互市曾经主要由妇女参与，即使是现在的集市型边民互市，也仍然有很多妇女参与其中，边民的资格使得她们能够获得关税优惠，开展中小型贸易。然而随着边境贸易额的增加，男人逐渐占据主导地位，那些有族群网络和联系的人，往往能够从缅甸村民那里批量收购农产品，远远超出挣一点烟酒钱。

第三类跨境流动是在橡胶种植扩展后出现的。夕村自己没有多少土地可以用来种植橡胶，村民就利用在缅甸的族群关系租用邻国的土地搞橡胶种植。根据对村里关键人物的访谈，整个村子租用了上万亩土地，种植了30多万棵橡胶树。而全村共有170户租用了缅甸的土地，每个家庭种植700～6000棵的橡胶树，村民每天用摩托车奔走在橡胶园和家之间进行管理。

（二）国内流动

调研的四个村都有村民外出到县、州、昆明和沿海地区打工，他们主要是刚刚从学校毕业的年轻人。在夕村，跨境旅游被叫停后，全国其他城市和旅游景点开始加入民族歌舞表演，村民就选择了“走穴”，到全国各地旅游景点和娱乐场所表演少数民族歌舞。据被访村民介绍，夕村在2003～2005年间，500多的劳动力中，约2/3的人员参与过这样的“走穴”表演，2005年高峰时有400多人外出，达到该村历史上国内流动的顶峰。表演者有男有女，有年长的和年轻的，他们从一个城市转到另一个城市，在一个地方待上个把月，到过全国的很多地方，甚至到了越南。每个组根据实际的年龄和性别在表演中担任不同的角色。

夕村有着活泼丰富的外出和流动，戈村也有着类似但小规模的以个体为主的外出流动。由于没有太多的耕种经济作物的机会，戈村哈尼族村民往往靠外出打工以满足生计需要。他们不仅去城里和沿海地区打工，从事修路、采矿或服务等工作，也在经济作物耕作的地区做农业雇工。在南村的布朗新寨，外出到城里从事服务业和到沿海地区从事制造业生产的，主要是刚刚走出学校的毕业生。相比较其他三个村，召村远离村庄到外地打工的要少得多。

（三）移民搬迁

为了建设水库，布朗新寨2007年搬到南村。在搬迁动员的过程中，村民曾向政府建议，搬回到他们最早生活的山上的老村庄，这样他们就不需要迁到遥远的地方，迁移成本会低得多，还可以继续耕种大片的山地。但是，地方政府认为继续居住在山头上不能脱贫致富，只有搬到靠近公路的地方和集镇，才有方便的就学和交通条件，以及发展前景。在搬迁动员中，地方政府向移民搬迁者描述了一幅未来发展的美好图画。最终村民同意迁移到远离老家的三个地方，但是搬迁后村民没有能够得到足够的土地分配。一家所得到的青苗费、房屋和土地补偿费凑在一起，有的还不够在迁移地造一座新房。在当地重新分配所得到的水田也不足以支持很多家庭的可持续生活，土地的锐减迫使他们还得回到原来的村庄耕种，进入循环和往返两地的流动耕作方式。

（四）季节性耕作和循环流动

夕村和南村的布朗新寨都曾经而且现在也在山地进行轮作，在新村和山地之间循环耕作。随着布朗新寨迁移到南村，村民开始了新的流动循环耕种。每年（2～4次）在作物耕种和生长的不同阶段，村民要长途跋涉，回到200多公里之外的老家去耕种那里的土地。在2/3从事这种流动耕种的家庭中，平均每年他们要在老家待上47天。相比男人，妇女和年长者在那里的时间更长一些，照看种在那里的作物，如玉米和红薯，而男人则主要负责橡胶、咖啡和经济林的种植和看管。从所有调研的村子的整体情况看，作为农业雇工日常性的流动成为常态，且有相当的规模（见表2－2）。

表 2-2　四个调研村受访者及其配偶的主要工作

主要工作(多项选择)	男性[①]		女性[①]	
	数量	百分比	数量	百分比
农地活(自家)	34	16.4	8	3.8
家务活	7	3.4	14	6.5
小生意	3	1.5	1	0.5
在外非农	11	5.3	3	1.4
农业雇工	41	19.8	79	37.1
农地活、家务	12	5.8	23	10.8
农地活、农业雇工	13	6.3	3	1.4
农地活、家务、农业雇工	9	4.3	16	7.5
农地活、非农、农业雇工	4	1.9	3	1.4
农地活、家务、小生意	17	8.2	14	6.6
农地活、家务、非农	22	10.6	3	1.4
农地活、家务、造手工纸	28	13.5	42	19.7
农地活、家务、造手工纸、小生意	6	2.9	4	1.9
总　　数	207	100	213	100

①男性包括了男性受访者和女性受访者的丈夫；女性包括了女性受访者和男性受访者的妻子。

夕村在山地种橡胶、茶叶、旱谷和玉米，还在缅甸租地种橡胶，因此村民需要在他们居住的村庄、山地和缅甸的橡胶园之间奔波，男人、女人和大一点的孩子都要参与割胶。对夕村村民来说，日常生活就是根据作物的生长周期频繁地循环流动。同时，另外的流动如跨境和循环流动，带动和扩大了橡胶的耕种，甚至到达邻国。橡胶种植面积的扩大（见表 2-3）需要大量的劳动力，从而使得像过去那样的有规模和有组织的“走穴”不再进行。

在戈村，由于梯田水田面积所限，大多数家庭要依靠外出打工来赚取劳动收入。季节性地到元江县郊和耕种经济作物的云南其他地方做农业雇工，是戈村哈尼族村民另外一种主要的流动方式。

表 2-3　乡村土地利用和作物种植

土地利用	问卷回答数量	作物面积（亩）		
		最小	最大	平均
2005 年				
水稻	42	1	13.5	4
果园	2	1	1	1
橡胶	44	5	165	29.7
甘蔗	2	2.5	3	2.8
茶园	32	1	30	7.3
蔬菜	6	0.5	15	3.3
其他山地作物①	11	0.3	20	7.7
2010 年				
水稻	17	1	7.5	3
果园	8	1	53	15.5
橡胶	47	6	225	60.7
甘蔗	0	0	0	0
茶园	36	1	32	8.4
蔬菜	5	0.5	2	1.1
其他山地作物①	16	2	26	7.8

①其他山地作物与橡胶小树套种。

（五）投资与劳动力的流入

农业产业化发展掀起了投资者向村民租用土地或者与小生产者的农户签订合同种植经济作物的热潮（后者通常被称为“公司＋农户”的发展方式）。在夕村，由于大面积种植橡胶，原来的稻田因此缺水和劳动力，被出租用来种香蕉；在南村，咖啡公司租用 200 亩土地种咖啡；投资者也涌入元江周边，种植水果、花卉、绿色植物，其不仅输送到国内市场，还出口到海外市场。投资者或租用土地，或以非法手段向村民低价“购买”土地。

投资流入和经济作物耕种的一个结果是，农业雇工成为普遍现象。布朗新寨搬迁所至的南村所在区域，从 20 世纪开始种植咖啡，已成为云南的咖啡基地之一。除了没有土地或者将土地出租给投资者及无地耕种的村民之外，从内陆省份和云南其他地方如澜沧、昭通流入的大批流动人口也成为农业雇工。一方面一些咖啡公司在这里租地，吸引来自云南各地的流动雇工来此做农业雇工；另一方面随着咖啡价格的上涨，本地农户也不断开垦山地发展咖啡种植业，本地农业劳动力严重不足，这样澜沧、昭通巧家等地农业劳动力季节性地来到南村做农业雇工，采摘咖啡和管理咖啡地。他们中有汉族、苗族、拉祜族和哈尼族等民族。在南村布朗新寨，由于搬迁后只有部分补偿得以兑现，也由于补偿的只是有限的水田面积，新移民加入了农业雇工的劳力大军，帮助当地村民种植和采摘咖啡。在西双版纳的夕村，同样有来自外地的雇工帮助本地村民管理橡胶，这些雇工来自云南澜沧和曲靖、四川、贵州、湖南以及缅甸等国内外地区。在夕村，平均每个家庭每年在橡胶园需要雇 7～8 人工作 4～5 天来割胶和管理橡胶林。

元江由于发展花卉和热带水果种植，在坝区，很多土地租赁给外来或本地的租地者，来自红河和元江山区的哈尼族成为农业雇工，是链条最末端的主要的劳动力，常年或季节性地受雇耕种元江的坝区土地，进行热带水果和蔬菜的种植。也有苗族、拉祜族和汉族劳动力通过亲戚和族群的网络，被介绍到雇用他们的家庭或公司。

（六）不流动

随着通信技术的发展和广泛应用、市场网络的发展，以及道路设施的改善，在南村和元江做小生意的妇女中，出现了不流动的现象，因为收购商或批发商送货上门，包括新鲜蔬菜、日用品、饲料等各种货物。相比较而言，召村的不流动则与这个村所拥有的土地资源禀赋、文化传统上对土地的依恋和较强的民族身份认同有关。历史上，傣族一般占有水源充足的良田，加上文化价值中对土地的看重，他们很少离开家乡。在元江，一些关键人物在访谈中提到，由于傣族人对土地的依恋，他们也失去了流动和冒险所带来的机会和好处，逐渐地被原来不如傣族的其他族群甩在后面。

五　流动作为生计策略和能力

流动作为生计策略和能力，不仅可从流动所需的条件和倾向来看，还可从流动的结果来看。因此，这一节会考察所调研的村影响流动决策的条件和因素、流动的结果（如收入），以及流动中资源和服务的获得对生计的影响等。

（一）流动倾向、收入和个人发展

流动作为生计策略和能力，应首先从影响流动和结果的因素来看。社区资源和环境的限制，是导致社区人口向外寻求生计的重要推力。夕村和布朗新寨出于不同的原因才全村搬到现在的居住地。夕村人均可耕地很少，在单位面积上耕种土地的劳动力严重过剩是导致这个村庄不同流动生计的重要原因。夕村的村民不仅在跨国、跨区域的打工潮中开了风气之先，已经进入第二代流动的时期，同时为了扩展土地的耕种，从1994年就开始在缅甸境内租地种植橡胶，直到现在还在处于发展的势头。并且村民依然回到距新寨27公里的老寨管理那里的山地，季节性地采摘茶叶等。布朗新寨的村民，由于在搬迁地每人只有0.7亩的水田，除了种植全家人消费的粮食外，缺乏生计所需的足够资源，大约2/3的家庭要花费高昂的交通费，回到离现在居住地200多公里以外原来的村子耕种还没有被水淹掉的土地，从这样的流动耕作中，他们一年能获得2000～3000元的收入。在54个受访家庭中，有50个家庭的成员做农业雇工，每年有2～3个月帮别人采摘和分拣咖啡豆。戈村是传统的哈尼族山地农业地区，和其他哈尼族村寨有着极其相似的状况，就是土地贫瘠、山高坡陡、可耕地有限，所以季节性地外出打工成为他们生计补充的重要方式。

家庭生计策略的考量，特别是改善家庭内部的收入和生计是少数民族村民外出流动的直接动力。绝大部分的流动，尤其是自愿流动的农业雇工或外出打工的年轻人，都是为了改善家庭生计。夕村无论是十多年前跨国打工还是到境外租地发展橡胶业，都是为了改善当时土地面积狭小、生活贫困的境遇。而来自云南全省各地不同民族的农业雇工，他们的流动所得，成为家乡现金收入的主要来源。我们访问的几个外来农业雇工都提到家乡父母或孩子生活需要的现金大部分是靠自己打工后带回去的，同时他们做农业雇工的收入也满足了自己基本生存的所需。

从另一方面看，影响流动的因素包括起始费用的支付能力（如交通费）、人口受教育程度、家庭的社会网络、年龄和性别等。这些因素反过来也制约一些家庭和个人的流动。对于一些贫困家庭来说，一开始的交通费用是主要的担忧。戈村的妇女就说："我们没法筹到交通成本。"第二个因素则是教育和知识水平，对都没有上过学的夫妇来说，他们对"去外面"还是有担心。再进一步的考虑因素则是机会成本，这不仅与在家乡和流动在外所能赚到的收入差距有关，也与家庭关系和在村里的社群责任有关。正如戈村的一位妇女所说："当父母年老，孩子还小，我们没法出去。没有劳动力在家，就得雇劳动力来种稻子，这就不值得了。"最终，留在村子里就不是一个选择，而是无奈。

调研村村民的很多表述也表明，社会性别角色和婚姻状况决定了妇女流动的自由度和能力。从外面回到村里的妇女说她们都是在婚前外出的，因为结婚后，妇女的家庭责任和性别角色不允许她们轻易地"拔腿就走"。而布朗新寨村民在往返两地的农业耕种中，由于社会性别角色的限制，养育孩子的妇女和老人成为留守在老家或新寨看护农地的主要责任承担者，男性则更频繁地奔波在两地之间。

不同的流动带来不同的收入水平。例如，2006～2010年间，在这些作为劳动力流动和提供劳务的人员中，最高的收入来自流动演出，尤其是中间人和组织者获利最多，其次是外出到沿海地区打工，然后是在地方州、县城从事服务行业，再就是在附近做农业雇工（见表2－4）。

表2－4　流动形式与收入水平

流动形式	收入水平
流动演出(走穴)	3000元/月
外出到沿海地区务工	2000～2500元/月
在家乡附近城镇打工	1000元/月
循环和日常流动(农业雇工)	女人:40～50元/天　男人:40～60元/天

如在戈村，多数家庭依赖劳动力的流动，他们的收入主要来自其所提供的劳务。在52个家庭的女主人中，有40位做农业雇工，只有16位男主人做农业雇工。如果是计件收入的农业雇工，妇女常常能比男人赚得多一点。调研显示，在所有的受访家庭中，多数（约70%）报告他们家庭收入在过去5年增加了，尤其是戈村和夕村；65%的家庭因为各种流动，生活水平有所提高。

尽管流动提高了一些人增加收入的能力，但经济上的好处作为流动外出的一个推动因素，在农业产业化发展政策实施后却有所减弱，经济作物的耕种和小农生产者被纳入涉农商业活动的链条中，使得他们在家附近就能获得机会赚取收入。随着近年来橡胶、茶叶、水稻和烤烟等种植产业的发展，夕村、召村和戈村村民的生活已经较过去有了较大的改善。

今天的年轻人外出打工的目的和他们的父母辈有明显的不同。他们主要不是为了改善家庭的生计或因经济困难，而更多是被外部世界的快速发展所吸引，有一种要亲自体验这种发展的强烈愿望。因此，尽管在外面所赚取的收入和积蓄不一定比在老家多很多，他们仍然有兴趣去体验外部世界。当描述他们外出的原由时，年轻人和他们的父母都会用“开眼界”“接触外面的世界”来表达他们的愿望或经历流动后的成就感。早前出去的年轻人回来穿着时髦、光鲜，具有城里的、现代的感觉，因此在更年轻的弟弟妹妹看来，外出打工标志着成功和改变命运。另一方面，年轻人在城里打工经历了一番艰辛后，会更加珍惜在家里的时光，有些年轻人与他们父母的关系也更亲密了。因为流动，孩子得以成熟，善于面对和处理不同的情境和社会变化，从亲身经历的年轻人和他们父母的角度来说，这明显是一种能力的增长。

我们也观察到接受了中学教育的女性外出打工者，她们通常不愿意再回到村里。在元江一个花卉公司访谈时，两位哈尼族年轻姑娘就明确表示，她们不愿意再回到村里嫁给哈尼族男人。正如有的学者提到的，流动给年轻的女性带来自由和机会逃脱传统的约束，尤其在父权习俗盛行的社区和氏族，这是她们抵制性别压制的途径（金花善，2008）。

中国的出生性别比不平衡一直是一个负面的人口和社会问题，贫困地区处于婚龄的女性被吸引到经济条件好的地区去填补缺口。云南省的出生性别比在2000年第五次人口普查时为108.71，到2007年为119.97（李均智、严佩升，2010）。这个问题在村级层面上往往被忽视，但没有足够的女孩可嫁给男孩在许多村子里十分常见。当女孩外出打工不回来或者外嫁到其他地方，贫困和偏僻村庄的婚龄男性就更难找到配偶。为此，偏僻山区的年轻男性也流动到耕作经济作物的地区以农业雇工的形式赚取收入，同时寻找配偶。

（二）土地与资本拥有

一些流动如投资流入和跨境橡胶种植，需要有相对较大的资本投入。这些资本投入具有长期性和更高回报潜力，因而相对于单纯的劳动力，带着资本的流动是不同维度和层面的能力。例如在夕村，投资流入和跨境从事橡胶耕种的流动都涉及劳动力、土地和一些资本，村民将流动演出所赚得的收入投在橡胶种植和在邻国租地上，因此一波流动带动另一波流动。劳动力、土地和资本的结合使得夕村村民的生计在经济上有了保障。从内地和云南其他地方流入昆曼公路沿线一带的资本使得投资者能够获得土地种植附加值高的经济作物，如夕村的橡胶和香蕉，元江的花卉、蔬菜、水果和绿色植物，南村的咖啡等。这些产品多数被运到昆明，然后卖到中国其他城市，甚至卖到泰国曼谷、中国香港等地。

传统上和历史上，召村拥有的良田使村民的生计得到保障。由于村里有几个生计来源是基于当地的资源，如水稻、甘蔗、茶叶、手工纸和砖瓦等，再加上对土地的依恋，召村村民多数选择不流动。因为，对土地的拥有和利用是村民选择不流动所具备的能力。与夕村和召村相比，南村布朗族移民因为大坝移民而失去土地资源，土地的补偿只实现了一部分，另一部分被留起来用于争取还在讨论和设计中的“长效补偿机制”下的福利，他们在原来村子里依靠水果和牲畜养殖的收入来源却失去了。因此，整个新寨的水田只够生产自给自足的粮食，他们的直接收入很大程度上则要依靠做农业雇工。也因为失去土地，他们的生计可持续性受到影响。

总之，一方面流动既是生计的方式也是能力；另一方面生计方式和人们具备的能力是进一步影响流动决策的基本因素。决定是否外出、谁会离开老家外出的过程是一个判断和评估能力的过程，这个决策过程不仅仅由承担成本和赚取收入的能力、年龄、受教育的程度、婚姻状况等来决定，而且还受家庭劳动力配置策略、某种族群文化中社会性别角色和期待的影响。

通过流动，在不同的地方拥有不同资源和能力的人们在经济、个人的发展和经历、长远利益上获得不同的结果。在国家、地区和全球层面上，流动作为生计方式和能力被其他方面的能力所落实和加强，其他的能力包括资本的投入、土地的拥有和公共服务的获取。总体来说，纯劳动力的流动，与资本和土地相结合的流动所产生的结果是不同的。关于纯劳动力的流动，流动人口在公共服务上的获得，如孩子教育、医疗健康、廉租房等必会增加通过流动获得的利益，而缺乏这样的服务或者这类服务则通过非正规的渠道获得（陆德泉、向荣，2010），常常会切断流动的路径。我们会在下一节中详细讨论这个问题。

六　作为分化和反地域循环的流动

云南虽然地处边陲，却是中国发展的一个缩影，典型地反映了全民动员的发展主义模式（McGee，2011），云南聚集了各类扶贫发展项目，创造了大批的能源开发项目和交通设施发展项目，热情高涨的城市扩展和打造文化及旅游强省的愿景使得云南的流动形式也非常多样。如 Sassen（2000）所提出的概念，不同的人群流动形式呈现了全球化下流动的反地域循环趋势，这是一个社会分化的过程，这种分化明显地反映在资源控制的异化、土地使用的变化影响和公共服务的可获取性上。

（一）资源和公共服务

流动生计与不同的能力相联系，因此流动中纯劳动力流动与资本和土地相结合流动的产出结果是很不同的。流动人口主要是以出卖劳动力为生的，他们多数在非正规行业工作或者自我就业，因此就没有正规的劳动合同和社会保障。在我们的问卷访谈中，在询问有关社会保障的问题时，只有18%的人回答有保险，且主要是单项的商业性工伤保险。对流动人口来说，医疗健康是他们最关心的问题，但农村合作医疗制度是以户籍注册地为基础的，多数流动人口在外出前会加入农村合作医疗，但他们只有在户籍所在的老家才可以报销，离开家乡后没法享受定点医院的服务，尤其是跨省的流动。虽然还没有全省覆盖，在云南的一些地方已经可以异地报销了，但手续仍比较烦琐，对能够提供服务的医疗机构的限定也比较严格，很多人不清楚具体应该怎么报销。

孩子的教育是流动家庭的另一个担忧。虽然随着流入地九年义务教育学杂费的减免，流动家庭无须在流入地公立学校缴纳学费，但流动儿童仍然被歧视性地对待，如支付额外的费用、安排专门的流动儿童的班级、当地学生和家长歧视性的态度等。更为严重的是，当流动家庭孩子需要接受高中教育时，他们不得不回到老家，因为接踵而来的高考仍然是与户籍相联系的。

流动人口尤其是第一代的流动人口，很少会认定现在工作的大城市是人生的最终目的地，尽管他们可能在这里工作生活了十来年（Wang & Gu，2013）。因此，流动中一种需要具备的能力，即对公共服务的获取和利用的能力，是限制或促进流动的重要因素；没有这样的能力，流动本身很容易被中断。

而从云南其他地方和内地省份流入这一地区从事香蕉、咖啡、花卉和其他园艺种植的投资者和公司，以及能源开发公司，获取了最好的资源和最高的利润。投资者从村民手中获取土地的方式不同寻常。例如，地方官员能够接触某区域中长期发展规划，他们的亲戚就会从农民手上以低廉的租金长期租赁土地，实质上是买断土地经营权，将土地用于种植经济作物，或者短期出租，尤其是在中长期规划面世后，获取不断增长的租金。在元江县城郊、南村、夕村的土地承包者来自昆明、广州甚至东北，他们从事涉农行业，如种植花卉、蔬菜、水果和用于城市绿化的植物苗圃等。

与上述自愿流动的类型相比，因为水库建设而造成的搬迁和移民则没有给受影响的人群太多的选择和商讨的空间，形成被迫或非自愿的流动。在南村布朗新寨的非自愿搬迁中，移民户或许受到土地补偿标准的“诱惑”而接受搬迁，但政府和村民对土地的类别和使用性质不同的理解导致移民补偿覆盖的范围和标准有差异，再加上土地补偿只是部分兑现，移民感觉理想与现实之间存在差距。原本移民户期待用部分补偿款私下购置土地，但由于移民点房屋建设标准过高，移民户不得不拿土地补偿款先建房，建房之后再也没有能力购置土地了。支持他们可持续生计的土地资源转化为消费性的资产，如房屋、车辆等。

至于处于边缘地位的插花户①，因为土地集体所有权与家庭承包经营权的分离，他们不仅在土地补偿上受原有社区的挟制，而且移民点重新配置的土地被占用，土地补偿中的集体提留也处于两难处境。这里反映了几个层面的问题。

首先，在政府、村集体和家庭之间，政府是土地征用企业的代表。在水库移民过程中对移民家庭的土地补偿分配一直是个难题，政府的行政干预力度很大，其在面对集体成员即每个家庭的时候，遵守《中华人民共和国村民委员会自治法》，并以土地是集体所有为理由，在土地所有权与使用权存在矛盾时把征用土地的补偿分配难题交由村集体处理。

其次，村集体依据《中华人民共和国村民委员会自治法》全体村民大会或者村民代表的三分之二投票通过的决定才有效，如集体土地的补偿分配。但这个集体决定的过程往往在民主的幌子下掺杂着多数强势家庭对少数弱势家庭的利益侵占或排挤，分配上有时缺乏公平。政府部门了解存在着的排挤和不公正的问题，却碍于《中华人民共和国村民委员会自治法》，甚至对与国家宪法和法律有明显冲突和违背的村规民约，也没有办法监督和矫正，

① 指那些从别的村寨零星迁移后并加入主体村寨的移民户。

政府的介入和干预处于无为状态。这尴尬的三角关系把弱势家庭推到没有话语权、生计无依无靠的地步。

最后，在土地补偿费问题上，村集体提留的归属更是两难。原有村认为土地属于本村，提留当然应该留在那里；而移民安置村认为，以后这些移民都将生活在移民新村，利用新村的基础设施和福利，提留当然应该归这个新的集体。这样的纠纷使得移民户被拖延兑现补偿款。在这样的情况下，地方政府的干预也缺位，村民集体是缺乏约束力的。因此，对于那些弱势村民来讲，移民搬迁成为失权的过程。弱势和边缘家庭及一些妇女被社区和他们的原生家庭剥夺了土地再分配和补偿的权利，而外嫁的妇女一开始就被从迁移人口的名单上注销。农村土地承包法规定，土地承包权30年不变，相应地，一个嫁到外村的妇女，如果她在婆家没有得到一份土地，她娘家的土地则不得收回，仍然属于她的经营承包地。如果没有移民搬迁，她那份土地就会由她的父母或兄弟耕种。因为发生了移民搬迁，她那份土地的补偿如何分配由村民小组和其父母兄弟决定，但其村民身份、土地拥有权则被取消了。在搬迁的一些案例中，妇女既没有在婆家得到一份土地，也没有在娘家得到一份土地的补偿。

（二）土地使用的变化

在农业产业化发展中，随着投资的流入，在调研村，尤其是从更广的县或地区发展趋势来看，土地使用的变化是很明显的。原先用于耕种粮食的土地让位于经济作物的种植，从而不可避免地使生产和市场都超出了地方社区和村民能力的控制范围。

土地利用的改变不仅仅是影响流动的因素，也是不断增加的流动的后果。在夕村，橡胶种植的扩展需要大量的劳动力，这使得原先大规模外出参与民族歌舞表演终止了；同时，其他流动形式出现，如跨境和循环流动，使橡胶种植面积扩大并伸展到邻国。

夕村从1994年开始种植约2000亩橡胶，2004年种植面积迅速扩大，到我们调研期间（2010~2011年），受访家庭平均橡胶面积增加了一倍。问卷调查显示，28个家庭报告他们在自己的土地上平均种植20.4亩橡胶，同时有36个家庭表示在租赁的土地上，他们平均种植53亩橡胶。

种植经济作物的村民需要依靠国际市场来出售产品。近年来，由于气候不稳定，橡胶、咖啡和花卉等产品的国际市场价格上升使村民从中受益，他们不断扩大种植面积，但同时也经历了价格的大起大落，比如茶叶，所以现在只能放弃多年维护的茶园。种植单一的经济作物使村民面临更大的风险，与单一作物相关的生态可持续性也是一个值得关注的问题。在夕村，土地利用变化带来的一个明显后果是山区的溪水断流，由于缺乏劳动力和水流，村民也停止了水稻耕作。2006年，600多亩水田被租赁出去种植香蕉。南村的移民人口从土地资源丰富的老家搬迁到只有少量水田分配的新寨，传统的耕作玉米、水果和经济林木的技术在新寨的水田上发挥不了作用，其耕种水田的技术和产量也不如当地人。土地面积的骤减也影响了牲畜的养殖，这对妇女承担家庭责任有很大的影响，因为她们需要花费额外的时间和精力回到老家的土地上种植玉米，才能够养几头猪供一家一年的吃用。

在全民动员的发展范式下，“发展”项目看上去是由市场驱动的，但现实中，投资者和资本的利益得到政策和行政权力的保护，即政府往往代表公司和资本的利益。在不同的流动和反地域生产和循环中，超强行政权力和公司掌控着“发展”的发生和进程，种种流动的不同循环和产出在云南的主体汉族人口和少数民族人口之间表现得尤为清晰，投资者和资金的流入改变了少数民族资源和土地的利用，强化了自给自足耕作向经济作物耕作的转化，也使投资者获取了利益的大头，与边缘村民在土地转包和迁移中失去土地、失去生存的基石形成了鲜明的反差。少数民族人口以低价出租他们的土地，或者土地被征用于基础设施建设，他们只能为了生存而流动。他们外出打工，进行循环流动和耕作，或成为农业雇工。在城市流入地，他们不能与城市市民一样获取社会保障和公共服务，如教育、健康卫生、养老和住房等。他们常常由于高昂的生活费、没有获取社会保障和福利的机会而终止流动生计。主体汉族人口流入少数民族地区和少数民族人口流向城市和沿海地区，带来了非常不同的资源控制的直接结果和未来前景。

（三）流动的社会过程

如我们所展示的，流动所带来的分化过程跨越了城乡边界、内陆与边疆之别和国家边界。流动不仅跨越物理空间和边界，也跨越政治、社会和文化界限，而后者包括了国民身份、性别、年龄、代际以及婚姻状况。因此流动显而易见是一个社会过程，在这个过程中，国民和民族身份、性别、年龄和婚姻等社会机制在流动中不同的方向上发挥不同的作用。

1. 族群网络和身份

在调研村的各种类型的流动中，社区和族群网络在促进和适应流动方面发挥了重要作用。在跨境到泰国的流动、旅游服务与在缅甸的橡胶种植中，族群关系和身份超出了国民身份的限制：乡村村民没有合法的身份却远赴泰国，在族群网络的支持保护下，他们能够在那里待下来并生活和工作多年。更进一步的是，在缅甸进行跨境租地种植橡胶是较为敏感的事情，因为跨境种植涉及国家领地，边境地区的政治动荡也会给种植带来很大的风险。然而，村民们通过族群网络和关系使跨境租赁土地和经济作物耕种成为可能，这显然表明，族群身份超出了国民身份的控制。

在2003年以前的很长的时间里，城乡流动受到限制，在城乡分割的体系下农村人口没有流动到城市工作的自由。即使在城乡流动松动的情况下，受限于收容遣送制度，来自农村的流动人口如果不能提供合法的工作和居住许可证明，仍然会被收容并遣送回原籍。尽管这个制度在 2003 年被废弃，农村流动人口在城里仍受到不平等待遇。学者和有识之士一直在向政府呼吁，农村流动人口所遭到的不公平的待遇应该改变，从农村到城市的流动人口应该享有基本的国民待遇，包括基本医疗服务、基本义务教育、流动和居住的自由（傅晓华、廖凌娟，2012）。具有讽刺意味的是，在同一个时期，如 20 世纪 90 年代，当作为中国公民的农村人口的流动受到限制时，云南边境的少数民族村民却可以自由地流动到邻国，其国家公民的身份和合法签证或工作许可等问题被搁置一边，其少数民族的身份却在跨境流动中发挥了作用。

在夕村，妇女和男人在歌舞表演的“走穴”中也充分利用了他们的民族身份。村民以小组的形式组织起来一起外出流动，表演民族文化歌舞。如果任何一个成员受到不公正的待遇，所有其他成员都会集体抗议罢演；面对旅游者对文化习俗的误解，他们也懂得反击。就如在其他地方所观察到的，少数民族并不是被动地接受政府对民族身份的描述，相反，在利用文化和身份来寻找生计出路、满足基本需要和获取经济利益的同时，他们也学会如何伸张权利与表明身份（Xu & Salas，2003；Michaud & Forsyth，2011）。在民族文化市场化的过程中，村民在流动中利用他们的民族文化和身份作为主要资产获取生计机会，已超出了日常生活和生产的界限，并以文化产品能够在更高层面得到展示和获得商业上的成功为荣。

在戈村的案例中，村民的哈尼族身份使得他们外出流动时团结在一起。此村的流动历史显示，年轻的女性首先外嫁到沿海地区，她们的亲戚和村民则接踵而至，到外面打工，随后带动更多的人流动在外。但由于相对较低的受教育水平，哈尼族村民往往集中在某些工作领域，如建筑、采矿、餐饮和农业，工资相对较低而工作比较辛苦。

布朗新寨村民的民族身份跟夕村一样，属于布朗族，但在调研过程中我们发现，他们的民族归属有些模棱两可和混乱。村民对他们的民族归属有不同的说法。村干部说为了避免歧视，曾经改成汉族；当政府对一些民族如布朗族给予特殊优惠的发展政策时又在2007年改回布朗族。同一时期，也有汉族人改成布朗族以获取布朗族的政策优惠（CFX，2012年5月26日访谈）。另外的村民包括村干部的胞弟和以前的村小组干部则告知我们，他们以前属于彝族和汉族，后来改成布朗族以得到更多的政府支持。这样的身份转换在云南其他地区也存在（赵瑛，2001）。

历史上，除了政府从内地组织汉族到云南从事橡胶耕种，婚姻是汉族男性移民进入少数民族地区并在那里定居的另一方式（N. Wang，2010）。今天，当戈村和夕村未婚年轻女性嫁出村子，来自云南本省和内地其他地方的以汉族为主的男性又在村里与布朗族、傣族等少数民族姑娘结婚定居。一个必然的结果是，不同民族的人通婚，而通婚进一步促进了流动人口的社区融入，但这也冲淡了民族和文化的独特性与身份认同。有学者指出，随着汉族人口的流入和其文化影响的增强，政府仍然在少数民族地区明确地运用了相关政策，旨在保护和鼓励少数民族的利益和发展，这或许更推动了不同民族的融合。看上去对少数民族优惠的政策使得少数民族与汉族结婚后生下的孩子更加倾向于声明自己是少数民族，并以少数民族登记注册身份（Tapp，2010）。

2. 社会性别角色和代际差异

布朗族和哈尼族村民反映女孩子外出容易找到工作，并在外面待上较长的时间，而男人在外面很难居住下来，没多久就得回到村里。在哈尼族的文化习俗中，照顾老去的父母是男人的责任，这或许是男人回到村里的一个原因。男人比女人更难适应流动的生活也与男人在陌生的地方找到社会空间和管理有限空间及资源的能力有关。例如城市提供给流动者的工作多是“适合女孩子”的服务类工作，职业的社会性别定型较明显。

流动中的单个成员和家庭在消费上存在明显的差别。男人尤其是年轻的单身男性，离开家庭没有父母或妻子的照顾，常常在外吃饭、喝酒、抽烟或闲逛，有更多的支出。相反，女性仍然遵从着传统的角色和规范，条件再差也会想办法自己烧饭吃并会尽量减少支出，因此，即使收入相对较少，也能够生活得相对舒服一些。在夫妻双方都外出的情况下，女性趋向于减少生活支出，存下一些钱。

流动中劳动分工的变化是很微妙的，并在不同的情境下有所不同。例如哈尼族村庄中的家庭，通常男人外出时由女人照看田地里的活，完成家庭照顾的责任；在全家外出的情况下，男人开始分担家务，如烧饭、洗衣服，而这些活在传统上完全是由妇女做的。

劳动分工中一个引人注目的变化是从换工转到雇工，这样的转换与所耕种作物的品种有清晰的关联。在自给自足的作物耕作中，如水稻，人们仍然互相换工来完成插秧等有时间压力的田间活，但是像种植咖啡和橡胶等，雇工已经大量存在。另外，传统的房屋建造材料已经被现代建筑结构和材料取代。传统上，在四个村子，房屋都用木头和泥土建造，并由村民互助完成；而现代房屋都用砖瓦和水泥钢筋建造，需要外包给包工头和小型建筑队，这些外来的建筑工人逐渐成为流入人口的一部分。因此，与之相伴随的是，在文化和生产模式的转换中，换工被雇工逐渐取代。

在换工的习俗中，一些工作有性别上的分工，因而换工更多地遵从了传统性别角色的期待；而在雇工中，工资通常是计件支付的。在农忙时节，种植经济作物的家庭或公司需要大量的男女劳动力，去做摘咖啡果、摘茶叶、割胶等工作，男人经常加入传统上由女人承担的工作中。

在四个调研村，我们观察到男人仍然是村庄事务的决策者。布朗新寨搬迁补偿落实的集体讨论只有男人参加，少数的几个女人站得远远的，试图从片言只语中了解讨论的内容。但是，当男人离开村子外出打工时，女人则担起了社区事务的责任，如修路、操持红白喜事等。

对到城市打工的人来说，融入城市和找到归属是不容易的。他们不仅面对和城里人不同的社会待遇和福利，以及不同的工种和工作环境，还要面临从农村生活到城市生活的跨越，以及从熟悉的少数民族文化和风俗到适应城市以汉族文化为主的生活。多数打工者外出依靠的关系基本是地缘和血缘关系，与一同出去的伙伴和亲属联系紧密，亚文化的特征十分明显。这些亚文化群体基本是“生活互助、信息共享和共同利益保护”。

从上面的分析，我们可以得出结论，通过族群和地方网络而展开的流动促进了少数民族人口在务工地的团结，这样的网络能够保护他们，重组与身份相关的亚文化。如我们前面讨论的，流动人口在城里无法享受与城市居民相同的福利和待遇，工作和居住在很不一样的环境中，他们需要依靠民族和地方关系而生存，要跨越从农村到城市、从少数民族文化到主流汉文化的界限。他们在流入地很少与地方居民结交朋友，只与背景相同的人一起度过闲暇时间。在沿海工业发达地区，打工人群往往根据原籍而集结在一起。对流动人口来说，在流入地和城市的社会融合并不是件易事，搬迁者即使是在本省本地区流动也同样如此。水库搬迁移民反映，虽然没有出现与当地人非常激烈的冲突，但是依然存在一些矛盾，具体主要表现在用水、用路等方面。因政府的干预而造成的土地补偿差异引起了当地村民的心理不平衡。但是，流动也带来了文化的趋同，年轻人不再愿意遵从文化习俗和传统，他们外出一段时间回到老家后，甚至觉得说自己民族的语言、穿自己民族的传统服装很别扭，而年轻女孩则想要嫁给汉族男子。当然，旅游业发展所带来的少数民族文化和歌舞表演，在某种程度上保存和唤醒了其少数民族的身份、文化和语言。但是，应该注意的是，旅游发展中纳入少数民族文化元素的过程并不是以少数民族为主体的，他们往往是利益剥夺和猎奇的对象，他们的文化往往被贴上了虚假的标签。

流动人口在流动前后的消费变化也是很明显的，流动中，他们采取的往往是生活成本最小化的策略，而没有真正改善生活水平。尽管女性不见得比男性挣得少，但社会性别差异也表现在对家庭收入贡献的观念上，男人倾向于认为他们有支配家庭收入和享用非必需品的权力。虽然传统的村庄生活中，男人和女人在家庭内的消费也有差别，但流动更强化了这样的差别。尽管流动中家庭收入增加，妇女的生活质量也并不一定随着流动得到提高。

七　结论

传统和历史上，云南少数民族一直有很强的流动性。随着市场的扩展、现代交通设施的发展、国家和公司的介入和干预，他们的流动发展到超越社区和农耕的边界。经济作物的全球化生产、能源需求的快速增长、基础设施的改进、旅游业的发展都创造了一波又一波的流动。

在不同的情境下，流动以多种形式表现，如国内的外出打工、跨境的流动、与生产和贸易相关的日常流动、搬迁等。一些流动成为一种能力并改善了生计，一些流动则破坏了生计的可持续性。

流动作为能力，要运用和得以落实，还需要流动者拥有其他方面的能力，如获得公共服务与资源、获得族群网络和支持的能力。没有这些能力的辅助，流动能力就无法得到充分的发挥，流动会成为“漂流”。云南四个村的案例显示了促成流动的复杂性。流动不仅仅是物理地点的改变，更是社会关系参照系、附属感、社会保障和社会网络的改变。从户籍所在地流动到没有根基的陌生地方，族群关系和网络也跟着延伸出原籍村庄，将人们黏合在一起，支持人们的流动。但是，随之发生的是一些传统习俗的变化和边界的模糊，如男人开始分担家务，不同民族间日益增多的通婚，交融甚至淡去的民族文化等。

对云南案例的研究帮助我们理解现今中国的经济和社会变化过程，无处不在的市场力量和全球化生产模式使得流动以前所未有的规模存在，成为人们生活的重要组成部分。但是，政府针对流动的政策充满了矛盾，一方面视历史上存在的游牧和游耕为破坏性的流动，在很多上千年来一直实行游牧游耕的少数民族地区强制推行圈养和定居农业；另一方面发展项目和基础设施建设带来的迁移，以及生态和扶贫移民，常常迫使人们迁移到其他地方定居，并成为地方政府促进少数民族发展的重要手段，而对迁移带来的可持续生计的破坏和移民文化的适应性问题，则应对乏力。人口流动给工业化和全球化生产提供了劳动力，因此被政府大力支持。除了收入的增加外，打工家庭的福利（包括医疗保障、劳动保护与社会保障、良好公平的教育等）在政策中却得不到保障。从农村到城市流动很容易成为“漂流”，而这又是国家和社会不愿看到的结果。针对不同群体的流动，政策导向和具体的落实中有清晰的支持资本的倾向，而对流动给地方社区、环境和少数民族文化身份带来的影响却关注不够。

流动作为分化的过程进一步确认了 Sassen（2000）所提出的

生产、生存和追逐利润的反地域性概念。这是否意味着，这样的结论有违 James Scott 所提出的论点，即少数民族的流动和能动力使他们可以摆脱外部市场的冲击，并能历代持续生存和发展。正如 Michaud 和 Forsyth（2011）所指出的，对边缘地方人群与全球市场力量和国家政策之间的关系，更为精细和更为动态的来自一线的理解非常有必要。

云南少数民族流动生计研究进一步让我们清楚地认识到，今天的少数民族已经被深深地卷入全球化经济的潮流，没有可能再回到自给自足的生活，流动无论是作为少数民族应对全球市场经济的生计策略还是作为能力，都需要国家政策进一步平衡资本的利益和少数民族资源的保护及获益，更多保护少数民族的文化和生计可持续性。民族文化自觉与民族生存从来都很重要，特别是在全球市场化浪潮中的少数民族的流动情境下。

另外，在流动人口社会保障不足和缺位的时候，我们看到了流动者依靠亲缘和地缘关系及非正式网络所获得的支持和帮助，能动地回应自身所面临的困难。无论是在流动过程中结伴同行、寻找工作，还是联合离职以抗争抵制不合理的待遇，或是解决家中留守者的困难等，都体现了流动者能动性。今天越来越多的民间组织和流动人群的自组织在中国得以出现和扩大，这无疑是拓展流动者生存空间和维护流动者应有的社会保障权利、表达流动者诉求的必然趋势。

参考文献

包广静、莫国芳，2007，《云南迁移与流动人口特征及趋势分析》，《云南财贸学院学报（社会科学版）》第6期。

蔡昉，2007，《中国流动人口问题》，社会科学文献出版社。

蔡昉、白南生，2006，《中国转轨时期劳动力流动》，社会科学文献出版社。

傅晓华、廖凌娟，2012，《关注农民"国民待遇"》，http：//www. zgxcfx. com/Article_ Show. asp？ArticleID = 54574。

高小贤，1994，《当代中国农村劳动力转移及农业女性化趋势》，《社会学研究》第 2 期。

郭家骥，2008，《发展的反思——澜沧江流域少数民族变迁的人类学研究》，云南出版集团公司、云南人民出版社。

国家人口和计划生育委员会流动人口服务管理司，2012，《中国流动人口发展报告 2012》，中国人口出版社。

胡尔贵、黄东东，2010，《工程性非自愿移民中的政府角色》，《河南社会科学》第 1 期。

黄祖辉、宋瑜，2008，《长江三角洲农村妇女流动的决定因素分析》，《西北农林科技大学学报（社会科学版）》第 1 期。

金花善，2008，《社会转型期中国朝鲜族女性的国内外迁移》，载杨国才、陈星波主编《少数民族女性学学科建设与妇女发展》，云南民族出版社。

金一虹，1998，《非农化过程中的农村妇女》，《社会学研究》第 5 期。

李均智、严佩升，2010，《云南省出生人口性别比问题分析与对策》，《重庆科技学院学报（社会科学版）》第 6 期。

李宣林，2004，《哈尼族历史文化研究》，云南民族出版社。

刘鉴强，2012，《建大坝要听当地人的声音》，http：//www. sina. com. cn。

刘宁，2011，《中西部地区农村女性人口流动：现状、问题与对策》，《山东女子学院学报》第 2 期。

陆德泉、向荣，2010，《超级城市改造与城市贫民对策：第二次大转变下的案例》，台湾社会研究会年会论文。

潘毅，2011，《中国女工：新兴打工者主体的形成》，九州出版社。

谭深，2004，《家庭策略，还是个人自主？——农村劳动力外出决策模式的性别分析》，《浙江学刊》第 5 期。

王明珂，2008，《游牧者的抉择——面对汉帝国的北亚游牧部族》，广西师范大学出版社。

王清华，1999，《梯田文化论：哈尼族生态农业》，云南大学出版社。

王维博：《大移民——陕西 280 万移民悬念》，《中国新闻周刊》2011 年第 19 期。

湘社，2010，《移民与社会发展——中国特色的移民之路》，http：//www. hnshx. com/Article_ Show. asp？ArticleID = 7170。

赵瑛，2001，《布朗族文化史》，云南民族出版社。

Cresswell, T. 2006. The Right to Mobility: The Production of Mobility in the Courtroom. *Antipode* 38, 735 – 754.

Davin, D. 2005. Women and Migration in Contemporary China. *China Report* 41 (1), 29 – 38.

Guo, X. 2000. The Reach of Ethnicity: Reverse Impact of People's Republic of China Minority Policies. Paper presented at Conference on *Ethnicity, Politics and Cross-Border Culture in Southwest China: Past and Present.* 25 – 28 May, Lund University, Sweden.

Jacka, J. 2006. *Rural Women in Urban China: Gender, Migration and Social Change.* M. E. Sharpe, Armonk, USA.

Kronlid, D. 2008. Mobility as Capability. Uteng, T. P. & Cresswell, T. (eds.) *Gendered Mobilities*, 15 – 34. Ashgate, Aldershot.

Kusakabe, K. (ed.) 2012. *Gender, Roads, and Mobility in Asia.* Practical Action Publishing, Rugby.

Li, M. 1999. Attributes of Chinese in the Netherlands: Are They Huaqiao or Huaren? *IIAS Newsletter* 18 (Pink Pages), 45. International Institute for Asian Studies, Leiden.

Lin, Z. 2003. *Volumlerry Resetllemenl in China: Policy and Outcomes of Government-organised Poverty Reduelion*, Arojects, PHD Dissertation, Wageningen University, The Netherlands.

McGee, T. 2011. Foreword. in Michaud, J. & Forsyth, T. (eds.) *Moving Mountains: Ethnicity and Livelihoods in Highland China, Vietnam, and Laos*, ix – xvi. UBC Press, Vancouver.

Michaud, J. & Forsyth, T. (eds.) 2011. *Moving Mountains: Ethnicity and Livelihoods in Highland China, Vietnam, and Laos.* UBC Press, Vancouver.

Sassen, S. 2000. Women's Burden: Counter-geographies of Globalization and the Feminization of Survival. *Journal of International Affairs* 53, 503 – 525.

Scott, J. 2009. *The Art of Not Being Governed: An Anarchist History of Upland Southeast Asia.* Yale University Press, New Haven, CT.

Tapp, N. 2010. Yunnan: Ethnicity and Economies-markets and Mobility. *The Asia Pacific Journal of Anthropology* 11, 97 – 110.

Uteng, T. P. 2006. Mobility: Discourses form the Non-western Immigrant Groups in Norway. *Mobilities* 1, 435 – 462.

Wang, N. 2010. Changes in Ethnic Identity among Han Immigrants in the Wa Hills from the Seventeenth to Nineteenth Centuries. *The Asia Pacific Journal of Anthropology* 11, 128 – 141.

Wang, Y. & Gu, G. 2013. Home Perception and Home Making Strategy: The Struggle of Rural-Urban Migrant Women in Beijing and Shanghai. Wang, M. Y., Kee, P., Gao, J. (eds.) *Transforming Chinese Cities*, Routledge (forthcoming).

Wang, Y., Zhao, Q. & Kusakabe, K. 2010. *Gender Analysis of Cross-border Road Infrastructure: A Case of Kunming-Bangkok Highway.* Report submitted to the Asian Development Bank, 20 September.

Xu, J. & Salas, M. 2003. Moving the Periphery to the Centre: Indigenous People, Culture and Knowledge in a Changing Yunnan. Kaosa-ard, M. and Dore, J. (eds.) *Social Challenges for the Mekong Region.* Chiang Mai University, Distributed by White Lotus, Bangkok, 123 – 145.

Xu, J. 2006. The Political, Social, and Ecological Transformation of a Landscape: The Case of Rubber in Xishuangbanna, China. *Mountain Research and Development* 26, 254 – 262.

Xu, J., Fox, J., Melick, D., Fujita, Y., Jintrawet, A., Qian, J., Thomas, D. & Weyerhaeuser, H. 2006. Land Use Transition, Livelihoods, and Environmental Services in Montane Mainland Southeast Asia. *Mountain Research and Development* 26, 278 – 284.

第三章 乡村田野调查报告

张宏文

一 调查背景

（一）乡村概况

乡村是西双版纳州勐海县打洛镇的一个村庄，也是村委会所在地，距打洛镇政府1公里，距打洛口岸约3公里，距缅甸掸邦第四特区政府所在地小勐拉3公里。乡村的户籍登记共178户，在本村有房的170户。全村总人口758人，女性393人，劳动力506人。乡村是一个以布朗族为主体民族的村庄，全村除了30多户有外族女婿或媳妇以外，其余均为布朗族。

20世纪90年代的跨国外出打工拉开了乡村流动打工的序幕，2002～2005年，大批前往海南、广西等地的村民形成了流动打

图3－1 俯瞰乡村

工的高峰，之后就开始回落，到2011年，仅有30～40人在外打工。究竟是什么导致了流动打工的潮起潮落？流动打工潮与村庄的生计之间究竟有着怎样的联系？村民的流动生计与传统民族文化之间又有着什么样的关系？本研究正是为了回答这一系列问题，通过调查分析呈现流动与生计及民族文化之间的关系，在理论上探索流动生计与民族、性别、代际和婚姻等维度的交织性结构及其与民族文化之间的交互关系，希望能够为政府决策提供参考。

（二）调查过程和方法

1. 调查时间、地点

对乡村的调查分为两次，第一次是2011年4月20～26日；第二次为补充调查，在2011年10月21～23日，除了补充乡村的资料，还对乡村老寨开展了调查。

2. 调查方法

本项调查采用以定性访谈为主、定量问卷调查为辅的方法。定性访谈又分为集体访谈和个人访谈。集体访谈分为座谈式访谈和参与式访谈；个人访谈分为针对政府部门关键人物、村庄关键人物、有流动打工经历的村民或家人、普通村民以及外来流动人口等进行的访谈。

集体访谈一共开展了7组，分为老年人、村干部、未婚男女青年、已婚男性和已婚女性集体访谈5组，以及参与式的男性村民和女性村民集体访谈2组。

政府部门关键人物访谈包括打洛镇政府、勐海县农业局、勐海县人力资源与社会保障局、勐海县劳动就业服务中心、勐海县人才市场、勐海县外事办公室等相关部门负责人8人。

村庄关键人物访谈包括乡村村委会书记、妇女主任，原村支书及乡村村委会主任、会计，以及乡村老寨会计等7人。

访谈有流动打工经历的村民或家人、普通村民以及外来流动人口等的个人33人，其中外来流动人口10人，包括1名来自缅甸的媳妇。

问卷调查一共调查了56人，其中男性29人，女性27人，这56份问卷代表了56户。从受访者的婚姻状况来看，初婚的占近80%（见表3-1）。

表3-1　接受调查村民的婚姻状况

婚姻状况	频率	百分比
未　婚	5	8.9
初　婚	43	76.8
丧　偶	3	5.4
再　婚	5	8.9
合　计	56	100.0

从受访者的受教育年限来看，最低为0年，最高为12年；配偶最低为0年，最高为15年。从民族构成来看，受访者为布朗族的达98.2%（见表3-2）；配偶为布朗族的达82.1%，7.1%为汉族。

表3-2　接受调查村民的民族成分

民　族	频率	百分比
哈尼族	1	1.8
布朗族	55	98.2
合　计	56	100.0

56户家庭中成员全为同一民族的有46户，占82.1%，不是同一民族的有10户，占17.9%（其他民族指汉族、哈尼族、佤族和缅甸的缅族）（见表3-3）。

表 3-3 接受调查的农户家庭民族构成情况

全家是否同一民族	频率	百分比
是	46	82.1
不是	10	17.9
合计	56	100.0

二 夕村的人口流动情况

(一) 村庄历史和生计模式变迁简况

夕村原来在距现在的居住地约 15 公里的山上，1949 年以后，它一度属勐混镇管辖，1964 年打洛镇成立以后才划归其管理。1958 年成立乡政府以后，政府动员山区老百姓搬到坝区开荒，从那时起，老寨村民每年都定期地来到夕村开田耕种。1980 年分产到户，同年一场火灾烧光了整个村庄，当时老寨一共有 800 人，当年就搬下来了 300 人。从那以后越来越多的村民从老寨搬迁下来，到现在夕村老寨只有 16 户人家，常住人口 51 人。因此，现在的夕村是一个既古老又年轻的村庄，从山区搬到距离镇政府仅 1 公里的半山区，夕村人的生活生产方式和文化风俗都发生了巨大的变化。

西双版纳州的布朗族主要集中在布朗山、西定、巴达和打洛的边境山区一带。布朗族历史上主要从事“刀耕火种”的山地农业，新中国成立后在政府的引导和帮助下，布朗族的农业生产有了较大发展，传统上以粮食作物为主的稻作农业也逐渐转变为以经济作物为主、粮食作物为辅的农作物结构，其中茶叶、旱稻和橡胶是主要经济作物。据夕村人说布朗族原来不会种橡胶，是搬到夕村以后跟农场的汉族学会的。夕村人原来以茶叶、旱稻为主要的经济作物，随着搬迁到半山区，经济作物逐步变为以橡胶为主、旱稻和茶叶为辅。

（二）社区流动的历史、阶段特点和类型

夕村的流动始于20世纪70年代，但那时流动较为零星，成规模的外出流动出现在1990年以后。在夕村30多年的历史中，流动是一个典型特征。问卷调查显示，有外出打工经历的村民占87.5%，其中超过一半（57.1%）到省外或国外打工。

1. 跨境打工潮

夕村村民的跨境打工分为远距离的到泰国打工和近距离的在中缅边境打工。

（1）泰国打工

从20世纪90年代初期到末期，夕村不断有村民利用边民身份经缅甸进入泰国打工。据不完全统计，1994年前后外出到泰国打工的有100多人，达到外出的高峰。除1980年外，1993年、1994年、1995年和1997年也是村民从老寨搬到夕村较为集中的几个年份，所以，在赴泰国打工的人群中，有一部分是老寨的村民。

到泰国打工的夕村村民均为布朗族，以未婚的年轻男性为主，他们主要在曼谷及周边地区的花卉公司里从事花卉种植和管理，少数人从事制造业、商业、餐饮业、运输业等。绝大多数人一去多年才回来（很多是八九年，甚至十多年）。2006年以后，在泰国打工的人大多数回家了，现在还有9人在泰国。

（2）中缅边境打工

夕村距打洛口岸3公里，口岸对面就是缅甸的小勐拉。打洛口岸自1991年开放以后，出境旅游一度十分红火，特别是在2000年前后。1998～2003年，夕村前后大约有七八十人到打洛森林公园、中缅街及小勐拉的神秘谷森林公园等旅游景点打工。他们主要从事歌舞表演、主持、讲解、销售玉器等，不少村民白天在家干农活，晚上到景点表演民族歌舞。

2004年出境旅游被叫停以后，旅游业一蹶不振，打洛口岸“进出境人口2004年以前是159万人次，2005年、2006年人员才21万多、22万人次，主要是边民和商务人员，游客是0”①。当年游人如织的打洛森林公园现在已经尘封，中缅街的各种商店、小勐拉的赌场都变得冷冷清清，夕村人也全都回到村里，很多人又在亲友的带领下去海南、广西打工。

> （我）初中时，假期就到中缅街做讲解，假期300元（工钱），每天10元。……二姐在小勐拉玉器商店工作了3年，如果不关口岸，我也不会出去（指到外地打工）。二姐先去大连跳舞，2年多后回来。大姐在中缅街做讲解4年，回来后结婚，婚后就不去了。（YS）

2. 国内打工潮

2002～2005年间，在本村艺人的带领下，夕村前后约有2/3的人加入外出打工的行列。据统计，2005年在外打工的人数达229人，而最多的时候达到400多人。从2006年以后，大多数人回家了。外出打工者包含了老、中、青三代，还有少数儿童，基本上是男女各半，绝大多数是布朗族，极个别的是佤族等其他民族。

夕村人绝大多数在海南、广西等地的景区从事民族歌舞、风俗文化的表演，也有少数从事商品销售、保安、汽车修理等行业。目前只有少数年轻人在外打工，大约30～40人，主要从事表演、服务行业。

不同年龄段的夕村人在以展示民族文化为主要形式的打工过

① 资料来源：2011年4月笔者对打洛镇政府相关负责人的访谈。

程中，又表现出不一样的亚形态——中年人、老年人自始至终都在一个地方，为一家企业打工，稳定性较高；而以跳舞为职业的青年男女则大多数频繁跳槽，足迹遍布大半个中国，部分人频繁更换演艺的场所、城市以及行业。

3. 日常的农业流动

夕村人除了耕耘本村狭小的土地之外，还在缅甸和老寨种植橡胶、茶叶、旱稻、玉米等，因此，很多人一年之中根据作物的生长季节性地在老寨、夕村和缅甸的土地上来回耕作，有的村民甚至有十多处橡胶地。于是在每年的橡胶割胶季、采茶季以及种植季，在几块土地上往来耕种和收割，构成了夕村村民日常生活的一幅图景。

夕村每户都有橡胶树，一般都由家里的青壮年男女承担割胶和橡胶树的管理工作，若橡胶树太多，自己家人忙不过来，就会雇工帮忙。而到缅甸租地种橡胶源于一次边民之间借宗教活动名义进行的探亲访友，颇有远见的原村干部在现任村民小组长的支持下，带动了100多户村民参与其中。一开始没有参加的村民后来也都通过几名带头人参与到租地种橡胶中。夕村人自我决策和自发组织形成的季节性农业流动对其生产生活产生了十分重要的影响。

4. 边境贸易的市场流动

由于紧靠边境，夕村的边民互市传统由来已久，不过以前规模都较小，真正开始得到发展并形成一定规模是在1991年打洛口岸开放以后。村民到缅甸小勐拉进货，然后拉到打洛卖出去。货物以农产品为主，包括大米、芝麻、绿谷米、玉米、紫米、茶叶等，也有其他的如扫把苗、黄草等，比较大宗的有干胶、木料等。夕村从事边贸的全部都是已婚布朗族男性，女性从来没有涉足这个领域——边贸在他们看来属于“中生意”，妇女做的是卖菜、卖水果之类的“小生意”。这种边贸带来的流动属于季节性的市场流动，以营利为目的，风险也较大，他们认为主要是为了“赚点烟酒钱”或者“补贴家用”。做边贸的成本高、风险大，单打独斗的个体村民确实面临收益不稳定的问题。

5. 外来的农业/非农业雇工

在乡村人往泰国、缅甸及我国海南、广西等地流动的时候，也不断有外地人或长期或短期地流入乡村。据村干部说，从1994年开发缅甸橡胶林以后，就有大量外地人流入村子，帮村民管理橡胶树、割胶、种香蕉以及盖房子等。这些外来雇工主要来自云南的澜沧、曲靖，四川、贵州、湖南等以及缅甸等国内外地区，有汉族、佤族、哈尼族，缅甸的布朗族和缅族等，以青壮年男性为主，也有夫妻一起外出的。缅甸雇工均为男性，年龄在18~26岁，据说是为了逃避服兵役跑过来投亲靠友当雇工的。

从规模上看，每户每年平均请工7~8人，平均用工4~5天，这样算下来，乡村每户每年请工约28~40人次，大部分用于种植橡胶和香蕉，少部分用于建筑、运货等。不过，雇工较多地集中在橡胶或香蕉种植大户上。

外来雇工一般是通过工头介绍给村民，工头从中可以得到一些好处，属于民间自发形成的基于血缘、地缘结成的业缘网络渠道：“固定和我联系的民工老大有5个，打电话给他说要5个工人，准备600元就可以，（工人）很多是夫妻，两口子一起来。”(YLL)

在长期的打工者中还有来自普洱市宁洱镇的一个群体——1984年的一场洪水冲毁了他们的大半个村庄，导致当地许多村民外出打工，其中一部分人先后来到了打洛镇，他们大多数在这里以租地种蔬菜谋生，很多人把户口迁到了打洛，但基本属于落个空户，他们不分土地及村集体的经济收益。

三　流动的影响因素分析

（一）国家发展相关产业的政策措施

1. 边境贸易和跨境旅游

作为面向东南亚开放的口岸，1991年，经云南省政府批准，打洛省级对外开放口岸正式设立，并成立对外经济贸易区。从那以后，边境贸易、旅游业、服务业及其他相关产业得到迅速发展，在1995～1996年开始繁荣起来，尤其是跨境旅游吸引了大量的内地游客。1998～2004年，出入境旅游人数达583.94万人次，打洛口岸附近包括小勐拉的相关产业如电信、餐饮、住宿、娱乐甚至博彩业也因此而繁荣，并产生了大量的就业机会。2004年为配合打击跨境赌博专项行动，跨境旅游被叫停，小勐拉开设的赌场也退到距离边界线15公里以外的地方。此后，打洛口岸除了货物进出的车辆和往来的边民以外，再难寻觅游客的身影。尽管2007年11月，打洛口岸升格为国家级一类口岸，但2005～2010年的出入境游客始终为零。旅游相关产业也纷纷歇业，乡村人只好回家，很多村民又踏上了外出打工的漂泊之路。

2. 橡胶产业

天然橡胶被视为重要的国际战略物资。我国是世界上最大的天然橡胶消费国和进口国，2000年起进口总量大于国内产胶总量①。因此，从中央到地方的各级政府十分重视橡胶产业的发展，先后出台了一系列促进橡胶产业发展的政策，农业部提出将把云南建成我国最好的天然橡胶生产和加工基地，云南省也提出了“把云南建成全国最好的优质天然橡胶生产基地，面向东南亚的天然橡胶交易中心和加工中心”。西双版纳是云南天然橡胶主要的生

① 勐海县农业局《勐海县橡胶产业“十二五”规划》。

产基地，州委第六次党代会提出“坚定不移地实施生物富州战略，努力建设好天然橡胶基地”[①]。

在各级政府加快发展橡胶产业的政策措施和市场价格不断上升的刺激下，“十一五”期间，勐海县全县民营橡胶的种植面积、干胶产量和胶产品农业产值分别增加69.9%、48.8%和49%[②]。打洛镇是“十一五”期间全县种植橡胶面积和干胶产量最大的乡镇，在“十二五”期间，打洛镇的橡胶产业将继续在面积、干胶产量方面大大领先。

（二）加入民族文化元素的旅游业的发展

进入21世纪，国内旅游业迅速发展，业界也开始注意到少数民族文化为旅游业带来的巨大增值空间，于是，少数民族文化的价值从市场、生产力等角度被重新审视、挖掘以及开发。包括海南、广西等地在内的很多省区也开始注重把旅游与少数民族文化结合起来。一些旅游企业到云南等少数民族集中的地区招聘少数民族员工，设法将少数民族文化引入风景旅游区，挖掘少数民族文化以吸引游客。

2002～2005年大批村民外出到海南、广西等地打工的现象正是在这个背景下产生的。他们到景区后，有的景区在尊重布朗族文化原有风貌的基础上对其进行了挖掘和开发——如让老年人展示布朗族特色的大耳洞、黑牙齿、黑皮肤以及织布织包、洒香水等今天虽已不常见但确为布朗族传统的风俗；让中年人唱布朗族的传统歌曲，如敬酒歌；让年轻人跳布朗族的传统舞蹈等。这些对于发掘、继承和保护布朗族的传统文化具有一定的积极意义，使更多的布朗族群众意识到自己文化的独特性和吸引力，主动地承担起保护传统文化的重任。

① 勐海县农业局《勐海县橡胶产业“十二五”规划》。

② 勐海县农业局《勐海县橡胶产业“十二五”规划》。

（三）县域经济发展、劳动力及就业情况

勐海县是一个农业县，农业人口占总人口的83.2%，农业劳动力16.57万人，在本地从事农业生产的占60%以上。水稻、甘蔗和茶叶是勐海县的传统产业，橡胶、云麻和石斛为新兴产业。从整体上看，勐海县的农业劳动力相对于其可耕地面积来说是不足的，据县农业局相关负责人说，“勐海县每个劳动力平均有6亩耕地，劳动量较大”。

勐海县的农业劳动力一方面存在不足，另一方面却不断有农业劳动力向非农产业转移，这中间造成的农业劳动力的缺口，则由外来的农业雇工填补。

打洛镇是一个以农业人口为主的镇，2008年末，全镇总人口4386户19043人，其中农业人口3884户17889人，农业人口占总人口的93.9%。2008年全镇工农业总产值为15984万元，其中，农业总产值15940万元，工业总产值44万元。流动人口4000～5000人，主要来自湖南、四川及省内其他州市。流动农业雇工多来自澜沧、普洱、墨江等地。

（四）社区有限的土地和资源

夕村属于人多地少的村庄，人均耕地只有6分。夕村在30年前才逐渐搬迁下来，而当时当地的土地承包格局已经基本确定，全村所得到的土地确实较少，从而带来了人多地少的问题。除了有限的土地资源，本村没有其他可供开发和利用的自然资源。

（五）独特的地理区位优势

在地理位置上，夕村拥有得天独厚的优势——处于中缅边境线上，距缅甸小勐拉、景栋和泰国米赛、清迈分别为3公里、80公里和246公里、500公里，是中国通向东南亚国家距离最近的内陆口岸和最便捷的通道之一。夕村人就是通过这条通道到达泰国

曼谷的。随着国内改革开放的深入，我国与周边国家尤其是东盟建立了友好合作共赢的邻邦关系，从20世纪50年代持续到80年代末的边境封锁，在90年代初得以解禁，于是边境线上的许多村庄开始跨境外出打工，并逐渐发展壮大起来，成为一股难以抵挡的潮流。根据相关政策，边民可以自由出入小勐拉，加上他们对道路的熟悉和语言交流的顺畅，他们出入缅甸就如同到亲戚家串门。

当时一起去的有30多人，（除我以外）其他都是巴达、布朗山的。交介绍费1000元，包括车费，3天到泰国，第一天到景栋，第二天到米赛，第三天到kolaqilai（泰国呵叻府北冲）。(YYS)

同时，也正是由于这样的地理位置，在打洛口岸开放、跨境旅游繁荣的时期，乡村人才有了在国境线上打工的便利。加上界碑之外的缅甸地广人稀、农业发展落后，也才有了乡村人在那里租地种橡胶的现象。

综上所述，乡村人是在国家发展相关产业的政策、国内旅游业的发展导向、本地经济发展及劳动力和就业状况、本社区的环境资源状况以及独特的地理区位等外部因素的影响下流动的。这些因素相互交织，产生了一个强大的推力，这个推力与他们的策略选择结合在一起，共同促成了乡村人的流动（见图3-2）。

四　决策选择

（一）社区纽带和宗族关系

从布朗族的婚姻制度来看，“布朗族一般都实行一夫一妻制和家族外婚制。在他们的村寨里，有着许多以血缘为纽带的家族，

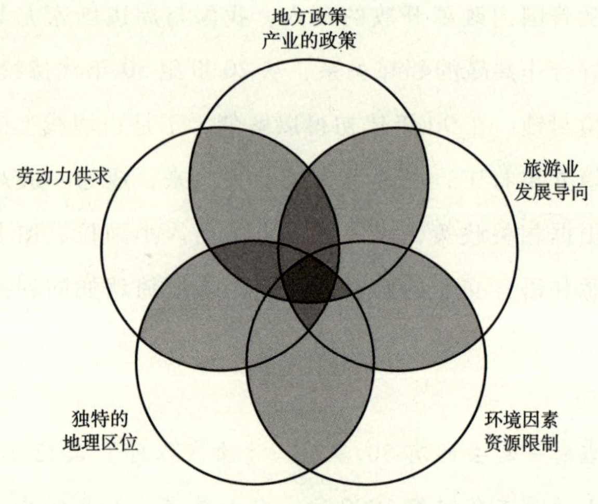

图 3－2　流动影响因素

同一家族的青年不许婚配，在一般情况下，男女青年应在本村找配偶”（征鹏，1996）。从亲属关系来看，夕村的 170 多户人家之间或远或近、或多或少地存在亲戚关系，村民之间的联姻绝大多数也是在本村内部，只是在近些年来才多了一些从外村、外族嫁进来的媳妇或上门的女婿。于是，夕村村民之间就存在错综复杂的既有血亲也有姻亲的亲缘关系，而且常常重叠交织。正是这种重叠交织的亲缘关系构成了夕村人的重要纽带，它既是方便夕村人外出的一个渠道，也是夕村人在外面的陌生世界中寻求保护和认同的一个社会网络。

同时，夕村的布朗族与原巴达乡①、布朗山的布朗族以及缅甸、泰国的布朗族具有密切的亲缘关系，这是促成夕村人跨国打工决策的重要因素。相关资料显示，原巴达乡在 20 世纪 90 年代初，就出现了布朗族外出到缅甸、泰国打工的潮流。“2003 年，巴达乡外出打工的人数有 1891 人，其中到缅甸、泰国打工的有 1822

① 该乡现已并入西定乡。

人，占外出打工人数的96.35%。”（韩忠太，2006）“缅甸景栋地区有107户布朗族，约1200余人……居住在泰国的布朗族约有3000多人，他们主要分布在回南昆和曼谷周边地区，从事花卉、茶叶和水果的种植，也有一部分从事运输、建筑和经商，有一定经济实力。”（韩忠太，2006）乡村一些年轻人说，“我姨婆在那边（泰国）都有孙子了”“我爷爷在泰国当管家，我叔叔也在泰国”等。布朗族的民族认同感较强，内部很团结，在外国的同族人乐于为从中国出去到缅甸、泰国打工的布朗族人提供方便和帮助。

可见，这种基于民族认同的社区纽带在布朗族聚居的地区（包括东南亚等国）体现出了较强的凝聚力，形成一种团结的力量，这种力量突破了国家的、政治的和军事的边界。

另外，不少中缅边境沿线的缅甸人为逃避战乱或服兵役，纷纷来到中国投亲靠友，打工谋生。常年在乡村打工谋生的缅甸人基本上都是乡村村民的亲戚。乡村的社区网络不仅限于乡村，还延伸到了布朗山、巴达以及缅甸、泰国等地。民族同宗、文化同源、山水相连、血脉相通使得布朗族内部的认同感格外强烈。

（二）家庭生计策略

虽然乡村的搬迁本身就是基于村庄整体生计的需要，但如果没有那场毁灭性的火灾，村庄的搬迁也许会经历更长的时间。面对被大火烧得一无所有的村庄，许多村民离开了祖祖辈辈生活的地方，来到乡村，从一无所有开始建设自己的家园，原村干部告诉我们：“刚搬下来时很苦，什么都没有，自己盖小棚棚住了一两年。”从1980年到1994年，经过十多年时间，大多数老寨的村民搬迁到乡村，于是，人多地少的矛盾逐渐突出起来，村民们在人均6分的田里找饭吃，那时茶叶、橡胶不仅价格低，种植面积也小，还要缴纳各种税费和公粮余粮等，村民生活十分贫苦。

为了突破土地和资源的限制，寻求更多的生计途径，乡村人从20世纪90年代就开始了外出流动打工，并且到比邻的缅甸租地种橡胶以改善家庭生计状况。一位于1990年就外出到泰国的男村民说："我家刚搬下来时，开了一块茶叶地、橡胶地，家里贷款3000元，家里没有收入，我就去泰国打工。"在以改善家庭生计状况为目的的流动中，孩子的教育费用是其中一个重要的因素。不少外出打工的夕村人，正是为了挣到供孩子读书的学费而远走他乡。

对于外来雇工而言，可以说打工收入就是其家庭全部的经济来源——现金收入主要供家庭生活所需、孩子读书以及为孩子将来婚嫁之用。他们之中很多人在家乡还有土地，大多由家人或亲戚耕种。

（三）性别权力关系

夕村人的婚姻状况对他们的流动类型有决定性影响。调查中发现，未婚的男女青年不受限制，选择外出流动的自由度较大。已婚者则无论是远距离还是近距离的流动（包括到缅甸种橡胶），要么夫妻共同行动，要么都不外出，只有极少数家庭例外。而少数出现在外出打工行列中的有婚史的妇女则大多是离婚妇女。

这样的差异与布朗族文化中对男女性别分工及角色期待密切相关。从分工来看，布朗族传统上是"重活男人干，轻活女人干，重东西男人抬，饭菜女人做，洗衣服也是女人洗，家务活女人做得多，女人织布、缝衣服，男人编篾笆、砍木料、盖房子，女人编草台"①。

从男女两性的角色期待来看，布朗族"多数是男人当家，女人是钱包、会计，男人说了算。男人挣钱来，女人做饭菜、照顾爹妈。爹妈不跟女儿不幸福，都要留一个在家，儿子、女儿都可以，照顾老人是女人的责任"②。

---

① 2011年4月调研时，夕村老人所说。

② 2011年4月调研时，夕村老人所说。

基于性别分工和角色期待，在外出打工这件事上，男性比女性的自由度要大得多，女性则婚前比婚后的自由度大。“传统上是男性出去得多，女人基本不出去，因为以前社会不安全，男性（父亲一辈）主要是盖房子、浇灌、挖田地、上下车[①]。”20世纪90年代初开始的泰国打工潮中以青年男性为主，也是基于“男性更勇敢、更善于应付陌生环境中的各种问题或危险”这类传统性别刻板印象。而女性在婚后要以家庭为重，照顾一家人的饮食起居，几乎不可能独自外出打工。一位外出打工的男青年说：“初中毕业后外出的有一半，不出去的话就白活了。小姑娘结婚后出去的话，会被认为不守妇道。”

（四）发展的愿望和对城市的向往

在大批乡村人回家以后，仍然有不少年轻人在外漂泊，对他们来说到外面的世界去闯荡并不是为了赚钱，而是见世面。通过电视、网络而产生的对外部世界的想象和向往以及较早外出打工者的示范效应，使一批又一批的男女青年纷纷踏上外出打工之路。

2004～2005年，英国救助儿童会把乡村选定为一个预防拐卖的项目点，开展了一系列活动，包括成立一个儿童活动中心，开展体育文艺活动以及培训交流活动，如请村里早年外出打工的年轻人为那些正在读书的青少年讲述自己在外打工时困难的经历等。这些活动对于打算外出打工的年轻人起到的主要作用是学会保护自己，但是未能让他们打消外出打工的念头。一位在2006年外出打工的女孩说：“我们虽然听他们讲，但是不相信，认为他们讲的是假的，就非要自己出去亲眼看见才相信。”

早前外出打工的一批年轻人在衣着打扮等方面变得很时尚，这对于更年轻的弟弟妹妹产生了巨大的吸引力。1998年就外出打

① “上下车”是指装卸货物。乡村已婚男性所说。

工的男青年YS说："那时他们看见我们回来，衣服穿得漂亮，肤色也白了一点，说不影响小娃娃是假的。"在更年轻的人来看，光鲜的衣着和外貌昭示着成功，也暗示着外出打工有可能改变自己的命运或人生发展轨迹。

（五）能动性

乡村人迫于生计的流动，也并不是完全被动的，无论是远离家乡外出打工，还是到境外租地种橡胶，均体现了其主体能动性。

1. 结成小群体——外出打工者的保护网络

无论是到泰国还是在国内打工，乡村人基本都是以群体的形式一起外出的，多到几十人，少到几人，一个人单独外出的情况很少见。在这些小群体中，有同村人组成的群体，也有不同村庄的人结成的群体，如到泰国打工的群体中，就有布朗山、原巴达乡的人。以跳舞为谋生手段的年轻人往往是几个同村男女青年在一个表演队，尽管过程中也不断变换人员，但总能有几个同村的男女青年在一段时期内在一起。这种以初级群体关系网络为基础的流动形式也是打工群体能动性的体现，其不仅能够起到互助的作用，还能在陌生的城市防止被拐骗、被欺负，最大限度地给予他们依靠和保护。

2. 利用民族语言——互相帮助和支持的手段

年轻女孩在娱乐场所从事歌舞表演，难免会遇到一些不三不四的客人，他们或言语挑逗、或动手动脚等。一位从事过歌舞表演的女孩告诉我们："在表演时，还是有客人冒犯，问主持人那个小姑娘能否出台[①]，多少钱，我包了等等。"女孩们这时就会用民族语言相互提醒、商量对策，设法保护自己。民族语言成为一个在特定情境下相互帮助和支持的手段，布朗族年轻女孩运用民族

① "出台"是指提供性服务，通常由客人带离歌舞场所，到另外的处所进行。

语言保护自己和同伴就是其能动性的重要体现。

综上所述，乡村人的流动决策是在浓厚的血缘、亲缘基础上形成的紧密的社区纽带和重叠交织的宗族关系，家庭生计策略，传统的男外女内的性别权力关系，个人发展的愿望和对城市生活的向往以及在流动中主体能动性的运用等因素的共同作用下做出的。这些因素与前面所说的影响因素结合在一起，不仅促成了乡村人的流动，还一定程度上决定了乡村人流动的方向、形式、人群特点（年龄段、性别、婚否）等（见图3－3）。

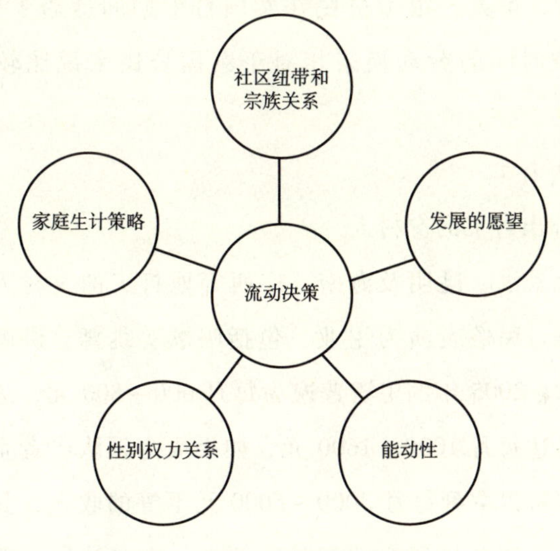

图3－3　乡村人的流动决策

五　外出和流动中的生存状况

（一）收入和劳动时间

从调查的结果来看，乡村外出打工村民的收入和劳动时间具有地域、时间段、行业和岗位方面的差异。

1. 境外（主要是泰国）打工

乡村人在泰国主要的工作岗位有花园普工、花园管理、市场批发、加工业和运输（跑摩的）等，其中从事花园普工的人最多，其次是跑摩的，其他都较少。花园普工的工资一般每月750～1500元，从事管理或技术岗位的工资每月2000～3000元，从事加工业如制鞋的工资每月1100元左右，市场批发销售每月1200（小工工资）～5000元（变为承包人后的收入），运输（跑摩的）每月收入1500～3000元。

虽然在泰国打工的收入比同期在国内打工高一些，但工作时间超长、休息时间被随意压缩的情况较为普遍，且每月的休息时间仅为2～4天。很多村民在泰国打工期间遭遇了劳动剥削，他们以超长时间的劳动换来相对于泰国公民来说比较微薄的工资。

2. 国内打工

（1）外出打工的夕村人

在云南景洪、昆明及海南、广西等地打工的夕村人，大多数以民族歌舞、民俗表演为主业，包括唱歌、跳舞、讲解、民俗展示等。2002～2005年的工资普遍为每月600～800元，老员工或者骨干员工可达每月1000～1600元，如果成为领队或者企业基层管理人员，则可以拿到每月3000～6000元不等的收入，其中包含给景区或娱乐、演艺场所介绍演员的佣金。大多数从事歌舞表演的年轻人在有一定经验后，直接与经纪人或者场所经营者接洽，报酬水平一般会从在领队带领下的每月800～2000元提高到每天80～150元。

那些到处漂泊、跑夜场从事舞蹈表演的年轻人只有3～5个小时的工作时间。也就是说，在国内打工虽然工资不算高，但工作时间不长，劳动强度不大。

（2）外来雇工

第一，农业雇工。从外地流入夕村的农业雇工，打短工的劳动报酬也不断变化，如 2010~2011 年，雇用一个男性短工从 50 元/天增加到 60 元/天，雇用一个女性短工从 40 元/天增加到 50 元/天，不过也有的仍然在 30~40 元/天，价格区别在于是否提供吃住，提供吃住的，报酬就低一些。住宿一般由雇主提供，也有一些雇工住在田里临时搭建的小棚。一个月可以打工的时间一般为半个月。管理橡胶树的报酬从 2010 年的按时计算变成了 2011 年的计件，即从按 50 元/天计算变成了按每棵树 1~2 元结算，一般就是除草、平整地台等活计。

从性别的角度来看，雇用女性做短工主要是让其插秧，“其他活儿不用女人”。妇女单独打短工主要是在栽秧季节为缺乏劳动力的家庭插秧。但自 2006 年以后，乡村的水田基本上都被承包出去种香蕉了，妇女单独打短工的主要渠道也消失了，取而代之的是妇女跟随丈夫一起去打工，包括种胶割胶、管理橡胶树或种香蕉等。

第二，非农业雇工。非农业雇工的报酬普遍高于农业雇工，如建筑业在 2005~2006 年时技术工一天的报酬已经达到 40 元，小工的报酬为 15 元。此后的几年，技术工和小工的报酬都在稳步增长，到 2011 年技术工为每天 150~160 元，小工为每天 70~80 元。但非农业雇工在乡村的打工机会不多，只有建造砖房，才会雇用外来工，一般雇7~10 人，因为乡村村民不懂得建造砖房的技术。如果建造布朗族传统的木楼，则是以本寨的亲戚互相帮忙为主。

（二）劳动及社会保障

1. 劳动合同签订的情况

从问卷结果来看，49 名曾经外出打工的村民中，没有签过合同的有 23 人，签过的有 22 人，不清楚的有 4 人。签合同的与不签合同的人数较为接近。

表 3-4　夕村外出打工村民签订劳动合同的情况

是否签订劳动合同		频率	百分比
有效	签	22	39.3
	未签	23	41.1
	不清楚	4	7.1
缺失		7	12.5
合计		56	100.0

在我们访谈的 7 名外出到泰国打工的村民中，签合同的有 3 人，不签的有 4 人。有的是一年一签，有的则是只签过一次。

无论是在泰国还是在国内打工，都存在不签合同的情况，但国内不签合同的情况更为普遍。如 2002 年到海南打工的一批夕村村民，30~40 人，仅在琼海白石岭神秘谷公园的就有 20 多人，全部未签订合同。在其他地方如三亚、景洪等地景区打工的夕村村民同样大多数没有签合同。在全国各地漂泊打工的年轻人，其漂泊不定的生活和工作方式，也注定了他们不可能与雇主签订劳动合同。

后来，随着国家对劳动监察工作力度的加大，雇主或用人单位与雇工签订合同逐渐普遍，但雇主扣押金等违法行为也普遍存在。

再有就是到夕村的外来雇工，这部分人均来自农村，在夕村主要以打短工的形式谋生。这部分人不仅雇主不固定，连落脚点也不固定，即便有一些小团体，有工头负责联系工作，但往往是亲戚、老乡结成的团体，靠相互之间的信任来维持关系。雇主与雇工之间、雇工与工头之间均没有签合同的意识和行为。

2. 社会保险

问卷显示，在外出打工期间有社会保险（主要就是医疗保险）的只有 7 人，没有的达 36 人，不清楚的有 6 人。

表3-5　乡村外出打工村民的社会保险状况

是否有社会保险		频率	百分比
有效	有	7	12.5
	没有	36	64.3
	不清楚	6	10.7
缺失		7	12.5
合计		56	100.0

到泰国打工的乡村村民虽然均为偷渡者，不可能获得泰国政府对外籍合法劳工的待遇，但一部分雇主通过各种关系，为这些工人办理临时居住证和医疗保险等，使工人安心工作，也减少了雇主在面临工人生病、孩子需要读书等问题时的困扰和经济上的更大付出。被访谈的7名到泰国打工的村民中，5人有医疗保险，2人没有。在泰国待了7年的YYS告诉我们："有一回得阑尾炎，住院9天，自己只出了30泰铢，拿自己的医疗本，医生还给吃饭。每年办证（医疗证）交（约合）600元人民币的费用。"

访谈中我们还得知有2名儿童曾跟随父母外出，且在泰国接受过一年到三年不等的教育，尽管他们也没有在泰国的合法身份。

从调查结果来看，在国内到处漂泊的年轻人在外打工期间根本没有任何社会保障。那些在海南、广西等地，为同一个企业打工时间相对长一些的乡村村民虽然大多数有社会保险，但往往只有医疗保险一项，一般每人每月要交给雇主50元左右作为医疗费，生小病由雇主提供药品，生大病需要住院时则自己付30%，雇主支付70%。此外，打工期间的住宿一般都由雇主免费提供，伙食则由打工者自己承担，不过一部分雇主也提供伙食。

访谈还发现，一些企业的老板为了稳定员工，会时不时地为员工提供一些福利，包括提供路费组织旅游或进行休闲活动、为学龄儿童提供教育费用和零花钱、提供电话和电话费或在过年时发红包等。这些做法确实起到了笼络人心的作用，使很多打工者一直都待在一个地方，为一个公司工作，直到公司倒闭。

（三）归属与融入

1. 出国打工

夕村村民到泰国打工，不仅面临身份合法性问题，还面临从农村到大都市、从布朗族文化到泰国文化、从自己安排劳作到企业工作制度等适应问题。他们外出依靠的是亲缘、族缘的渠道，在泰国也基本生活在工友、老乡和亲戚的圈子中，和当地人的交往较少，很难融入当地社会，时间一长，难免会产生被排斥感和孤独感。即便是那些已经在泰国成家、生活稳定的夕村村民，在泰国工作生活了好多年之后仍然选择返回家乡，很显然，在国外找不到归属感是他们回家的一个重要因素。

YYS 在泰国打工期间已经和一个泰国本地人结婚，但 5 年前她仍然带着泰国丈夫和儿子回到了已经一无所有的家乡。她说："回家干活苦点，但心情好，在泰国给人打工，虽然轻松，但是心里不舒服。"YYS 回到家乡后，花了十多万元买地、盖房子，买橡胶树，赎回以前的水田，还加入了本村同龄人自发组织的娱乐团体——"哨子队"，在家乡她才找回了快乐，找回了作为主人翁的归属感。

并非所有回家的人都是因为不能融入泰国社会才回来的，一些人是因为家中父母年纪大需要人照顾，一些人是因为妻子儿女不愿跟随其在泰国生活等。部分已经回来的村民对在泰国生活的评价高于家乡，如 YKW 说："我们这边是农村，干农活割胶、上山，苦，有多少钱也认不得，我觉得大都市更好，干什么都方便，也累，但是心中对干 1 个小时拿多少钱有底。"

2. 国内打工

(1) 外出打工的乡村村民

关于汉文化和城市生活的适应问题，不同的人群而有不同的回答。

那些到海南、广西等地从事民族民俗歌舞表演的中老年乡村村民，因为他们是结伴而行、在一起工作和生活，且雇主给予的福利待遇等都满足甚至超过了他们的期望，所以，虽然他们会有一些工作或者生活方面的不习惯，但在亲友的陪伴下逐渐得以适应。这部分人对外界的好奇心不像年轻人那样强烈，而且他们因承担着照顾家庭的重任而不得不脚踏实地地干活，因此这部分人基本上从一开始打工直到最后回家之前都是在一个企业工作，这样他们与外界的交往就大大缩小了，也减低了他们对汉文化、城市生活的不适应感。

尽管如此，许多人还是认为在家乡比在外打工好，如 YLX 说："还是在家好，是一辈子的事，在外面人家不给你（工作）就没有（生活来源）了。"

对于那些四处漂泊打工的年轻人来说，虽然也是三五成群结伴而行，但他们对外界有着强烈的好奇心和尝试的欲望，所以不停地在不同的城市、不同的场所穿梭。当新鲜感没有了时，他们就开始厌倦这样的生活。漂泊不定的生活状态致使他们像无根的叶子，无法找到可以生根发芽的土壤，就更谈不上归属感和融入城市了。

(2) 乡村的外来者

大多数来乡村打工的农业/非农业雇工一般工作时间短、流动性大，与村民的交往较少，一般是"老板叫他们来才来"，乡村对他们而言只是诸多打工地中的一个，基本谈不上融入和归属。相应地，村民对这些短期零工也缺乏了解和信任，接纳程度较低，很多村民把村里发生的偷盗都算在了外来雇工头上，且在干活期间他们的行动也会受到一定限制，如“不许进缅寺”等。

而在夕村租房（地）经营的外来业主，因与村民的交往较多，与村民逐渐建立起了相互信任的关系，以至于村民会向他们借钱或赊账，而他们也并不要求村民写借条或欠条。如在短短的4个月里，在夕村租房营业的摩托修理店已经给村民赊账达两三千元，胶水收购站则经常借钱给村民，村民也常常在逢年过节等喜庆日子邀请他们做客，因此他们觉得在夕村自己“没有外地人的感觉”。

相反，那些来自普洱市宁洱县勐新乡的村民，尽管已经在打洛落了户，与当地人的关系也不错，但还是觉得自己是个“外地人”。他们虽然有了户籍，但因未分到土地而面临生计问题。没有土地，他们只有靠租土地种植蔬菜为生，当租地成本越来越高甚至无地可租时，其以土地为依靠的生计便难以为继了。而且他们对现在所属村庄的归属感很大程度上来源于对这片土地的依赖，当连承租土地都无法实现的时候，他们的归属感也就随之弱化了。

六　流动前后的变化及结果

（一）生计来源

1. 外出打工

从问卷调查的结果来看，60.7%的受访者认为外出打工改善了家庭条件，23.2%的人持否定意见，5.4%的人回答“说不清楚”。

总体来看，夕村村民赴泰国打工的所得对家庭经济的贡献不大，按照村干部的说法，到泰国打工的“只有3家挣到了钱”。这3家通过多年积累，在回乡后盖房子、买电器、买摩托、买橡胶树、赎回水田等，为回乡后的家庭生计打下了很好的基础。大部分赴泰男青年则是挣的钱仅够自己消费，少数人连回家的路费都要家人凑——有的是因在泰国有不当的大笔投资（买身份证、买地皮、盖房子），有的是在打工期间的花销较大，有的因无身份证被警察抓过几次被罚款等，他们回乡后的家庭生计均面临许多困难。

只有少数男青年能够在打工期间让人带钱回家，如 YKW 经常通过亲戚熟人带钱回家，“一次五六千或七八千，一年寄一两次，主要供家里生活、盖房子”。在越南打工的 YS 则“每月 1500 元工资可以留下 1000 元，每次寄钱最少 800 元，最多的一次 20000 元，平均 5000 元一次”。他们的外出对家庭生计的改善起到了很大的作用。

1998～2003 年间，部分乡村村民到打洛口岸和小勐拉打工，虽然报酬不高，大多是每月五六百元，但在橡胶树还不能开割、茶叶价格较低的当时，这些收入帮助农户度过了一段生计艰难的时期。

相比较而言，乡村村民在国内打工所得对家庭的贡献就大得多。大部分已婚者靠表演等工作积累了当时家庭急需的现金，解决了生产成本、家人生病、孩子读书等所需费用。这部分收入既是当时重要的生计来源，也是其家庭生计持续和改善的重要基础。

根据调查，大多数在海南、广西等地的景区打工的夫妻，一般两人 3 年可存下五六万元。孩子留在家由老人照顾，他们在打工期间不时地寄钱回家。待外出者回家后，橡胶地、茶叶地、稻田等因有家人耕种没有被抛荒，家庭生计不仅是可持续性的，而且因有了打工收入的补充而不断改善。部分在外出前生计陷入困境（如离婚妇女）的村民则是在回乡后用打工挣来的钱重新买地皮、盖房子、租地种橡胶等，其生计得以恢复，且有了安居乐业的基础。

那些到处漂泊、四处打工的年轻人大多数也寄钱回家，只是寄钱的频率和多少不一，从几千元到几万元不等。没有寄钱回来的年轻人在回家时也要买东西带回来，如家用电器、电脑等。他们的家人大多认为这些钱“在家里生活困难时，解决了家里的困难，有了生产成本，改善了（生活）条件”。

2. 边境贸易

受市场波动的影响，边贸的收益一般都不稳定，时高时低，亏本也是常有的事。由于村民所做边贸的规模一般较小，所以其盈亏也较小，尤其是在早些年，村民做边贸一年的收益也不过几千元到一万元。按村民的说法，“只要1公斤能赚两三角钱就做，只要赚点烟酒钱就得了”。近几年干胶、茶叶、木料和松香进入边贸市场以后，贸易规模稍微有所扩大，但因缅甸的各种税费较高，收益仍然不大，远远赶不上种橡胶的收入。边贸做得好一些的，可能其收益排在家中收入贡献的第二位，但在有的家庭中，做贸易的收入还不如打工的收入多。兼做边贸生意的村民岩某某说：“现在家里收入割胶占七成，其他（养猪、小生意、打工）占三成，打工比做生意赚得多。”所以边贸收益属于“零花钱”意义上的生计来源。

3. 跨境耕作的农业流动

到2004年，虽然已经有不少村民的橡胶树可以割胶了，但当时橡胶价格较低，割胶的收入在家庭总收入中所占比重还很小。因为租地、买苗、种树花费较大，有的农户因借款而欠债，且在等待割胶的8年之中，村民只能依靠人均6分的水田和旱地维持温饱，就算是在橡胶林套种旱稻、茶叶等农作物，也只能种5年，大多数农户的生活还是十分艰辛的。

目前，夕村家家户户都有很多橡胶树，每户拥有的开割的橡胶树数量不一。从问卷调查的结果来看，56户家庭中拥有橡胶树最多的为6750棵，最少的为180棵。访谈的16户家庭中，拥有橡胶树最多的为7000棵，最少的为600多棵；其中开割最多的为1000多棵，除了一户人家为0以外，最少的为150棵。按照1棵橡胶树割1天可收入1元计算，在这16户家庭当中，一天割胶的收入最多为1000多元，最少为150元。按一个割胶季（120天左右）来计算，一年的橡胶销售收入最多的达12万元，最少的则为1.8万元。开割的橡胶树为村民带来了巨大的经济收益，近几年来橡胶开始成为夕村村民家庭生计的第一大来源，其占比一般为六七成，部分农户甚至更高，达到八九成。

（二）土地利用和作物品种

1. 土地分配和利用

夕村在1998年进行过一次以户口为依据的土地微调，户口不在夕村的，就没有分到土地，包括外来媳妇或上门女婿以及户口迁出去的本村村民。由于夕村以本寨联姻为主，女性在婚后一般都会得到父母分给她的土地和橡胶树。

外出打工者在外出期间的土地处理问题上，问卷调查结果显示，46名村民中，有44名回答为由“家人种”或“让给亲戚种”，只有2名回答为“出租”。

表3-6　村民外出时土地的处理情况

外出打工时土地如何处理？		频率	百分比
有效	出租	2	3.6
	让给亲戚种	8	14.2
	家人种	36	64.3
缺失		10	17.9
合计		56	100.0

从1994年起，夕村村民相继到境外小勐拉和附近村寨租地种橡胶，橡胶林面积不断扩大。截至2011年，夕村村民的橡胶地合

计已经有6000[①]亩左右，其中在缅甸的3500亩，2/3已经开割；老寨有1000多亩，于2007年和2008年种植；附近村寨1000多亩，其中1/4开割；夕村有80亩，已经全部开割。橡胶地现已成为夕村村民物质生计资本中最主要的组成部分。

夕村170户村民的茶叶种植地主要在老寨，从问卷调查结果来看，夕村的茶叶种植面积没有明显增加，2005~2010年，平均每户从7.26亩增加到8.4亩。

2005年一场洪水冲毁了水田的灌溉渠道，全村水田除极少部分由村民自己留下耕种以外，600亩连片水田从2006年以后全部出租给别人种香蕉。大多数村民对于出租自家水田一事持认可的态度，他们认为“水田出租出去好，因为要割胶，用水不方便，水比过去少了，因为砍树多了”。如今，夕村村民自己耕种的仅有不到10亩零星分布的水田，分属于7户农户。

2. 作物品种的变化

夕村的作物具有品种逐渐单一化和新品种化的趋势。单一化是指夕村越来越依赖橡胶并不断扩大橡胶的种植面积，导致橡胶成为主导的甚至是单一品种的趋势越来越明显。尽管在橡胶林也套种旱谷、绿谷米、蔬菜等作物，但只能套种五年，树木长大以后的作物单一化不可避免。作物单一化会带来较多的病虫害问题，夕村的农户每家每年都有一部分橡胶树因染病而不能割胶。

新品种化是指夕村传统的一些作物如旱谷、玉米等虽然目前也在栽种，但品种已经变化，老品种已经被新品种所替代。新品种产量高，老品种则防虫效果好。另外，传统种植的甘蔗，现在已经不再种植。由于夕村地处打洛镇城边，靠近农贸市场，部分村民自己种植少量蔬菜满足自家的需求，很多村民自己不再种菜，

① 夕村橡胶种植面积的数字由夕村村委会支书岩坎稍提供，2011年10月补充调查记录。

而是到农贸市场买菜吃，只有极少部分村民还种植相对较多的蔬菜拿到市场上出售。

国家发展农业、繁荣农村的各种政策和措施，如取消农业税、各种农业补贴、农业产业化等，以及农副产品的市场变化，如橡胶、茶叶等价格变化的刺激，是乡村土地利用和作物品种变化的根本原因。村民从 1994 年开始跨境耕种橡胶的农业流动在橡胶价格一路攀升的刺激下愈加频繁，从而也导致了目前橡胶种植占主导的局面。

（三）家庭内部关系

1. 性别分工

乡村村民外出流动打工，无论是到国外还是国内，长期还是短期，在家庭中女性承担农活、家务活，男性承担农活或挣钱养家的格局基本未变，但出现了家务活不太严格地按照性别分工的变化，“家务活不分，个个人都做”的情况已经在不少家庭中出现。男人传统上要承担的重活如耕地、犁田等已经没有了，“现在只剩割胶了”。但是割胶、打药、除草等，都是夫妻共同劳动，因此，在一些家庭中男人也开始做家务活了。部分村民认为：“以前女人要起得早，做饭菜，做好叫男人起来。但现在男女一起，不管哪个做，用电饭锅（把饭煮上），割胶回来一起做菜。”

然而，女性仍然是家务劳动的主要承担者，在和丈夫一起劳动回来以后，还要承担做饭、洗衣、喂猪等家务活。但从某种程度上来说，煤气灶、电饭煲、摩托等现代炊具和交通工具的普及，让她们的负担有了一定程度的减轻。但从村子麻将室里全都是男性的情况来看，女性在休息和娱乐方面的时间显然较少。

2. 代际分工与代际关系

在村民大量外出打工期间，很多家庭的代际劳动分工出现了较大的变化，留在家里的老人不仅要看家、照看小孩、做家务活、承担田间地头的农活以及橡胶树的管理等活计，还不时要承担村里摊派的义务工，因此，老人在此期间的劳动压力是较大的。

从代际关系来看，年轻人外出打工使他们真正体验到在外生存的艰辛和家庭的温暖，从而对父母更加孝顺，父母儿女之间的关系更加融洽了。老人们说，“年轻人外出打工后懂事了，对老人亲戚更有礼貌”，“原来不懂得孝顺爹妈的，出去后看到别人孝顺爹妈，就学着孝顺爹妈”。年轻人也说：“出去才知道挣钱难，原来爹妈说挣钱难，以为他们骗我们，为了不给我们花钱，自己出去才知道挣钱不容易。”

（四）婚姻与流动

夕村人外出打工使得他们的通婚半径越来越大，女青年中有人远嫁景洪、昆明、北京，甚至泰国和美国，男青年中有在泰国娶妻生子。最早来自四川、湖南等地的外来打工男子在本地娶妻入赘是在20多年前，近年来也不断有外来打工者在夕村入赘，包括来自云南和其他省外县市的，甚至还有来自泰国的。布朗族不与外族通婚的传统正在逐渐改变，只要日子过得好、感情好，与外族联姻也会受到夕村村民的认可甚至羡慕，传统上“不能嫁给汉族，汉族会拿你去喂鳄鱼”的观念已经成为历史。

但这些跨国婚姻基本上只属于事实婚姻，这带来许多问题，如外籍妻子、丈夫和在国外出生的孩子的落户、土地和集体经济收益的分配以及孩子读书等。

外来雇工中除了部分与当地人联姻外，也有少数人与缅甸妇女结婚。如来自重庆的向先生的两次婚姻对象都是缅甸籍妇女，前妻是缅甸布朗族，现任妻子则是缅甸拉祜族。现任妻子只会说拉祜语，他们之间无法用语言沟通，只能靠手势交流。

（五）社区相互关系

从流动前后的社区相互关系来看，夕村村民之间的关系有一定变化，主要表现在以下几个方面。

1. 雇工越来越多，换工越来越少

近年来，因橡胶种植面积越来越大，自家的劳动力难以应付，大量的外来打工者正好弥补了劳动力的不足，而村民手里也有了较多的现金，可以用来雇工以满足需求。少数种植水稻的农户近年来甚至在犁田、耙地和打谷子等劳动环节都开始请雇工了，盖砖房有时也要请雇工。雇工主要来自四川、贵州等地。

部分家庭经济较困难的村民也会帮亲戚种橡胶树或割胶，但要收取报酬。如曾去泰国打工的 YS 在采茶之余还“帮亲戚挖胶地，一天 50 元，从 11 ~ 12 月到次年 2 ~ 3 月，一周干一两回”。

村民之间的换工越来越少，仅限于水稻的插秧和割谷子以及红白喜事，且主要限于小范围的亲戚内部。“插秧、割谷子的时候会请亲戚帮忙，一起吃饭，早晚两顿，一两天就结束了。”但在婚丧嫁娶以及婴儿取名等红白喜事时，村民之间的互相帮忙仍然比较普遍，“女儿结婚时也是亲戚朋友、亲家来帮忙”。

2. 亲友网络仍然是村民重要的社会资本

从问卷调查结果看，村民们需要劳动力时寻求帮助的对象，第一为家人，第二为亲戚，第三则为雇工。若是借钱，也是首先找家人，然后找亲戚，如果还不够，就到信用社贷款。若遇到小的自然灾害或困难，也是先找亲戚，若是较大的灾害，则会找镇政府、村委会、村小组。要指出的是，村民在需要劳动力时，倾向于找亲戚帮忙，不过这种帮忙一般是相互的。村民一般不会向没有亲戚关系的人求助，他们认为找外人会欠人情。“种橡胶借亲戚钱，跟哥哥借 5000 元，已还清，跟妹妹借 6000 元买 180 棵可割的胶，借姨妈家 1000 元买胶苗，已还清。一半是自己带着亲戚干，不付钱，一半是请缅甸人来干，工费 2.8 元/棵。”（YSK）

另外，受访的村民中 53.6% 的人认为村民之间相互帮助的情况与从前比没有什么变化，39.3%的人认为现在比以前相互间的帮忙更多。他们说："外出打工后，村里人的生活改善了。村民之间还是相互帮忙，而且比以前更愿意帮忙，从泰国回来的那些人互相帮忙更多。"

表3-7 村民之间相互帮忙的情况

互相帮忙情况	频率	百分比
比以前帮忙多	22	39.3
比过去帮忙少	2	3.6
不帮	2	3.6
没变化	30	53.6
合计	56	100.0

58.9%的受访村民认为村里现在的凝聚力与过去比没有什么变化，有37.5%的人认为更团结了，只有3.6%的人认为比过去更散了。这说明大量的外出流动并没有给夕村的凝聚力带来负面的影响，反而在一定程度上提升了社区的凝聚力，这不仅与夕村本寨内联姻带来的亲戚关系重叠有关，还与外出流动已经成为许多人、许多家庭所拥有的共同经历和集体行为有关。

3. 社区分层日渐明显，贫富分化日益显著

问卷调查结果显示，虽然受访的56户农户中有94.6%的人认为2010年的家庭收入比5年前增加了，但从2010年的家庭毛收入来看，受访农户中最低的为5000元，最高的为230000元，相差了45倍，这说明农户之间的贫富差距已经十分突出。

（六）社会服务

从流动前后的社会服务来看，变化较为明显的是教育。如果说供孩子读书是十多年前夕村村民外出打工的动因之一，那么近年来村民希望孩子早日成为家庭劳动帮手的心态则是影响夕村青少年升学的重要因素。在不断扩大橡胶种植获得较高经济利益的

同时，农户对劳动力的需求也不断增加，而现阶段高中毕业考不上大学的农村青年回到农村已经很难适应农村的劳动生活，少数大专或大学毕业生也很难就业，很多人纷纷外出打工。看到这种情形，不少农民让孩子读完初中以后就不再升学，跟随父母在家务农，补充家庭劳动力，以获得短期内经济利益的最大化。

（七）民族文化

布朗族是一个古老的民族，且民族身份认同很强烈。他们是古代百濮族群的后裔，除了使用布朗语以外，还使用汉语、傣语。布朗族没有本民族的文字，通用傣文和汉文。很多乡村村民通过表演布朗族的传统歌舞、民俗，挣到养家糊口的现金之后，更意识到了自己民族文化的价值，也更加为自己的布朗族身份自豪。正如有学者所说："民族旅游强化族群认同意识，推动了民族传统文化复兴，激发了民族文化的复制、再造和创新。"（陆军、潘善环，2003）

然而随着现代化进程的加速，布朗族的传统文化也不可避免地受到冲击，尤其是受到汉文化的影响较大，原先一些本民族特有的文化特征已经逐渐消失或弱化，如乡村村民认为："布朗族的重要特点是肤色黑、大耳、黑牙，这就是跟其他民族不同的地方，但现在已经汉化了，慢慢就没有了。"普遍而言，村民们均感到传统文化在逐渐消失，仅语言成为独特标志。面对布朗族传统文化不断被异文化同化的局面，包括老人、年轻人在内的乡村村民都感到惋惜，很多人甚至重新发现了自己民族文化的价值，而开始自觉地保护、收集和整理。如 YNX 说："民族文化快丢光了，我现在在整理布朗族文化资料。"这种民族文化意识的强化应该说与该村一度以民族文化表演为业的外出流动打工具有较为密切的联系，村民正是在获得了现实经济利益的条件下，增强了对自身民族文化价值的认同。正如有学者说："与国家和民族精英不同，对下层的普通民众来说，民族文化的保护动力主要源于经济利益，特别是当下的、眼前的、即时的经济利益。”（汪克会，2004）夕村大量村民外出表演民族传统文化，在客观上起到了“推销”布朗族文化的作用，同时也增强了村民对于本民族文化的自信心和民族身份的认同。

七　讨论与总结

（1）夕村作为一个地处边境线的布朗族村寨，人口流动是这个村寨最近30多年历史中重要的内容。跨境到泰国打工和赴海南、广西等地打工是人数最多、影响最大的两股打工潮。租地种橡胶和茶叶则是夕村最为日常化的农业流动。另外，小量的边境贸易也构成了一种流动的类型。除了流出以外，还有以外来的自我雇佣的小业主以及农业/非农业雇工为主的流入。

（2）影响夕村流动的主要因素有：国家发展边境贸易和旅游业及橡胶产业的相关政策，加入民族文化元素的旅游业的发展，勐海县农业劳动力供给不足且第二、第三产业所创造的岗位有限，夕村地少人多且附近也无其他行业的就业岗位，独特的地理区位（便于跨境打工和进行边境贸易）等。

（3）从流动的策略选择来看，由亲缘、地缘关系结成的家族亲属网络是夕村村民最为重要的社会资本和社区纽带。家庭生计的状况决定了家庭层面上流动与否以及何时结束流动返乡；婚姻状况决定了夕村人的流动类型，未婚的男女青年选择外出流动打工的自由度较大。年轻人外出打工多是为了满足对大城市的好奇心。在夕村人的流动中，结成小群体并使用民族语言交流等体现了其主体能动性。

（4）从外出和流动中的生存状况来看，夕村的外出打工村民在收入和劳动时间、劳动权益保障、社会保障、社会福利等方面均具有地域、时间段、行业和岗位的差异。打工者与雇主之间签订合同的较少，后来逐渐增多，但被扣押金的情况十分普遍。四处漂泊打工的年轻人基本无人签过合同，更无任何社会保险。那些来乡村打工的农业/非农业雇工均不签合同、不买保险。

（5）从在流入地的归属感和融入来看，在泰国打工的大多数人缺乏归属感，也有少数人很好地融入了当地社会，只是因为各种原因才返回家乡。到海南等地打工的乡村人则因为结伴而行缓解了对汉文化和城市生活的不适应。四处漂泊的年轻人则更难对短暂停留的打工地产生归属感。来乡村的外来打工者则大多不与当地人接触，更谈不上融入。

（6）从流动前后的家庭生计变化来看，出国打工的村民中，只有少数人积累了较多的金钱，改善了家庭生活条件（盖房子、买电器）。边贸规模小、收益不大，仅仅是极少数农户“零花钱”式的生计补充。以租地种橡胶为主构成的农业流动虽投入期较长，但收益大，是目前村民最大的生计来源。

（7）从土地利用和作物品种的变化来看，乡村的橡胶种植面积在大规模流动前后都在不断扩大，水田则绝大多数被出租出去种香蕉。目前乡村村民的土地构成中，橡胶地面积最大。作物品种则存在新品种化和单一化的趋向，病虫害随之增多。

（8）在家庭关系中，从性别分工的角度来看，女性承担农活、家务活，男性承担农活或挣钱养家的格局基本未变，但出现了家务活不太严格按照性别分工的变化。村民大量外出打工期间，加大了留守老人的劳动负担。然而，年轻人外出打工使他们真正体验到在外面生存的艰辛和家庭的温暖，从而对父母更加孝顺，代际关系更加融洽了。

（9）从社区相互关系来看，有三个主要表现：雇工越来越多，而换工越来越少；亲友网络仍然是村民重要的社会资本；社区分层日渐明显，贫富分化日益显著。

（10）从民族文化来看，外出打工的夕村村民中大多数通过表演布朗族的传统歌舞、民俗获得了经济利益，这也使他们意识到自己民族文化的价值。但布朗族传统文化在现代化、工业化和市场经济的冲击下，很多原有的文化特色已经消亡或正处于消亡之中。不少村民已经意识到这个问题并积极寻求保护措施。

（11）夕村人的橡胶生计和外出打工之间存在此消彼长的关系，橡胶生计的好坏已经成为夕村人是否外出打工的标尺。十多年前出现大规模的外出打工是因为橡胶还不能割或橡胶的价格很低，后来打工人群悉数回归又是因为橡胶已经开割且橡胶价格在逐步上涨。若干年后，如果出现大的变故，包括市场价格大回落、境外发生大规模战争或缅甸人单方面撕毁合同而政府也无力挽回等状况，他们的生计支柱很有可能轰然倒塌，在没有其他的生计手段的情况下，外出打工仍将成为夕村人最有可能的选择。

参考文献

谢蕴秋，1999，《云南境内的少数民族》，民族出版社。

征鹏，1996，《勐海》，成都科技大学出版社。

韩忠太，2006，《西双版纳布朗族两种脱贫模式研究》，《云南民族大学学报（哲学社会科学版）》第3期。

陆军、潘善环，2003，《多维视野中的民族旅游开发》，《桂林旅游高等专科学校学报》第5期。

汪克会，2004，《试论旅游“文化污染”的原因及对策》，《宜宾学院学报》第6期。

王国祥，2003，《民族旅游地区保护与开发互动机制探索——云南省邱北县仙人洞彝族文化生态村个案研究》，《云南社会科学》第2期。

王向群，1998，《布朗族宗教的演进及其影响》，《云南社会科学》第4期。

俸俊馨，2002，《从布朗族的丧葬文化窥探布朗族社会发展进程》，《楚雄师范学院学报》第2期。

崔永哲，2002，《民族旅游文化与经济效益及其内在联系》，《东疆学刊》第3期。

刘雪道，2002，《关于布朗族传统教育方式及其功能的初步研究》，《曲靖师范学院学报》第1期。

赵瑛，2004，《20世纪80年代以来布朗族研究综述》，《云南民族大学学报（哲学社会科学版）》第2期。

第四章　戈村田野调查报告

欧晓鸥

一　调查点概况

戈村地处云南山区（哀牢山系），海拔1780米，距羊街镇政府13公里、元江县政府33公里、省会昆明300公里；年平均气温21℃；主要作物为水稻、玉米、烤烟。

戈村人均水田、旱地分别为0.5亩和0.9亩；总林地面积为2610.9亩；村内旱地、水田离居住地较远的有6~7公里，占全村土地面积的1/10，其余土地离村民居住地在3公里内。

全村共有户籍人口362人，共计70户，女性占总人口的1/3，村民大多为哈尼族。

村民人均年收入为2118元，粮食500公斤，主要收入来源为种植烤烟和外出务工。

如今进村道路已实现硬化，但村内道路大部分尚未硬化，多功能活动室正在建设中。据村支书介绍，适龄儿童九年义务教育入学率已达100%，但完学率不高（年轻人初中未毕业就外出打工的现象较为严重）。

（一）受访者基本信息

调查小组在戈村共发放52份问卷，回收52份，有效率100%。以下是受访者的基本信息。

1. 性别

如图 4－1 所示，受访者男女比例分别为 59.6%、40.4%。

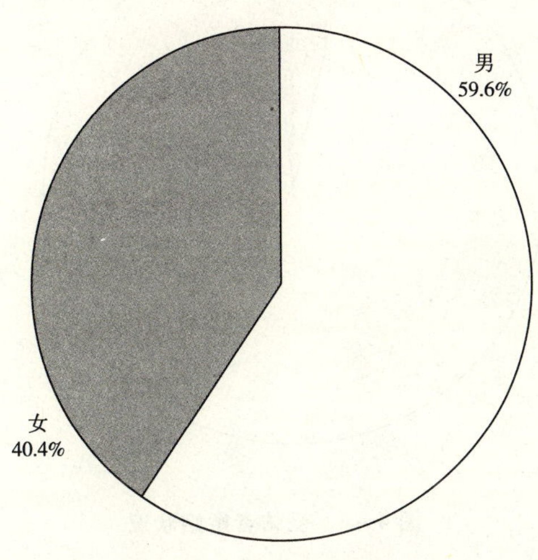

图 4－1　受访者性别情况

2. 年龄

受访者最小的为 21 岁，最大的为 71 岁，平均年龄 47.33 岁。

3. 婚姻状况

如图 4－2 所示，受访者婚姻状况为初婚的比例超过 90%，丧偶和未婚者只是少数。

4. 受教育情况（包括参与者本人及其家庭成员）

受访者中，成年男性平均年龄 25.61 岁，平均受教育年限 9.05 年；成年女性平均年龄 25.48 岁，平均受教育年限 9.07 年。

受访者中 6～18 岁的男孩平均年龄 14.12 岁，平均受教育年限 6.67 年。6～18 岁的女孩平均年龄 12.45 岁，平均受教育年限 5.45 年。

（二）访谈情况

调查组共开展访谈 11 次，其中 4 次为非一对一访谈（夫妇、

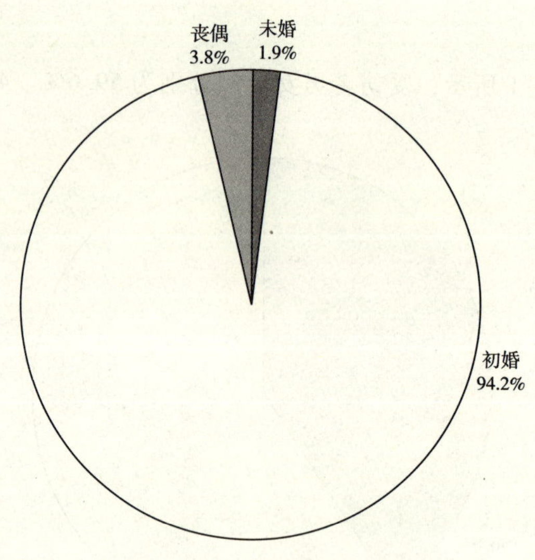

图 4－2　受访者婚姻状况

父女、母女同时接受访谈）；焦点小组访谈 4 次，对象为有过外出经验的村民及其家属。所有受访者都填过调查问卷。

二　流动状况概述

（一）村寨流动历史

1. 2005 年以前，人口流动主要以婚嫁为主。据村支书介绍，迄今为止，本村共有 7 户人家有女儿嫁到省外，5 户人家有女儿嫁到省内但在元江以外。村里的外嫁女性在外建立起最初的关系网，带动了一批人“出去看看”。

CMH（52 岁）：“这里条件不好，她们去找好点的地方生活，再把家人带出去。我有两个侄女嫁去了浙江，多数是浙江、四川……外省人在家找不到媳妇，所以到处打工，可能在打工处遇见（对象）就结婚了。”

2. 2005 年左右，戈村开始有人外出务工，普遍说法是，该年当地两家糖厂倒闭，地方政府号召村民由种甘蔗改种烤烟，但村民由于缺乏经验，第一年烤烟收成不好，收入普遍较上年降低，缺乏可流动的现金维持生活（更详细的分析见下文）。

3. 2008 年以后，戈村村民外出务工的增多——2005 年左右外出的一批人都“赚到了钱”，也积累了一定社会关系，鼓励并带动了村中更多人外出流动。

图 4－3 是基于 46 份调查问卷的结果所绘的，与访谈得到的信息基本吻合——2005 年戈村外出务工人数开始持续增加，2010 年达到高峰期。

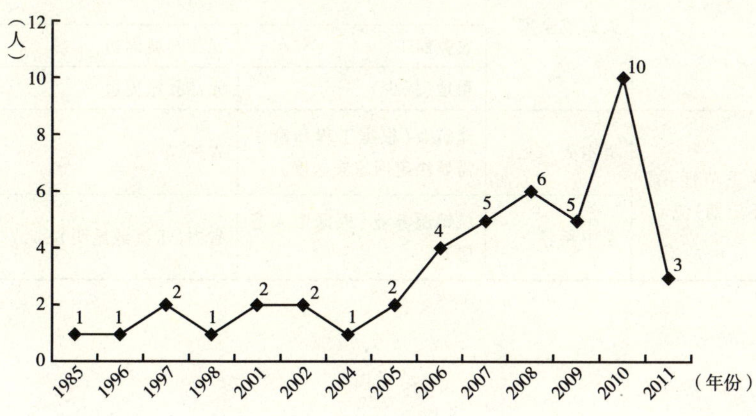

图 4－3　外出打工者第一次外出时间

（二）流动概况

戈村村民的主要流动类型、流动距离、从事工种和主要流动形式的性别比例，见表 4－1 和图 4－4、图 4－5、图 4－6 所示。

表 4－1　主要流动类型

类型	谁流动？	做什么？（按从事职业的人数多少排列）	流动所在地
A 到附近市场	女主人	买卖东西	乡内
B 每天往返的本地流动	男主人或女主人（较少）	农业雇工	村内
	男主人	运输	乡内或县内

续表

类型	谁流动?	做什么?(按从事职业的人数多少排列)	流动所在地
C长期在外	男主人	建筑业(随工程去往各地)	省外
		挖矿(较少,由于辛苦和不安全)	省内(如新平)或省外(如内蒙古)
	家中年轻人	城镇服务业(男女都有)	省内(玉溪或昆明)
		电子产品或服装工厂(较少且多是女孩)	省外(如上海、温州、深圳、广州)
	夫妇或全家	电子产品或服装工厂	省外(如上海、温州、深圳、广州)
		农业雇工	元江县城周边
		租地(极少)	元江县城周边
D季节性(或不定期)流动	男主人	建筑业(根据工程和家中需要决定回家频繁度)	省外
	家中年轻人	城镇服务业(根据个人意愿)	省内(玉溪或昆明)

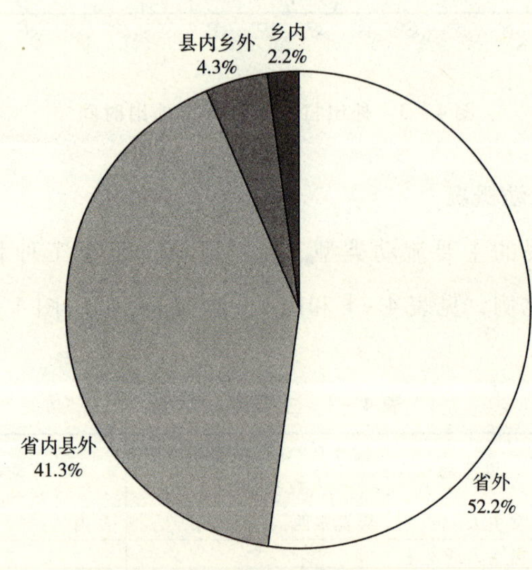

图4－4　流动距离情况

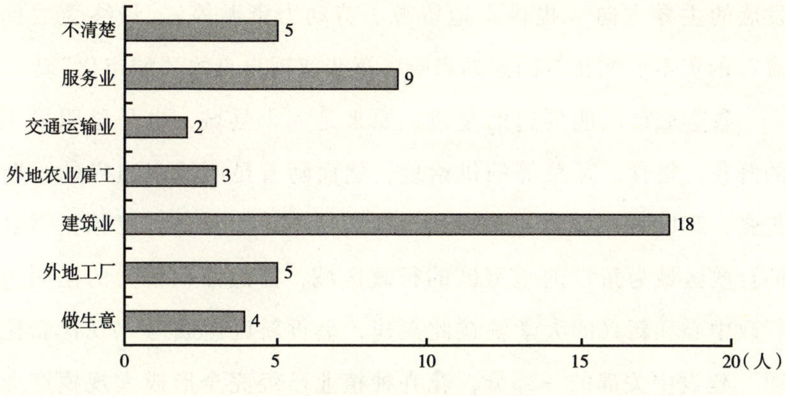

图 4－5　从事工种

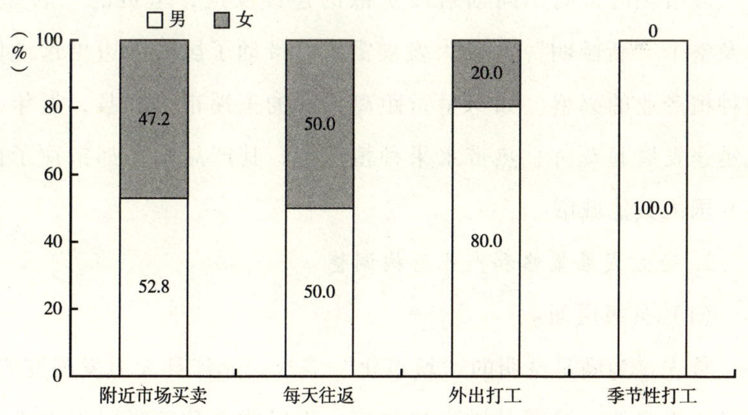

图 4－6　主要流动形式的性别比例

三　流动决策

（一）外部影响因素

1. 宏观背景

从国家到地方政府，近年来都大力推行“城市化”战略，为了发展城市经济，大幅度扩大城市面积，将城市范围向外延伸。在这个大背景下，城市对基础设施和公共服务的需求不断增大，这直接影响到城市周边乡镇的发展——先以满足城市需求为产业发展的主导方向（提供土地资源、劳动力资源等），最终受“回流”的资本、文化等因素的影响，逐步实现自身的“城市化”。

省会城市昆明周边的呈贡，原来是一个县城，也是昆明最大的鲜花、粮食、蔬菜等的供给地，然而随着昆明城市边界的不断扩张，2011 年，呈贡县被撤销，改为昆明市呈贡区，以原呈贡县的行政区域为新设的呈贡区的行政区域，占地面积较大的昆明市行政中心和新兴的大学城在此兴建，呈贡新区遂成为“现代新昆明”建设中关键的一部分，花卉种植业已经完全形成大规模产业化的运作模式。

城市化的影响如同辐射波扩散的连锁反应，呈贡的“转型”以及整个“新昆明”的巨大发展需求，带动了昆明周边更远地区的种植产业的兴盛。如与呈贡距离不远的玉溪市元江县，近年来也迅速发展起花卉、热带水果种植产业，其产品几乎都销往了昆明和国内其他城市。

2. 地方发展策略和产业结构调整

(1) 县级层面

首先，为满足昆明的“城市化”需求，元江县大力发展花卉、热带水果产业，除了鼓励农民种植，也以优惠政策吸引省内外投资者。

其次，元江县虽然种植甘蔗的历史悠久，但由于重复多年种植，有的品种甚至已经发展到第 20 代甚至第 30 代，受病虫害影响和老化程度严重，甘蔗产量逐年降低。到 2005 年，县里两家大规模的制糖厂倒闭，这导致了全县范围内的产业结构调整。

最后，因为靠近中国最大的烟草公司——红塔烟草（集团）责任有限公司（位于玉溪市）且自然条件适宜，烤烟一直是元江县的支柱种植产业。2005 年以后政府更是投入大量人力、物力，引导和扶持农民种植烤烟，甚至给各乡镇分派“种植任务”，乡镇政府又将任务分派到各村。

（2）乡级层面

乡一级的工业、旅游业等产业发展薄弱，又因地处山区，山区种植是其支柱产业，2005年起烤烟代替甘蔗成为其主要经济作物，近年来开始发展林果产业如核桃。

3. 社区资源、环境

戈村人多地少，加上地处山区土地较贫瘠，劳动量与产量及收益不成比例。当被问及“为什么出去”时，受访者回答如下：“全家只有一亩田不到，弟兄四个都分完了”“家里种东西种不成，只有一亩半水田一亩半旱地”“家里没有我的土地，我是超生的”“我们家10个人（分地时只有两个老人和大哥二哥）才有2.5亩土地，（粮食）不够吃”。

（二）家庭内部考量

1. 决定“去不去”

（1）推力

决定外出的“推力”在这里主要作用于“中年”人（下文称“第一代”）身上，对“年轻”人（下文称“第二代”）的影响则并不明显。

“在中国经济发展过程中，农业的历史欠账尤为沉重，工业化和城镇化发展令农业农村要素包括土地、劳动力和资金均流向非农产业，而此前国家更多通过公共财政渠道向农村倾斜的方式没法根本扭转农业的弱势格局。”① 因此，中国农村整体上具有资金短缺的特征，或者说倾向于资金外流（蔡舫，2007）。在这种大背景下，可以说，大多数农村家庭的生计，是基于耕地上的种植和少量养殖以及简单的交换，例如将多余的粮食拿到附近市场卖掉，

① 云南省社会科学院研究员赵俊臣微博语录。

再买回需要的其他食物或者生活用品。这样虽然可以维持全家的基本生存，但由于将所获得的收入用于购买生活必需品和投入生产，例如购买种子、化肥、农药等，所以对于个人和家庭的发展需求，或者说高层次的消费如医疗健康、教育和文化性需求[①]，农村家庭的现金储备往往是不足的。而农产品市场规则的混乱和政府保障措施的缺位，更是让农民的收入和财产暴露在极大的不稳定和风险中。

戈村也不例外。事实上，受访者决定流动的直接原因也是“没有钱”，他们普遍急需货币来供子女读书或盖房子。需要补充的背景情况是，2005 年以前免费九年义务教育在云南省尚未全面普及，一些补助虽说是针对“特困”家庭学生，但通常是将名额给成绩好的学生。2005 年以后虽然所有学生都可享受学杂费书费全免，但生活费和辅导书等费用以及初中毕业之后继续升学的费用都需家庭自己承担。

而对于缺乏现金的原因，村民的普遍反映是“种田不赚钱”，“栽烤烟、甘蔗不顺利，（种）甘蔗划不来，外面收的价一年比一年低，烤烟病虫太严重，五六亩只收了 1500 元。经济收入来源几乎没有了”，“吃得不如人家，穿得不如人家”，“这几年出去的生活都好了，盖新房子了，我们也要赶上去”，“小的（儿子）要领媳妇，家里面要盖房子、供娃娃上学”，“这几年饿倒是饿不着，但社会发展了，还是想盖房子，生活得更好”，“我算过的，我们这边农忙时请人 40 块一天，我在外面每天可以挣 70 元，每个月多 300 元，我还自由，划得来，肯定要出去”。此处对生产资料投入的需求没有被提及，如购买化肥、农药、农用机械等，但在回答关于“打工赚回的钱用在哪里”时，大多数受访者提到了这一点。

① 云南省社会科学院研究员赵俊臣微博语录。

(2) 拉力

“拉力”在第二代的外出决策过程中起主要作用。受访的本村年轻人不需负担全家的生计，外出打工对他们而言不是“必需”，不是家长的要求或是没有出路的情况下“不得不”的选择——根据访谈资料看，他们都不是为了“养家糊口”而选择外出，相反，如果他们选择继续读书（有些受访者并未完成九年义务教育）或者在家务农，不但不会给家中造成“不能承受”的经济负担，还会更符合父母的期望——许多父母在访谈中提到“不指望他们出去赚钱，在家平平安安就好”，“外面骗子多，也不安全，（家人）不放心”，“在家就是多个吃饭的，他一年也吃不了多少，还能帮个手做活”……

但年轻人外出的愿望是强烈的。从访谈中可以看出，大众传媒对城市生活的塑造和外出过的同伴对城市生活的描述，使城市生活对他们产生了巨大的吸引力（受访者未必提及这个因素，但根据目前的普遍现象，笔者试图以此解释他们对城市生活的好奇和向往）。很多受访者在外出前并没有明确目标，甚至连基本的工作信息都未了解，只想“出去看一看”，带有一定的盲目性：“别人叫我一起去，我就去了”，“想看看外面的世界”，“读书没有意思，想出去看看”，“反正没有出去过，就去看看”……

需要提到的是，九年义务教育虽然在农村已经普及，但很多年轻人包括其家长对“读书改变命运”的说法已经不再认同，很多受访者初中没有毕业就外出务工，还有相当一部分年轻人在初中毕业后不选择继续升学而是外出打工。LLB 在元江读了半年职中，“看到打工回来的人穿得很好，就改变主意，不想读了，想出去。当时父母不准出去，我回来说了（想法）还被打了。后来我就回学校悄悄地把学退了，去了昆明……我没有后悔，当时职中的同学现在工资还没我高，除非家里有关系的，在银行上班，工资可能比我高”。但高中毕业考上大专的CLY放弃了升学机会，选择去上海打工，原因并不是家里没有能力负担学费。她说：“只能上专科，没有意思，不想读。不是好大学毕业的也找不到工作，不如出去打工。去了上海的工厂之后发现好多大学生也都在打工。”

虽然这里探讨的只是年轻人选择外出打工的原因，但透过这个现象，或许我们还需要思考的是，究竟为什么，今时今日，农村的年轻人不再像过去的几十年中那样，将读书（这里指完成九年义务教育并继续进入职业学校、普通高中乃至大学就学）看成走出农村的“最佳”出路？答案或许并非三言两语能够说明，但可以肯定的是，原因不仅仅在年轻人或者他们的父母身上，我们要反思教育体制和就业市场。

(3) 流动成本估算

托达罗指出，吸引劳动力从农村流向城市的原因，不是城市实际工资与农村实际工资的差别，而是两地之间“预期收入”的差别。他还认为，“预期收入”除了预期的工资水平，还包括找到类似工作的概率，而一般来说，就业概率越大，预期收入越高（蔡舫，2007）。

从访谈中获得的信息看，外出者得知进城后收入的唯一途径是社会关系，即从老乡处。即使那些受教育程度相对较高的年轻人获得招工、收入以及城市物价等信息，也不是来自报纸或网站，而是来自有外出经验的同伴。当然，第二次外出则不一定，可能是依靠新的关系网或是到了城市之后自行寻找工作。按受访者的说法，“出去人多了，大家都知道好赚钱，就跟着出去了”，“以前不敢出去，有人出去了，晓得有要招人，又有伴，就都出去了”……受访者在回答“为什么选择去某地”这个问题时，无一例外，都提到“有亲戚”或者“有老乡”在那里，这可以看成他们第一次外出务工选择目的地时，首要也是唯一的影响因素。

此外，流动者在第一次外出时，并不是根据“目的地的工资水平和就业概率”等一般信息做出流动决定，或者先到达流入地再开始寻找机会。相反，他们在流动前就从提供信息的亲友处获得了一个“口头契约”，类似“某份收入为多少的工作缺人，假如你来，则必将获得这份工作”之类的“承诺”。有了这一“口头契约”，流出地与流入地之间的距离几乎不进入成本估算的范围，因为到达流动地找不到工作的风险已经被最大程度地减小了。

而对于那些选择不外出打工的家庭，也是在估量流动成本后才做出的选择——“我们俩没读过书，不好出去”，“没有路费”，“如果家里老人年纪大了，娃娃还小，就不会出去，因为没有劳动力，请工种田又贵，划不来”，“等明年娃娃上高中，我们也要出去打工了”……从以上的述说可以看出，其实估算流动成本的过程也是一个风险评估的过程——流动会怎样，不流动会怎样；现在出去好还是以后出去好……每个选择的利弊都在考虑范围内。也有由于种种原因限制而没有成员外出打工的家庭，针对村中缺劳动力的情况，全家（夫妻、儿子、儿媳）通过“卖工”维持家中生计，但通过访谈可以看出他们认为“留守”是“没有办法”的选择。

从这个意义上说，每一个家庭关于“流动与否”的决策都是经过权衡的，或者说，可以被认为是理性的。

2. 决定“谁去”

决定“谁去”的过程其实是一个家庭内部劳动分工的过程。而我们想要知道的是，每一个家庭关于谁留下、谁出去、是否夫妇一起去的家庭决策，是基于家庭收入最大化的原则，还是民族文化中关于性别角色的传统期待？需要说明的是，关于代际差异的讨论在这个问题中几乎是不必要的，如上文所提到，“第二代”

外出务工行为并不以增加家庭收入为目的，而主要是其受主观能动性驱动，因此也就不在家庭分工或以增加家庭收入为目的的讨论范围内。

访谈中我们没有特意涉及“怎样决定谁出去”这个问题，但许多受访者在回答其他问题时还是涉及相关信息。有趣的是，传统的性别刻板印象与角色期待在这里得到了突出的体现。以下是一些男性关于“为什么是你出去，妻子留在家里”的解释：“当然不能都出去，要一个出去赚钱给娃娃读书，一个在家种东西吃”，“年轻人倒是男女都出去；成了家的都是男的出去，女的守家”，“肯定男的出去好，男的可以干重活”，“干体力活更赚钱，女的出去干不了什么”……在这些“解释”里，“男主外女主内”的性别分工原则是毋庸置疑的，也几乎可以被看成唯一的分工标准。而这一标准并不只存在于男性视角中，受访女性的回答表明她们对此也是默认的。丈夫不定期外出打工的HL讲述为什么她留在家中时说：“都走了家里面谁来管？比如村里面哪家有丧事，每家都要凑四斤米、一些柴火，还要出工招待客人（办伙食），凑钱请抬尸体的人（亲戚每家凑1000元），请来的人要分到各家吃住。还有修路、修沟渠，都要出钱出力，娃娃读书也要有人管。”除此之外，更有几位受访者在针对留守妇女的小组访谈中提到“我没怎么读过书，没文化，叫我出去我也不敢”……

还需要提到的是，虽然受访者中绝大多数家庭是男户主流动、妻子留守，但仍有五户是夫妇两人共同外出打工的。有一户夫妇二人最先在元江做种植雇工，后来自己租了小面积土地当了雇主；一户男性杀猪，女性卖菜；一户全家四口在温州制衣厂；一户全家三口在上海电子零件工厂；一户丈夫在温州汽车配件厂，妻子在温州冰箱厂。这几个个案其实属于比较特殊的情况，受访者在解释为何夫妇一起外出时基本都提到“省钱”这个原因（关于收入和分配状况将在“流动者的生存状况”一节中详细叙述）。但笔者认为这可能只是促成他们决定的原因之一，毕竟家中的土地是否继续耕种、由谁耕种，以及未成年的小孩由谁照顾等也是颇为重要的问题。因此他们的决定很可能还与家中老人的健康状况、与弟兄的关系等因素相关，老人和弟兄可能帮助他们履行家庭或村内义务。

综上所述，虽然流入地劳动力市场的需求、工资差异等也在考虑范围之内，但决定谁更适合外出的其他判断标准，如“谁有更为广泛的社会关系网”或是“谁有更强的适应性以及抗风险能力”等，很少被受访者提到。也就是说，“家庭收入最大化原则”在决定夫妻内外分工时并不是最重要的原因，传统民族文化中对性别角色的期待才是主导因素。女性的婚姻状况依然决定着她们是否能够自由流动，已婚女性仍然被要求承担家务劳动并照顾家庭成员，甚至还需承担一大部分农业劳动以及公共事务的职责。

3. 家庭内部权力关系和阶层差异

（1）谁做决定——家庭内部权力关系

在家庭决策的过程中，谁最先提出改变生计模式的建议？双方是否持相同的观点？主要分歧在哪里？如何处理不同意见？讨论如何进行？最后由谁拍板？这些信息都是家庭内部权力关系（主要指性别和代际之间的权力关系）的反映。

所有女性受访者都表示外出打工的提议由丈夫做出，“肯定是他自己决定嘛，不然撵都撵不出去”，“他说人家喊他去，有工程，就去了”。而所有男性在回答“做决定时是否与家人商量”这一问题时都表示决定是自己做的，就算家人有不同意见，最终还是按自己的意思行事。CMH 说：“我媳妇不让我去，说我身体不好。后来我三个姐姐听说以后也来家里面哭，我说你们别哭了，你们再哭我也要去的。她们也就算了，每个人给了我一百块钱当路费。”

LDB 说："我提的，我已经想好了。只是和他们商量一下，主要是和老人商量。"

值得一提的是，所有年轻人都表示自己决定外出打工时遭到父母的反对，原因包括"不放心""怕被人骗""不安全"等。LDB 说："肯定不同意，太苦了，小孩子苦不下来。但是她非要去，拦也拦不住。"并没有受访的父母提到家中劳动力的因素。当年轻人与父母的意见冲突时，年轻人甚至被体罚，有的年轻人用离家出走的形式"反抗"。年轻人普遍认为由于自己坚持，父母最终都同意了——"他们开始不放心，后来看我自己能养活自己就不管了"，"肯定还是希望我读书，但我读不进去也没有办法"。总的来说，在父权特征明显的农村家庭中，年轻一代（包括女孩）在外出决定方面表现出了较强的自主性和积极的反抗性。

综上所述，在整个家庭的外出决策过程中，男性户主仍是主体，女性则较为被动，并且在主观上也认可男性户主的决定权；年轻一代有较强的主观能动性，他们仍有"征得父母同意"的意识，但父母的意见并不足以改变他们的决定；大多数父母对子女外出务工的选择虽然不鼓励，但也未到严格禁止的程度，还是以尊重子女意见为主。

（2）阶层差异

阶层差异在戈村中体现在村支书 CPC 的例子上。他家是村中极少的在元江县城租地的人家之一（另有两户，一户户主是前县长的弟弟，另一户开始做农业雇工，后来租了少量地，成了雇主）。CPC 的两个儿子均在政府部门工作，其经济基础和信息、社会网络的优势与他们能够选择租地作为新的生计模式有必然联系。这个例子反映了不同阶层获得信息、社会网络和生计方式的差异。

四　流动者的生存状况

（一）劳动收入

通过访谈，我们记录的流动者工资的普遍标准大致如下：建筑，60元/天（昆明）；运输，350元/趟，去除150元油费，与老板平分；村内卖工，30元/天（管饭）或35元/天（伙食自理）；挖矿，按受访者的说法，“每天十七八个小时，有时晚上一两点下井，到早上八九点都做不完。按挖了多少算钱。一兜3吨，好像是80，我们一组五六个人，每兜用一小时，每天七八兜”，“60～70元一天，每天8个小时，每月20天”；工厂，（汽车配件厂）做工，计件，正常班9小时，可以加班3小时，每天最高130元（三年前）；年轻人外出务工大部分是在服务行业，1500～2500元/月（取决于老板是否包吃包住）；全家外出务工，如到摩配汽配厂务工，4000多元/月（两人），做农业雇工，2000元/月（两人）……

（二）分配与支出

1. 基本情况

第一，年轻人的收入只需养活自己，不够时仍需父母支援（例如回家路费）。所有年轻人都表示工资不够花销，主要支出用在朋友聚会、娱乐（包括打牌）、服装上。

第二，已婚的男性外出者月收入在满足自己在外基本需求的同时，普遍都有结余，但大多不会按月寄回，通常是回家时一起带回。家中如有特殊需要，由在家的妻子先借（向亲戚或邻居），丈夫回家时用其带回的钱一并还上。按照受访者的说法——“每月花费1500元，包括15元/天的饭钱，烟钱200元，还有些用来打牌，剩下300元管娃娃读书。”“（在外打工的丈夫）一天一瓶啤酒，一天两包烟，这一费用在哪里都一样。如果在昆明伙食费一天就是30元，在墨江一天20元。每个月拿回500~600元，去远的地方1000元是会拿回来的。有时候娃娃打针都没有钱，只有先借，等他回来再还，下次才好借。”“每天14块的伙食费，发工资的时候已经扣掉了（深圳建筑工地）。每天我自己有45块的消费，烟、饮料、电话费、吃夜宵都在里面了，好在我不喝酒。”

而全家外出务工时，一般吃住都在一起，日常开销只用一个人工资就够了，剩下的作为储蓄。CLY（女，23岁）：“（在电子厂上班）妈妈每月1500元，爸爸2000~3000元，但要出伙食费，弟弟现在每月2000元，钱是合起来用的，一个月（全家）消费2000元左右，不包括个人零花钱。”LFD（33岁，男）：“我和媳妇每个月生活开销1500元，可以存2500元，其中我的烟酒400元左右。”

2. 性别差异

年轻人中有储蓄意识且带钱回家的都是女孩。

大多数在家的妇女不清楚丈夫的具体收入——“在铜矿时每个月有2000吧，现在不清楚了”，“每天起码有50吧”，“不知道，他没说”……并且她们普遍表示一般是家中有需要自己就会向丈夫开口要，拿来的钱主要是用于还欠款，孩子上学，购买农药、化肥、种子或者村中红白喜事需要送礼。也有少数妇女表示等到丈夫回家时将钱带回——“他看着给”。LFD（33岁，男）说：“一般给一次就是给家里几百到上千，用于买化肥或者小孩开学。算下来每年2000元左右，以邮寄或者转账（的方式拿钱回家）。”有一对夫妻共同外出务工，两年多以后，他和妻子一共有存款9万元左右，但“有些借给朋友了，还有家里面盖房子投了钱，所以只剩五六万元的现金带回来”。

应该说，外出务工的丈夫仍决定着自己的收入如何分配（包括自己的花销和带多少钱回家）。虽然大多数在家妇女表示

“管钱”的是自己，但做经济计划的仍是丈夫——“他（做）计划，开支我管，但是要商量”，“他计划得比我好”，“我计划，但最后还是要他同意”……更何况家中许多开销要依靠丈夫赚取。事实上，无论男性外出打工与否，他们仍然掌握家中的经济大权。

不管在哪种情况下，妇女为家庭经济所做出的贡献普遍不被认可，而且在家庭收入的分配过程中，男性户主掌握了全部收入的分配权，女性的消费需求被看成“次要”的，且理所应当被削减。例如，外出打工的CGC将大部分收入用于赌博，每月只给家中300元作为小孩的读书费，而且他还认为妻子在家中“日子很好过”，因为“吃的随便就种出来了，盐巴辣子都够了，娃娃读书钱我也赚回来了，她自己每个月买两包洗衣粉就够了，不用花什么钱”。但从访谈中我们得知，他的妻子在家中一个人种了三家人的田，养了三头猪，其中两头可以卖掉，同时还上山捡菌子去市场卖，对家中经济的贡献并不小于CGC。和妻子一起去广州工厂打工的LFD说自己每月的收入有一大部分用于和老乡喝酒以及打牌，但在回答“你花得多还是妻子花得多”的问题时LFD说：“她花不了多少，女人嘛，就是（买）衣服、化妆品，反正没有我花得多。女人总是比男人小气点。”

（三）权益保障与公共服务

1. 劳动权益保障

首先，大多数外出务工者没有享受用工单位提供的医疗、工伤、失业、养老和生育保险，但务工者并未表示不满。

其次，第一代外出务工者普遍表示不太了解劳动合同和保险的作用，更未将此作为择业条件之一，所以在访谈中谈及这个问题时，他们表现出来的大多是无所谓的态度。

而问卷调查结果与访谈结果也是基本一致的——外出务工者

中，没有劳动合同与保险的占绝大多数，尤其是无劳动合同的很多。详情参考图4－7。

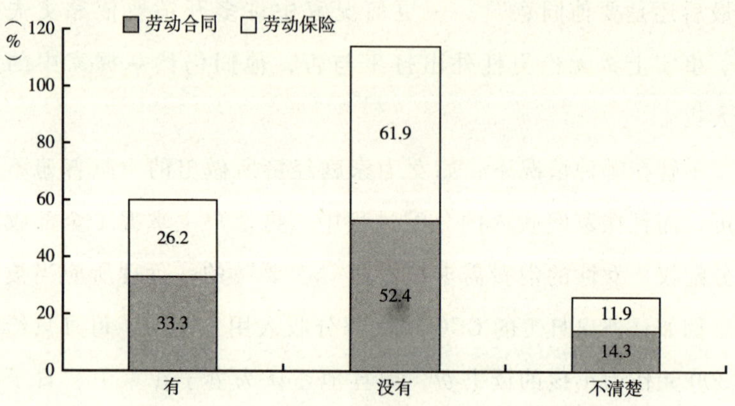

图4－7　流动者劳动保险与合同签订情况

最后，第二代外出务工者普遍认为没有合同更自由，可以说走就走，签了合同如果要走就得赔钱，反而是种束缚——“签不签差不多，按时发工资就可以”。由于务工者从事的一般都是服务行业，他们普遍认为“不太会出意外”，因此有没有保险并不重要。

2. 社会保障与公共服务

多数流动者在老家参加了新农合，但他们对异地报销的具体规定不清楚，不知如何操作，因此“看病还是回家来看”。我们访谈过的几户流动家庭（全家流动）都表示异地借读费已取消，在省内子女教育问题不大。

虽然访谈时（2011年4月）《云南省流动人口人力资源和社会保障服务管理办法》尚未出台（2013年3月才正式执行），但该规定主要还是针对持有云南省居住证的流动人群，并且申请居住证有在城市居住年限的要求，这就决定了案例中涉及的季节性和短期流动者很难成为居住证的持有者，也就无法享有相应的社会保障权益。

（四）能动性的发挥

1. 自我组织和自我服务

（1）以社会关系为基础的流动形式

我们知道，流动者为了实现迁移和求职的成功，无疑需要个人力量所不能及的一系列制度和组织服务。而现阶段情况下，政府显然是无法满足其全部需要的，因此作为正规性制度和组织的替代，非正规性制度和组织就应运而生了（蔡舫，2007）。

在戈村的案例中，所有外出务工者都属于“自发流动”，具体形式分为与家庭成员/亲戚/本村或外村伙伴结伴外出（在外地有亲友介绍的前提下）、被家庭成员/亲戚/本村或外村伙伴带出、独自投奔外地亲友。在针对年轻人的小组访谈中，六位受访者都是先后被同一个人带出去的，带人出去者是当时村支书“唐哥”的侄子，据说在一家企业干得不错，每次回来都会带一些年轻人到昆明打工。据受访者说“他只是帮我们找工作，（每个人）去的地方都不同，但是路费要我们自己出”。然而“介绍人”通常只提供第一份工作的信息，这份比较明确的工作也是流动者第一次外出的直接目标，如果之后流动者要换工作，则需要自己寻找信息，或由其他老乡介绍或在报纸上寻找招工启事，后者一般是年轻人采用的方法。

笔者认为这种现象并非简单反映了流动者对亲友的依赖和对结伴外出形式的喜好，更多体现了他们对安全感和保障的寻求，同时也是降低风险、减少自身脆弱性的一种方式，是自我组织和服务的典型体现。

此外，访谈中没有受访者提到任何中介组织或者老乡的“有偿”帮助，因此基本可以认为，“介绍人”的行为并非营利性的，仍是基于比较单纯的“老乡情谊”；换言之，还是以社区关系为基础的。这也从一个侧面反映，虽然社区成员流动频繁，但感情纽带仍然存在，成员之间彼此仍有较强的信任感。

（2）生活互助、信息共享和共同利益保护

在访谈中，很多人表示自己初到城市时，有老乡或是亲戚（通常也是他们工作的介绍人）到车站来接，而他们最初的落脚点也在老乡/亲戚的住处。然而流动者在开始工作之后，一般会搬进雇主提供的住处（有的免费，有的需交租金）或是选择与工友或同事合租，而不会一直留在老乡/亲戚处。

此外，人地两生、信息缺乏无疑是流动者在流入地面临的一个较大障碍。在这种情况下，能够为他们提供帮助的只有“自己”。大到政策、劳动力市场行情和人际关系，小到衣、食、住、行、娱乐，流动者通过群体内部的互助形式，实现耗费最小成本的信息共享。

在访谈中，共有三人曾在建筑行业打工，其中一人提到和老乡一起讨要工资的经历，这也是流动者的自我组织和自我服务在保护共同利益方面发挥作用的例子。

2. 年轻人的“抗争”方式

访谈表明，年轻人普遍以频繁跳槽的方式表达“抗争”——他们对工作的评价通常取决于自我的感受，而不是工资或是劳动强度。他们表达对工作的不满的方式也不是直接发表意见或与单位协商，而是直接离职。受访的年轻人中，一个人半年换了6份工作，是跳槽次数最多的。WLP（男，18岁）：“换了很多工作，不喜欢就换，说不出来为什么，各方面原因都有。有的时候本来是几个老乡一起上班，有人走我也走了，因为有伴好玩。”CLM（男，20岁）：“不适应就换嘛。”LDG（男，18岁）：“换了十多份工作，最长6个月，最短4天。原因是学不到东西或者老板不好……最喜欢的一份是在茶室工作，钱多而且自由……”WLP：“我现在在宾馆做水电工，是最满意的工作，因为老板不严格。以前老板脾气不好而且管得太严了。”BLS（女，23 岁）：“最喜欢在百货大楼工作，（在）KTV（上班）只是送酒水，没有意思，售货员就可以和别人交流。”

此外，年轻人与老板或同事发生冲突并不鲜见，一般是对方的言行引发年轻人感情上的不适，他们对此普遍较为敏感，并且如同上文中提到的，他们多以离职的方式表示不满。LDG：“之前的工作会和经理吵架，还和同事合不来。有时候他们不做事，我想凭什么我要帮他们做，就也不做，被经理知道了就骂我们。而且有时候哪里打扫不干净，经理就说（我们）懒得要死，白白发工资养我们。这种话谁听了都不好过。后来换了个工作，老板比较和气，经常和我们一起吃饭，没有架子，我感觉好多了。”

（五）归属与融入

1. 人际交往和社会关系

访谈中我们发现，第一代流动者的社交圈仍主要由老乡和同伴构成，并且他们没有扩大交往圈的意愿和行为。LFD：“我们（老乡）经常一起喝酒，去公园、动物园玩，还钓鱼。过节就约着一起回家。一年要聚二三十次。”LDB：“本村在温州的有五六家人，夫妻两个（在一起务工）的有两三家，羊街一带在那里的有四五十人，平时各忙各的，过节聚一下，会约着一起回来。”

第二代流动者的社交圈则呈现多样性，朋友中也包括流入地认识的新伙伴。LDG：“和我关系好的有两个大老板，一个广东的，还有一个保山的，都是以前打工认识的。还有个昆明人，是保安，在城中村租房子的时候认识的。然后才是同乡”，“平时和老乡玩得不是最多的，因为大家住的地方不一样，有些（隔得）有点远，而且上班时间也不一样，还是和新认识的朋友经常一起玩”。LBL（女，22 岁）：“附近村子一起出来的，年纪差不多的有二十多个，还是经常一起玩。”

2. 城市融入感

(1) 对城市生活的评价

第一代流动者普遍认为城市虽然“是好的”，但自己并不喜欢在城市生活，因为“不习惯”。44 岁的 CMH（男）说：“我在工地干了 16 天以后，真的拿到了 5000 多块钱，我就想，电视上说的是真的，大城市好挣钱，只有边疆地方才那么落后。但是那边（深圳）的水我喝不惯，轻飘飘的，米也没有家里的好吃。”

与决定外出时相对盲目的心态不同，第二代流动者对城市生活反而有了较为客观且理性的评价。例如，18 岁的 LDG（男）说：“我喜欢老家。我经常跟村里一起出去的伙伴说，以后要是他们在城市没有菜、米，我就在老家种给他们吃。城市虽然好，还是要看具体是哪里，在元江还不如在家，又热又灰（指空气不好）。”CLM 说：“我喜欢城市，交通和生活都方便，有点钱就可以出去买吃的，不用自己弄。但没有钱在城市也不是真的好过。”BLS 说：“我喜欢深圳，干净，家乡一下雨都是泥巴。但我不喜欢昆明，噪音太大了。”

(2) 未来打算

第一代流动者视外出务工为谋生手段，最终归宿仍是回家。他们仍然具有“全家生活在一起”的强烈意识，同时也将晚年生活的愿景建立在子女的未来发展上。“我老了肯定是可以自己养活自己的，不会拖累儿女。这几年做猪肉生意的钱还是给儿女们打了基础，在元江房子也有了，他们要是能在元江站稳脚跟，我就和他们一起在元江，不行么就回去帮他们领娃娃”，“娃娃要是有本事，我们就跟着出去，老了就闲着吃。没有本事还不是只有回来，我们家在这里”。

第二代流动者普遍能够理性看待自己的外出经历，认为主要收获是增长了见识和能力，但在具体的技能上，几乎所有受访者都表示“什么也没学到”。只有在茶室工作过的LDG说：“学到了做人的道理和生存的意识，在外面什么也不做会饿死，在家总有口饭吃。我还学到了技能，比如倒茶水。”年轻流动者心态普遍自信乐观，希望通过打工积累经验和资本，对自己创业有强烈愿望。LDG还说：“我想学修车，（修）汽车摩托车都可以。以后在元江自己开个修车厂，现在虽然玩组装车的人还不怎么多，以后随着发展会越来越多的。”“如果攒得下一点钱来，以后想开养殖场，主要养猪”，CLM（男，22岁）说。“要是有钱想做服装生意，就在元江”，BLS（女，22岁）说。

此外，虽然受访者普遍都较为认同城市生活，但很多男孩仍有最终在家乡发展事业和定居的意愿，他们认为“毕竟根在那里”，女孩则未有明确表示。

五　流动前后的变化及结果

（一）种植养殖情况和生计来源

1. 种植养殖情况

总的来说，一个家庭种什么或不种什么，主要取决于家中劳动力的多少。一般情况下，男主人如果外出打工则家中不会种烤烟（主要原因涉及技术问题，详见下文）。家中很多农业劳动主要由留守妻子承担（老人如果身体情况允许也会承担一部分），如种玉米（用于养猪）和水稻。

如果夫妻二人都外出打工，家中老人尚能劳动，家中也会种植玉米和水稻；而如果老人已不能从事农业劳动，则家中土地会交给别人耕种。

具体的五年前后家庭种植养殖情况详见表4－2、表4－3、表4－4和表4－5。

表 4-2 五年前农作物种植品种和面积

农作物品种	种植家庭数量（户）	面积最小值（亩）	面积最大值（亩）	面积总和（亩）	面积平均值（亩）
水稻	52	0.50	6.00	98.70	1.90
甘蔗	7	0.00	1.00	4.00	0.57
茶	5	0.00	2.00	5.00	1.00
蔬菜	8	0.00	1.00	2.60	0.33

表 4-3 上年农作物种植品种和面积

农作物品种	种植家庭数量（户）	面积最小值（亩）	面积最大值（亩）	面积总和（亩）	面积平均值（亩）
水稻	47	0.50	5.00	69.70	1.48
水果	3	0.00	32.00	36.00	12.00
甘蔗	4	1.50	4.00	10.50	2.63
茶	3	0.50	2.00	3.00	1.00
蔬菜	4	0.10	1.00	1.60	0.40

表 4-4 五年前养殖情况

养殖品种	养殖家庭数量（户）	数量最小值（头/只）	数量最大值（头/只）	数量总和（头/只）	数量平均值（头/只）
猪	49	1.00	12.00	115.00	2.35
牛	31	0.00	4.00	60.00	1.94
鸡	46	2.00	50.00	892.50	19.40

表 4-5 上年养殖情况

养殖品种	养殖家庭数量（户）	数量最小值（头/只）	数量最大值（头/只）	数量总和（头/只）	数量平均值（头/只）
猪	43	1.00	4.00	71.00	1.65
牛	23	0.00	30.00	65.00	2.83
羊	3	0.00	2.00	2.00	0.67
鸡	38	1.00	45.00	509.00	13.39

2. 收入状况

50 份问卷中，“全家去年毛收入多少”这个问题的统计结果，最小值为 1000（元），最大值为 20000（元），平均值为 7060

(元)；76.5%的受访者认为收入比五年前“增加了”，认为“差不多”和“减少了”的各占11.8%。

此外，有63.8%的受访者认为“家中有人外出打工改善了家庭收入”，21.3%认为没有，14.9%认为没有改善家庭收入。在回答改善了家庭收入的人中，对“家庭收入增加主要解决了哪方面困难”的选择如图4-8。

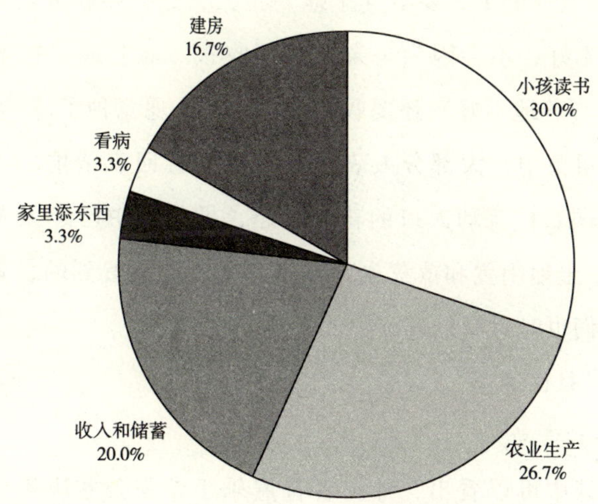

图4-8　家庭收入增加后主要解决的困难

(二) 自然资源利用

就戈村来说，自然资源的利用主要指的是对土地的利用。问卷调查结果显示，96.2%的流动者（或有流动者的家庭）选择在外出期间将土地留给家人种，各有1.9%的受访者选择“给亲戚种”和“出租”。

总的来看，每家的土地利用情况根据家庭劳动力状况有所不同，具体有以下几种情况。一是男主人外出，家中土地由妻子和老人（如果身体允许）耕种，农忙时会雇工。二是夫妻一起外出，老人还可以承担农业劳动的，土地则由老人耕种，但亲戚会来帮忙，农忙时也会雇工。三是全家外出，老人无法承担农业劳动，则分两种情况。一种是土地无偿给亲戚耕种。CBD 说："我离婚时分了 1/3 土地给前妻，大概七八分，她是本村的，如果是外村的离婚（女方）就没有土地。现在剩下 1.5 亩田，大哥在种，就是让他种了，种出来的（收获）归他，父母也是跟着他。但是如果他忙不过来要请工，钱还是我来出。"另一种是有偿给亲戚或同村的人耕种。LLM 说："一般收成的 1/3 要给（土地）主人，是否将收成给主人主要是看地好不好，不会因为是亲戚就不收钱。除非地实在不好（就不收钱），（若地不好）还要收钱的话就没人愿意种了。"

访谈对象中，大部分人表示农忙季节会回家帮忙。"故土难离"是中国农村流动人口的普遍心态，即使家中已经无人"靠土地吃饭"，土地闲置和撂荒也是外出者所不愿意看到的，就算人在异乡，他们也时时牵挂着家中的土地。

（三）社区空间

1. 公共活动

从访谈中可以看出，外出者普遍乐于参与公共决策，他们即使不在村中，仍然积极行使选举与被选举的权利。例如，CMH 在深圳打工期间就回来参加过村民小组组长的选举。CMH 说："这个时候村里面（隔壁邻居）打电话给我，叫我回来参加选举，我拒绝了好几次，但是想想这边（深圳）工程也不好做，第一次出来就赚这么多钱，已经很不错了。心里想着那就回来嘛，（被）选上组长就当，选不上就再出去，结果（被）选上了。"外出做猪肉生意多年、已经在元江县城安家的 CBD 说："我现在还任村党委的总支委员，村里事情多，一个月平均要回去 5 次。我媳妇还说我，又不给钱，做那么多事干什么，但我觉得我愿意。"

在戈村，公共活动除了传统的节日庆典（例如哈尼族新年），主要体现为每个家庭对公共义务的承担。以红白喜事为例——可以说，这是所有受访者都提到的一项十分重要的公共义务，甚至和“照料老人、小孩”一起，成为许多家庭没有全家外出的原因之一。如前文引用过的 HL 所表述的，其他人也有同样的感受。HM 说：“村子里面每年都要送走三四个老人，就要花 1000 多元，反正几乎每个月都要送钱，（每个老人）要送两三百元，我在家里辛苦挣的钱大部分都用在这上面。”CPC 说：“红白喜事肯定是每家都要出钱出力的。我们这里不发请帖，亲戚和关系好的给 400 元左右，其他（家庭）只分摊招待客人。你要是不管，以后你家有事谁帮你?”可见，在戈村，家庭乃至个人并未因地理上的流动而与社区公共空间失去联系，其中，传统民族文化发挥着纽带的作用。

然而随着社会发展，有些家庭的传统公共义务承担模式已经逐渐发生了一些变化。例如，全家已在元江定居的 CBD 遇到有公共事务需要出义工的时候，其采取的办法就是花钱请兄弟、堂弟等代劳。CBD 说：“工钱不会给，但是也不会叫他们白干，几斤肉是要给的，有时给点烟，（给什么）这个不一定。”

值得一提的是，除了农业劳动方面，家中劳动力缺乏给留守妇女增加的负担也十分明显地在公共活动方面体现出来。她们不仅需要将自己在家中依靠农业生产获得的收入用于支付礼金，还必须承担繁重的体力劳动。在戈村做田野调查期间，适逢村中修建文化活动室，我们看到烈日下从事搬运、砌墙等“重活”的“义工”，超过八成是女性。据村民小组组长介绍，有时妇女甚至代表家庭出工参与修路（村中道路）。村民小组组长 CMH 说：“我觉得男的出去也不影响村里的事情。女的好说话，说一不二，对村里的事情热心。”

2. 社区成员关系

（1）换工与雇工

在戈村，换工的情况并不多见，雇工现象则比较普遍。据访谈，原因有二：一是并非每家都有足够的劳动力换工。按村民的话说“熟的就可以换工，男人不在女人可以去抵。要是别人来帮你干，你不想换回去，就只有给钱”；二是换工的方式适应不了目前的“新形势”，比如技能跟不上需求。“以前哪家盖房子是全村人来帮忙，帮了忙就吃饭，三五天就干完，那是1995年以前的事了。现在是钢筋水泥房子，不好盖了（村民自己盖不了），都要给钱（找人）的。有些家三天两头翻新房子，别人烦，觉得你有钱就请人来盖”，“我们技术不行，不会盖现在的房子，他们能请人就自己请了。我们只是帮忙打打顶”。

（2）互助行为

在问卷调查中，96.2%的受访者认为即使外出打工的人越来越多，村民在互助行为上还是“和以前一样”，认为比以前帮忙多和比以前帮忙少的各占1.9%；在“缺劳动力时找谁帮忙”的问题上，82%的受访者选择了“家人或亲戚”，16%选择了“雇人”，只有2%的受访者选择“本村同伴”；而需要借钱时，90.2%的受访者选择“向亲戚朋友借”，7.8%选择贷款，2%选择“向打工老板借”。

从访谈中得到的信息也印证了问卷调查的结果——除了每家必须承担的公共义务外，村里集体的、自发的互助行为并不多。当遇到经济困难时，本村村民也并非受访者首选的求助对象。“经济上有困难就去元江找姐姐，村子里面的人也可以去借，但不好意思，有时候人家也不借”，“借钱还是要去别的地方找亲戚借。就是几百、一千地借，个把星期就还，一个月还也有，反正有钱就赶紧还”。

（3）社区稳定和凝聚力

在问卷调查中，46.2%的受访者认为流动让村内的凝聚力加强了，51.9%的受访者认为没有变化，只有1.9%的受访者认为“更散了”。

在访谈中，所有受访者都认为人口的大量流动没有对社区安全和稳定造成不良影响，相反还起到了促进作用。他们认为，“以前（村里人）没有钱，很多抢、偷的事情。打工的人多了，不怎么缺钱，治安就好了。火麻小寨那边的男青年不怎么打工，治安就差得很”。

受访者还普遍认为出去的人多了，不仅没有使村子里的人变得疏远，反而增进了感情，人际关系更加和谐。“大家日子都好过了，邻里之间矛盾就少了，也没有什么纠纷。”“回来的人会带礼物，表达他们的感情。”“好久不见面，见一面会更高兴更热情，可以谈谈各自的见闻。”“年轻人回来了也还是尊重我们老人的，不会没有礼貌。”

（四）家庭内部关系

1. 劳动分工

（1）性别分工

劳动力外流造成传统家庭劳动分工的转变，但这并不是一种“平衡”且“合理”的转变，只能说是本该由男性承担的那一部分劳动转移到了留守妇女的身上。虽然可以雇工，但出于节约，大多数妇女表示“能自己干还是自己干”。如图4－9所示，这一状况在问卷调查结果中也有反映——大约76%的受访者认为家中主要劳动力外出让妇女的劳动负担加重了。

值得注意的是，所有受访妇女都表示丈夫不在期间，面临的最大困难是“缺劳动力”，同时认为丈夫回家的时候，有人承担挖地、砍柴等体力活，她们会感到“轻松一点”。然而对妇女所承担的过量劳动，她们的配偶或者村里的其他人普遍表现出不以为然的态度。例如，外出打工的CGC认为妻子在家的日子“很好过”，“家里面事情不多，她随便种点东西，领领娃娃就可以了”；村支书CPC认为，“这个问题不存在”，“她们出工自由，收工自

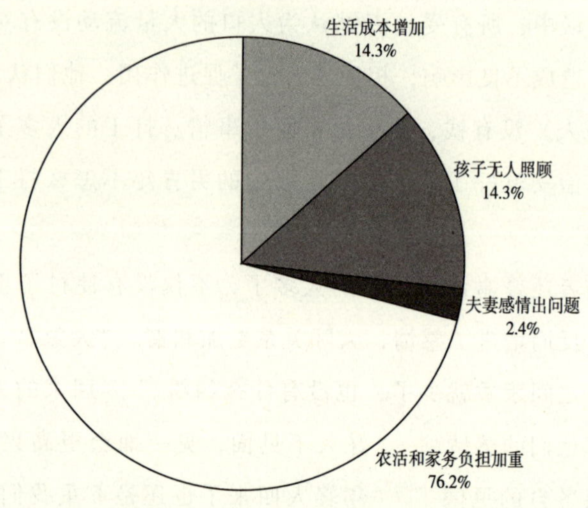

图 4－9　主要劳动力外出带来的问题

由，能干多久干多久，不用勉强”。在这里，前文提到的论点再度得到了证明：妇女在家中付出过量劳动，价值却并不被其配偶和其他社区成员（主要是男性）认可，她们的付出被认为“理所当然”。

此外，留守妇女虽然承担了大量农业生产劳动，但她们的角色仍是“生产者”而不是“管理者”，农业生产中一些技术含量较高的工作，仍是男性的专利。用种植烤烟中的性别分工来举个例子：“摘（烟）、编（烟）都是女人，烤（烟）是男人，盖地膜男人女人都可以干”；“烤烟我不会，编烟是我，打药我不会，放化肥、封顶打岔男女都可以（做）。一般是女人摘（烟），男人背（烟），不过女人也可以背（烟）”。并且如同前文所提到的，即使男人缺位，家中的生产计划也是由他们决定。

（2）代际分工

这里比较明显的是，年轻一代基本上不承担家中的农活。受访的年轻人大多表示不知道如何栽种烤烟，其中一名表示“会一点，完整的不会”，另一名表示会打谷子、收谷子，其他人则表示“不太会”打谷子、收谷子。

总的来说，家庭责任与义务更多地为父母辈所承担；子女只被父母期待自给自足，虽然他们的人生规划中几乎不涉及家庭责任与义务，比如赚钱养家、传宗接代、赡养父母，但在实际的生活选择中，年轻人依然透露出此方面的模糊意识，如上文所提到的，男孩大多希望最后回老家定居。

2. 家庭成员关系

（1）与配偶感情

与配偶的感情涉及婚姻的稳定性。在我们的访谈中，关于这方面只获得了一些零星的信息，例如村支书在回答“村内大量人口外出会否导致婚姻不稳定”的问题时说：“少数民族不会的，我们结了婚就很少离。”在外打工的 CGC 在谈到夫妻联系频率时说：“我一个月打一个电话回来。主要是没什么说的。她每个月要打两三个电话给我，她和我不一样，我在外面自由些，也好玩，她在家会孤单。”

（2）与其他家庭成员感情

除了养老问题将在下文详述，这里还有一个涉及姐弟感情的例子：18 岁的 LDG 和 22 岁的姐姐 LLB 同在昆明打工，LDG 与同伴发生矛盾，被连捅数刀，送到医院之后，第一个想到联系的是姐姐。他说：“我觉得只有我姐能和我一起扛下来，她二话没说就把所有存款取出来送来给我了，是凌晨 3 点了。但她也是打工的，一万块都没有。”LLB 说：“他在昆明还能找谁？只有找我。我在昆明也只有他一个亲人，我不帮他谁帮。”另外有访谈对象表示，儿女出去打工之后再回来，并不会与父母疏远：“回来更亲了，更会关心父母。”

（3）权力关系

权力关系在此处主要体现为夫妻之间的权力关系。如同上文所提到的，对于留守妇女来说，农业生产劳动已经逐渐被纳入和家务劳动一样的“内”的范畴，而外出挣钱的丈夫才是真正的“主外”，被看成“有本事”的。从这个意义上说，“谁拥有了外出务工的机会，谁在家庭事务上就拥有更大的发言权”①。如前所述，大部分家庭外出打工的丈夫，仍然掌握家中生产计划的决定权和收入的主要支配权：“他拿多少回来就用多少”，“有需要就开口要。但要用些什么还是他说了算”。

综上所述，由于家庭劳动分工的“内外区别”且“经济大权”始终掌握在“能挣钱”的丈夫手里，即使丈夫外出，留守妇女操持家中里里外外一切事务，夫妻间传统的权力关系还是没有得到改变。

3. 养老问题

访谈中，大多数受访者（子女）不认为大量人口流动会带来养老问题，理由有二：首先，如果家中老人无人照看，这个家庭是不会选择全家一起外出的，“肯定媳妇要留在家里管老人的”；其次，出去打工只是暂时的，外出的人最终都会回来，而且兄弟几个可以轮流照顾，“出去的人到了老人不能动的时候会回来的，而且弟兄几个，一个出去另一个可以照顾”。当然也有受访者，例如CMH，表示太多人外出还是会给养老带来一些问题：“家庭成员互相照顾不了，老人也不知道什么时候会去世。对传统是违背了一点。2001年我们全家在元江打工，我妈妈去世都是别人打电话通知我的，我很伤心，后来一直没有出去，等爸爸去世才出去的。”

但值得注意的是，从受访老人的角度来看，还是有几位老人感到自己“没人管”：“娃娃供我吃住，生病的时候打点针，但

① 郑真真、解振明，2004，《人口流动与农村妇女发展》，社会科学文献出版社，第204页。

多的钱不给”，“平时小事情我可以自己解决，但是生病就比较麻烦”。

概括地说，我们能够从这些信息里隐约看到传统民族文化与现实的冲突——敬老、养老的必要性和核心观念未变，但形式已经逐渐变化，例如以前老人是跟小儿子生活，现在可以不局限于此。此外，一般来说不会兄弟几个都外出不归，老年人仍可以跟没有外出打工的儿子生活在一起，外出的儿子也会以物质的形式履行养老义务，因此老人的生活是基本得到保障的，然而访谈中我们还是能够感觉到他们在情感需求上存在的缺失。

更值得关注的是，由于农村养老责任主体单一，赡养老人和照顾老人更多依赖家庭，但在人口流动越来越频繁的今天，单单依靠民族文化和社群约束来保障每个家庭能够很好地承担老人的赡养义务，必然是远远不够的，公共政策应该介入，使社区养老成为传统家庭养老模式的重要补充。

（五）归属感与评价

1. 流动者的身份认同

关于流动者的城市的融入感和未来打算在前面已经提到过，这里不再赘述。至于身份认同，主要是指流动者对民族身份和传统文化的认同。从问卷调查中可以看出，在回答“你认为以下哪一项最能代表民族身份”的时候，受访者的回答是比较统一的：大多认为是语言。具体情况参见图 4 - 10。

而访谈中体现出来的代际差异则相对较大。

第一代在谈到民族身份时，只提到对养老观念的普遍认同以及对传统习俗如红白喜事的遵守。

对于第二代来说，民族身份和传统文化的标志则主要体现在民族语言和衣着上，但对于这些他们很难用“重要”或者“不重要”形容，表现出来的态度模棱两可。此外，他们对传统节日和

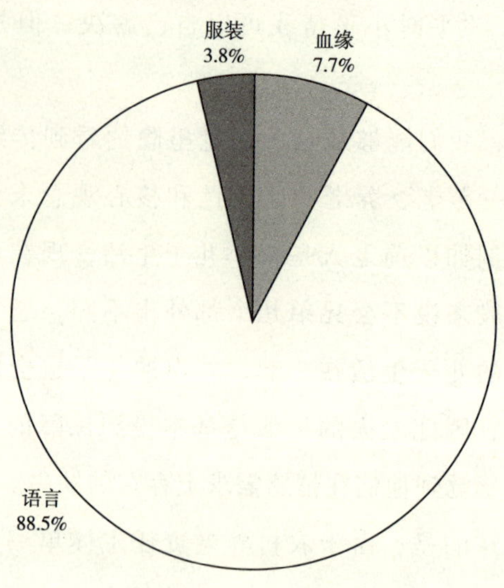

图 4－10　代表民族身份的标志

习俗已经所知不多。18 岁的 LDG（男）表示他不清楚戈村有多少年历史，也不清楚哈尼族四种传统节日的具体名称，“但是过哈尼春节肯定要回家来的”；他对民族服饰的评价是“衣服可以，鞋子不好看。我小时候有，后来骑摩托摔坏了。就没穿过了”。而结伴外出的年轻人一致表示他们聚会的时候还是会讲哈尼话，“我还是自豪的，会说好几种语言。在外面碰到老乡也亲切”（BLS，女，22 岁）。但 LLX（男，18 岁）说：“回家不习惯的主要是语言，讲惯汉话，会忘记一些民族语言，还有好吃的吃多了，回来不习惯家乡饭菜。”

关于人口流动给传统文化带来哪些变化的问题，受访者的第一反应是在服装方面：“变得太快了，哈尼族的服装现在一个也不穿了，以前男女都穿。不过男的倒是早就不穿了”，“主要是女的变得快，就是两年时间，年轻点的女的都不穿我们的衣服了”。

此外，还有受访者（都是第一代）提到一些风俗习惯的变化：“以前办喜事不发请帖，不请去馆子，现在都请馆子”，“特别是娃娃如果在外面工作，现在好多都要请两次，馆子里面一次，家里面一次。请两次我们就要送两次人事”。“不过要是哪家办喜事，在村子里面请的话，其他家还是会帮忙，有时候一家去一个，有时候全家都去。这点倒是一样的。”但是对这些变化的态度，他们没有明确表示。

2. 他人对流动者的评价

对于有过流动经历的人，其他社区成员总的来说给予了正面评价：“都是穿新衣服、新鞋子回来”，“更讲卫生，汉话更好了”。少数人认为流动者前后“基本没有变化”。

老人在访谈中，着重对年轻流动者的外貌提出了不满。63 岁的 BLY 说：“他们回来以后礼貌是礼貌的，但是装饰打扮不好看，比如男的会戴耳环……女娃娃喜欢穿高跟鞋，我们这里不平，穿着不好走路，会摔跤。”71 岁的 CHN 说：“年轻人把头发染得很黄，不好看。”55 岁的 CPC 说：“她们喜欢穿半截裤，太冷了，而且不好看。”

此外，村里人对流动者存在一定的传统性别刻板印象。访谈中他们普遍表示结婚之后“男的喜欢往外跑”，“女的要守家”。同时他们认为外出务工的年轻人中，女孩多于男孩，因为“小姑娘就是比小伙子爱往外跑，也比较能跑，总想着出去找更好的生活”。

六　基本结论和思考

（一）关于流动概况

1. 戈村的流动历史主要分为三个阶段：2005 年以前只出现少数外嫁女青年；2005 年左右开始陆续有人外出务工；2008 年以后则是外出务工高峰。

2. 流动特征方面，县内乡外的流动比省内县外略多；工种上以建筑行业占大头，其次是服务业（都是年轻人从事）；季节性流动者全部是男性，常年外出的女性如果不是未婚，则一定是和丈夫（全家）一起外出的——传统性别观念仍然根深蒂固。

（二）关于流动决策

1. 流动决策都是由家中男性户主做出。

2. 在家中谁更适合外出的判断标准中，传统民族文化中对性别角色的期待仍是主导因素。

3. 第二代流动者的外出愿望不是源于“养家糊口”的需要，而更多是来自对城市的好奇和向往，且他们在选择过程中表现出较强的自主性、能动性和反抗精神。

4. 流动者在第一次外出前，会通过亲友获得明确的工作信息，因此他们到达流动地却找不到工作的风险被最大程度地减小了。

（三）关于流动者的生存现状

1. 年轻人的收入只养活自己，不够时仍要父母支援；已婚的男性外出者的收入都有结余，通常回家时一起带回，或者根据家中需要“看着给”；多数在家的妇女不清楚丈夫的具体收入。

2. 绝大多数男性户主掌握全部收入的分配权，女性为家庭经济做出的贡献普遍不被认可，并且她们的消费需求常被看成是“次要”的且理所应当被削减。

3. 外出务工者大多没有签订劳动合同，也就没有以合同为前提的医疗、工伤、失业、养老和女职工生育保险（建筑行业一般有意外伤害险）。目前城乡分割的两套社会保障体系难以覆盖流动人群。

4. 以社区关系为基础的“自发流动”和群体内部的互助形式，体现出流动者对安全感和保障的寻求，也是其降低风险、抵御自身脆弱性的一种方式，是自我组织和服务的典型体现。

5. 年轻人对工作满意与否的标准，通常是自我的感受，而他们对工作的不满多以频繁跳槽的方式表达。

6. 在归属与融入方面，第一代流动者的社交圈仍主要由老乡构成，第二代流动者的则呈现多样性；第一代普遍不喜欢在城市生活，第二代对城市生活反而有较为客观的评价；第一代认为最终归宿仍是回家，同时也将晚年生活的愿景建立在子女的未来发展上，第二代则普遍能够理性看待自己的外出经历，但对未来仍有不确定感。

（四）关于流动前后的变化和结果

1. 绝大部分家庭的收入和五年前以及上年相比增加了，打工普遍被认为对增加家庭收入具有积极作用，尤其是在供小孩读书方面。

2. 主要劳动力外流的家庭，其土地基本上由老人或者亲戚耕种，租地情况很少。土地闲置和撂荒都是外出者所不愿意看到的。

3. 即使人口流动频繁，传统民族文化仍然发挥着连接个人与社区的纽带作用，村民一致认为社区比过去更加团结。但家中主要劳动力的缺失给留守妇女增加的负担明显地在公共活动的参与中体现出来。

4. 在家庭关系方面，很少有受访者认为夫妻关系因为流动受到影响，但它对代际关系的影响则是显著的——敬老、养老的核心观念未变，形式却逐渐变化。在民族文化约束力减弱的现实下，社区急需公共政策介入，使社区养老成为传统家庭养老模式的重要补充。

5. 对于留守妇女来说，农业生产和家务劳动都一起被归为“主内”的范畴，而丈夫因为“挣钱多”还是被看成真正的“主外”者和家庭决策者，夫妻间传统的权力关系仍然没有改变。

（五）关于“界限”和“空间”

“界限”与“空间”的概念绝不仅仅只存在于这一个案例中。

它们是所有打破了地域疆界的流动行为的产物——尤其是当流动成为某些群体一种可能会永久持续下去的生计模式，而不是某次心血来潮的尝试或者体验。

如果说流动作为一种生计模式，本身就是为了改变现有处境，趋向一个更加宽广的生活场域，那么它必然和人类历史上对发展的追求史一样，需要不断地寻找和拓展空间。所以，流动者需要多大的空间？谁来提供这个空间，在何种程度上提供，怎样提供？或许必须从打破界限开始。

我们当然可以肯定地说，流动模糊了地理板块的界限，但我们能够说它也模糊了其他所有制度或非制度的界限吗？比如城乡，比如民族，比如文化，比如性别。还是说这么多具体而生动的流动实践，其实只是反复证明并且巩固了这些界限？这也许是我们现在很难回答但仍需永远尝试回答的问题。

参考文献

蔡舫，2007，《中国流动人口问题》，社会科学文献出版社。

王菊芬，2007，《社会性别视角下的城镇医疗保险改革》，《妇女研究论丛》第5期。

郑真真、解振明，2004，《人口流动与农村妇女发展》，社会科学文献出版社。

第五章　南村流动生计调研报告*

赵　群　王云仙

一　引言

南村是一个典型的移民村寨，地处普洱市思茅区南屏镇，距普洱市 17 公里。在现代化和城市化发展的过程中，这个普通的少数民族村寨正在发生前所未有的变化——产业结构不断调整，基本交通设施越来越方便和快捷，人口流动不断增加。由于地广人稀，思茅区一直吸收因国家建设而搬迁的省内移民，因此在南村生活着不同时期的移民，除了有年轻人常年或季节性地外出打工外，还包括水库移民、扶贫搬迁移民等。

本研究选择南村作为案例点，就是考虑南村在发展中已经形成各种类型的流动生计。无论是由于水库修建而产生的被动移民流动，还是随着农业特色产业规模化——咖啡种植的兴起和发展，不同类型的流动生计都在不同层面得以出现并持续存在。通过南村的案例，我们试图展开对该村村民流动生计的研究，并在阐述南村普遍的流动形式的同时，更多地侧重南村的水库移民的流动生计，以管中窥豹，探讨移民搬迁和少数民族的流动生计。

* 云南省社会科学院社会学研究所的段岩娜和欧晓鸥参与了调研，并整理部分调研资料。

我们将从流动的历史，流动生计的类型及其特点、方式，产生流动的原因及其对村民和社区的影响和变化等方面，来展现我们的研究、分析，并就流动的边界和能动性做进一步的讨论。

二 流动的历史、主要方式和特点

（一）流动的历史及不同阶段的特点

由于思茅地区相对地广人稀，南村便成为思茅地区吸收云南省各种发展项目和扶贫搬迁移民的地点之一，曾经吸收来自昭通、丽江等地因扶贫而搬迁的移民。直到2000年前后，南村还一直有零星的外地移民搬入，这些移民有的是扶贫搬迁移民，有一些是水库移民。

茶树林村是南村村委会的一个自然村寨，在20世纪50年代为了躲避瘟疫，全村从原来山区2公里外的老寨子搬到现在的地方。作为当地为数不多的少数民族村寨，该村一直以来获得政府的不同发展项目的扶持机会较多。同时政府也利用外来资金，帮助茶树林建设生态村，修建村中的基础设施，先后发展起种植茶叶、柑橘、咖啡和养猪、养鸡等。特别是从1994年开始，茶树林村开发种植咖啡，起初是一些公司来租地开发种植，每亩土地的租金为300元/年，租期50~70年。随后，本地村民也开始种植咖啡，现在，茶树林和南村的其他村寨都成为了咖啡的产地，所生产的咖啡销往全国乃至世界各地，成为南村经济发展的引擎。

大规模的咖啡种植造成南村本地劳动力明显不足，由此吸引大量外来农业雇工。如今每年茶树林村到咖啡种植的季节，都有很多外来雇工来到茶树林靠农业打工维持生计。这些雇工来自云南省各地，包括澜沧、墨江、景谷、昭通巧家等地，涵盖拉祜族、苗族、哈尼族、彝族、汉族等民族。

布朗新寨全村有66户农户，绝大部分村民是布朗族。整个村寨是2008年由于建设糯扎渡电站，从思茅港镇的大车树村委会搬迁至南村的移民村，人均现有耕地0.7亩水田，旱地还未分到户。该村目前还存在移民安置的一些问题。村民的生计来源主要靠种水稻，粮食自种自食，并且部分村民季节性地为当地种植咖啡的村民打短工。另外有部分村民每年2～3次返回原来的村庄管理剩余的土地，以弥补生计。

该村寨村民在过去也有不断搬迁的历史。20世纪60年代，布朗村从原来山上的老寨子搬到10多公里外澜沧江边一个小型冲积平原——大丙堆，那里土地肥沃，气候干热，一年可耕种2～3季，是一个干坝子。这个搬迁过程是陆陆续续的，持续了近20年。同时村民也不断往返江边和山里两地生活，因为原来的老寨子在山上，可以方便村民照管和利用广博的山地资源，而大丙堆则是村民农耕种植开发的主要地点。村民在大丙堆种植各种热带水果（芒果、香蕉）以及西瓜、玉米，收成较好。村民依靠各种水果和蔬菜的种植，利用便利的江边运输条件，农产品销售畅通，移民搬迁前生活比较富足。

从2007年前水库移民至今，由于搬迁的补偿还未完全兑现，村民生计所需的耕地和林地尚未完全落实到户，大部分农户每年要回到190公里以外的大丙堆去耕种还没有被淹没的耕地和管理山地。同时他们也会在移民后的南村季节性地从事农业雇工的工作，主要是帮助当地的村民耕种、管理咖啡地，或者在咖啡采摘季节采摘和分拣咖啡。

另外从20世纪90年代起，南村就有一些年轻人开始到外面打工，他们多数在思茅读了初中和高中，毕业后向往城市生活，想到城市里去闯闯，见见世面。这几年随着当地咖啡业的发展，大部分外出打工的年轻人回村帮助家里种植和管理咖啡。

（二）流动生计的主要状况和流动方式

南村的典型村寨茶树林和布朗新寨，在历史上有过从山区搬向坝区的经历，坝区良好的耕地吸引了生活在山区的彝族和布朗族。这样的搬迁并非一次性完成，而是在搬迁的过程中反反复复。往返于老家和新家之间，充分利用两地的资源优势，成为两村村民谋生的主要方式。

南村的咖啡产业化发展使它成为一个吸引外来农业雇工的地方，咖啡摘收季节是每年 10 月到次年 5 月，在此期间到南村打工的人比较多，家家户户少则请七八个雇工，多则请二三十个雇工，帮助家里采摘咖啡。这些雇工不少来自澜沧等地，他们有的季节性地来到南村，有的常年在南村租房，携带全家从事农业雇工的工作。流动的雇工一方面补充南村季节性劳动力的不足，成为南村外来人口的重要来源之一。另一方面，他们流动在不同的村落或农户，打工挣钱成为这些雇工家庭的主要生计来源，甚至也是他们家庭现金收入的主要来源。

这些不同背景的雇工由于各种原因移民到南村定居，在不同季节从事不同的农业劳动。例如在布朗新寨，他们季节性地从事咖啡采摘工作，这成为其生计的主要来源，他们每日往返于茶树林和附近的村寨，每年大约可以工作两三个月。

由于搬迁到南村后的耕地还未完全落实，迫于搬迁后的生计压力，布朗新寨的村民除了在南村做季节性的农业雇工外，每年有 2/3 的家庭往返于移民新寨和大丙堆两地进行流动的季节性的耕种，流动距离在 190 公里左右。往返两地的村民每年最少要回老家两次，一般在栽种和收获玉米的季节，同时管理经济林木，有的家庭还在老家开辟新的耕地，种植橡胶和咖啡。

因水库建设的被迫移民、季节性地流动的本地农业雇工、两地往返的农业耕种以及年轻人外出进城务工是南村村民主要的流动。而在这些不同的流动背后，我们可以看到以下特点。

一是南村的流动主要是以流入为主。从历史的角度看，现在南村的大部分村民，其实也是移民。茶树林村就是一个因早期移民搬迁而形成的村子。由于茶树林村民定居在南村较早，因而占有了可提供稳定生计的土地。而后来定居到南村的移民（主要是搬迁移民），由于迁入的时间前后不一，占有的土地数量也不尽相同。更由于近年来咖啡种植的效益可观，南村本地人很少外出打工，因此本村最为主要的流动形式是外来人口流入，其中流入最多的是由于各种原因移民到南村的农业雇工。

二是从时间和距离上看，南村既有季节性的本地雇工和季节性往返两地的农业轮作村民，也有少量长期外出打工的年轻人。季节性流入的人口，大部分是云南本地人，包括人多而土地贫瘠地区的农民，他们是从山区、经济发展条件差且现金收入低的地方来的。每年 10 月到次年 5 月，是采摘咖啡的旺季，这段时间外来的雇工最多。而长期在外打工的多数是年轻人，有的在思茅、玉溪、昆明等地，有的甚至在省外和沿海地区的工厂。

三是从职业上看，外出人口有的做农业雇工，季节性地往返两地从事农业耕作，有的进城从事美容美发业或在本地建筑工地和沿海的制造业打工。外出打工排在前三位的是服务业、建筑业和外地务工，分别占 43%、19% 和 14%。

南村除了季节性做农业雇工的外来人口外，还有一些长期租房居住在南村从事咖啡种植的雇工，以及由于水库建设而产生的搬迁户。布朗新寨的大部分村民在咖啡采摘阶段做农业雇工，问卷结果反映，在被调查的 54 户家庭中，有 50 个男主人或女主人做农业雇工。从他们的生计方式上看，村民在特殊的历史背景下已经从定耕定居转变为定耕和流动两地的耕作兼有的形式。同时家庭成员已经变为在不同的季节从事不同的职业和劳动，不同代际维持生计的方法也不相同。

四是从组织形式上区分，由发展项目引起的靠政府组织的被动的移民，包括水库移民和扶贫搬迁移民。扶贫搬迁选择性相对多一点，如果村民不同意，一般很难搬迁。而水库移民虽然也需要村民同意，但是相对而言，村民能够选择的机会并不太多。

另外也有通过家族和朋友介绍或自发外出打工的。自发性的外出打工或者做农业雇工的村民，依靠的基本上是亲缘和地缘的关系，或者是年轻人上学时的同学和同伴的关系。

（三）不同人群流动的特征

不同人群的流动特征可以从民族、代际、婚姻状况和性别差异等方面来分析。由于南村咖啡产业的发展，劳动力需求扩大，外来做农业雇工的人数大约有2000人。这些人主要来自云南省不同地方的少数民族，有澜沧的拉祜族、墨江的哈尼族、巧家的苗族、景谷的傣族等。另外，附近还有来圈地投资建咖啡种植场的工人（主要来自墨江、景谷），有傣族人、哈尼族人等；在咖啡生产的旺季，还有来自昭通巧家等地的苗族人等。从民族特征来看，哈尼族、彝族、傣族等民族的主动流动较多，而布朗族则属于国家水库建设移民，是被迫移民。在问卷调研中，布朗族自己也承认，相对于其他民族，他们外出流动的机会较少，也不太愿意外出。深究布朗族不愿意外出的原因，是他们原来生存的地方土地广阔，在自己的家乡就能够过上富足的小康生活。

而从代际流动的特征看，30岁以上的已婚夫妇，更多做农业雇工。来自思茅之外的多数是夫妻二人常年在外做农业雇工，如在咖啡场和茶场季节性地做短工。布朗新寨做短期季节性农业雇工的基本上是已婚夫妇，也有少量在家的年轻人。

早些年，一般家庭缺乏稳定的现金收入，所以年轻人外出主要是为了挣钱养家。而如今南村年轻人中外出打工更多的已不是为了贴补家用，而是为了见世面，这已成为年轻人外出打工的群体性特征。另外年轻人外出，多数是以同学或在外的亲戚朋友作为重要纽带和桥梁。

从性别特征来看，布朗新寨外出打工的未婚女性比未婚男性多，未婚男性在本地以从事农业或建筑业为主。有一种观点认为，女性似乎较男性更向往城市的生活，但是仔细分析，发现女性相对于男性在城市更容易找到合适的行业，如餐饮服务业、美容美发业等。在南村的调查中，我们遇到的多数年轻女孩在外从事餐饮服务或美容美发业。另外传统的社区规范中，男性需要承担在家赡养父母的责任，这也是一些男孩在经过一段时间外出后最终要回到家乡结婚、生子，承担家庭责任的原因。

而流入南村的“外来者”除了农业雇工就是外来租地的公司老板。他们带着资本来到南村，在20世纪90年代中期，以非常便宜的地租租下了茶树林村的山地，如当时以每年每亩300元的地租将土地租用，大多租期在50～70年。现在南村的咖啡场大约有8个，在茶树林村的就有2个。另外几家大咖啡公司在南村都有咖啡基地。这些咖啡公司带着资本进入南村圈地，种植高价值的经济作物，在近十年的开发中他们也获得较本地人多得多的收益。

三　流动原因分析

造成南村多样性流动的原因是复杂的，其中交织着国家宏观发展政策、中观社区发展和微观家庭生计策略，以及个人发展的选择，这些因素共同作用，成为南村以流动作为生计来源的主要原因。

（一）促进家庭生计的改善

绝大部分的流动村民，无论是被动的水库移民还是自愿流动的农业雇工，或是外出打工的年轻人，都有强烈的改善家庭生计的愿望。

尽管修建水库的搬迁本不是村民自己的动议，但布朗新寨的水库移民在同意搬迁的协议书上签字时，同样将这次搬迁作为到新的区域寻找新生活的一次机会。在访谈中村民谈到，政府为了安置村民，在搬迁之前，带他们考察了几个安置地点，村民被南村交通便捷和富庶的咖啡种植带来的可观收入所吸引，最后决定整村搬迁到这里。但由于土地资源的置换没有很好地落实，政府也没有完全兑现原来动员搬迁时的承诺，这次搬迁并未满足村民的要求。他们目前人均只有0.7亩水田，山地还没有落实。相比在家乡人均10多亩甚至20多亩的山地来讲，在移民安置地分得的土地只够保障全家人的粮食需要。有限的土地加上山地粗放耕种的习惯，村民无法适应在南村需要精耕细作才能维系生存的耕作方式，这使得大部分移民不得不往返于原来村落和新的移民安置点之间以寻求生计，全村大约有60%的家庭每年回到老家季节性地耕种家乡的土地。季节性流动的农业耕作成为他们移民搬迁后新生计的主要方式之一，同时村民依靠季节性地去南村做咖啡种植的农业雇工，维持全家的基本生活需要。

而那些来自云南省各地不同民族的农业雇工，他们的流动成为家乡现金收入的主要来源。外来农业雇工在访问中都提到家乡父母或孩子生活所需要的现金大部分是由他们打工后带回去的。

我们在布朗新寨遇到三位从澜沧到南村打工的拉祜族年轻人，其中两人是亲兄弟，大的35岁，自他们20岁开始，每年都要外出两趟做工，扣除自己在外的开支，每次可以带回家里2000元左右。在他们的家乡有3亩水田，其余都是山地，家里有阿公、阿婆、父母和兄弟姊妹共7人。家乡的农业生产主要可以满足全家人的粮食消费，现金就靠兄弟两人半年在外打工。全寨32户人家中，有40多位男性在外做农业雇工。他们在主人家包吃包住，有一包烟，还可以得到40~50元的现金。

那些已经成年的年轻人，由于从小脱离农村环境并接受过义务教育，对于从事农业劳动以维持生活的生计方式已经不习惯了，他们外出打工每年可以带回家里几千元到一万元，但这么做的多半是女孩。男孩虽然多数没能给家里带来额外的现金收入，有的每次回家还要向父母要钱。但是父母们都说，他们能够养活自己已经是对家庭做贡献了。

另外，村民早期的流动很多是为了给孩子交学费，这是20世纪末到21世纪初的一个普遍现象。农村自给自足的经济现状不能提供村民供养孩子读书所需要的足够现金，所以很多家庭选择由男性季节性外出打工，来弥补家庭教育投入的现金不足。即使在现在的流动人群当中，也有一些已婚的流动者是为了赚取家里孩子读高中或者上大学的开支。

（二）劳动力季节性短缺

南村从多样的种植业转型，大面积开垦荒山荒地，发展咖啡种植业，需要大量的劳动力，这是它吸引外来农业雇工的主要原因之一。从20世纪90年代中期开始就有不断增加的外来劳动力来到南村。直到2000年后，每年的季节性农业雇工成为南村外来流动人口的主要构成。按照2010年的统计，南村村委会总共有8000多人，有资格参加选举的大约只有2600～2700人，而没有户口的流动人口有1800人，还有茶场的雇工2700人左右，剩下的就是咖啡场里的雇工和其他零星的打工者[①]。

（三）对现代化和城市化发展的向往

对于现代化发展的迷思以及城市化的想象和向往，是政府大力推动发展的意识形态基础，也是年轻一代对于美好生活的想象，二者的结合，形成对流动生计的认识基础。

---

① 南村村委会原主任PCL提供。

以城市化和现代化为导向的发展，成为许多流动的直接动因。布朗新寨的搬迁就是修建水库和电站的结果，不同时代的外来移民，也多是因为发展建设相关的工程项目导致的移民。在布朗新寨的搬迁地点的选择过程中，村民提议可以搬到原来山上的老家，那里有足够的土地，村民也熟悉当地的自然条件和土地环境，在自己的疆界范围内，也可以照顾自己的山地，只要搞好“三通一平”（通路、通电、通水和平整土地）即可。但政府没有同意，理由是“那是大山头，没有太多平整的土地，在深山老林里没有什么发展前途，交通和就学也不方便”。更重要的是，政府的指导思想是：往山上搬，很穷，要往山下搬，往小城镇中心搬，才利于进步和发展。而南村离城镇和市场近，将来有发展潜力，所以坚持让移民搬往离城镇和公路主干道较近的地方。

而年轻一代外出打工，更多是出于对于城市生活的想象和向往。多数年轻人外出是想到城市里见世面。外出打工的年轻女孩比男孩多。

（四）寻求婚姻机遇

马健雄对佤族和拉祜族妇女迁移与性别比的研究发现，内地汉族地区出生性别比的失衡，成为云南少数民族妇女外流（或被拐卖）的重要原因。大量边疆少数民族妇女的流动，使得原本性别比平衡的少数民族区域也出现婚姻挤压的问题，这些地区的男性找不到老婆，成为婚姻挤压的受害者（马健雄，2007）。而云南省的出生性别比已失调，再加上在山区，无论是拉祜族、布朗族还是哈尼族，女孩离开家乡到外地打工后都容易留在外地，使得当地的男性寻找伴侣困难，这成为这些地区一个普遍的社会问题。所以一些男孩在成年后，外出打工的一个重要目的就是寻找到可以结婚的女孩。

在南村做农业雇工的布朗族小伙子告诉我们，在他们村子就有20多个男青年没有找到媳妇，他们每年外出打工，除了给家里挣点现金，还有一个不说出来的隐性原因就是要找到一个媳妇。

> 我35岁，20岁开始在外做工（农业雇工），半年在外，半年在家。一般一个村子里的人一起出来，我们有40多个小伙子和男人在外，25个是没结婚的。我这次与弟弟（23岁）和表弟（26岁）一同出来的。在外吃得好一些（弟弟在一旁插话：我喜欢在外面跑，出去好玩。干活有钱，赚的钱交给父母）。我们老家找媳妇不容易，小姑娘在外面读读书就不回来了，她们跑到广东、湖南，有的出去嫁人。我妹妹也嫁到山东。像我们在外面打工的，也很少带回媳妇，担心带回去待不住。（澜沧拉祜族雇工）

而移民新寨原来所在的大车树村委会所辖范围，1400多人中，30岁左右的男性中就有100多个没找到媳妇。而搬迁后，似乎这个问题一下得到解决了，这两年移民新寨已经有10多个男青年与南村附近村子的女孩结婚。

（五）环境因素

外出流动的另外一个重要原因是村民在所生存的社区土地资源有限，劳动力富裕，有一部分人选择靠流动来维持生计。布朗新寨从人均10～20亩的山地，搬迁到人均只有0.7亩水田的南村，他们说一年到头除了水稻栽插和收获的季节外，常常是闲着，所以大部分家庭在咖啡收获季节会到附近的村寨中去做短期的农业雇工。同时他们也季节性地回到原来的老家管理和耕种那里还剩下的广阔的土地，来往于老家和移民新寨的季节性流动的农业耕种，成为布朗新寨村民生计的重要来源。

而来自云南其他地区的外来农业雇工，许多人的家乡的耕地贫瘠而且面积有限，如果依靠家乡的土地，全家人糊口都成问题，所以多余的劳动力季节性或常年外出打工成为缓解土地稀缺的重要途径。

四　流动者的生存状况

（一）收入和劳动待遇

1. 外出务工的年轻人

虽然外出到沿海地区打工的收入水平比在附近打工要高一些，但从个案访谈看，外出到州县城市打工的收入不见得比在当地耕种小面积的经济作物高，尤其是扣除了生活费后，外出务工的年轻人往往所剩无几，有的还要父母寄钱补贴。父母对外出打工的孩子对于家庭的贡献，也并没有寄予太高的期望，能自己养活自己就可以了，有的甚至还不够养活自己。

> 女儿工资低，300～400元一个月，但她不愿意在家，想要出去，要玩。（XCH）

从问卷调查的结果来看，外出务工人员的收入存在差距，且性别差距明显。男性每月最高收入12000元，最低也在800元左右；而女性每月最高工资3500元，最低工资则在600元左右[①]。

2. 外来流入人口

对自愿的不断流入的人来说，打工的机会是在增加的。2007年以来思小公路（昆曼公路的一段）的建设给南村带来了服务业的工作机会。思小公路穿过南村的一个寨子，修路期间很多工程队在南村安营扎寨，外来的工程队聘用了大批从云南和四川各地来

---

① 2011年问卷调研所得结果。

的打工者，他们或被编进筑路队，或做临时的小工。南村本来就有一定规模的餐饮服务业，公路建设更使南村的餐饮服务业得到空前的发展，曾有“小香港”之称，餐馆多达80多家。路修好后，仍有一些流动家庭留在南村，这与南村存在一定规模的咖啡种植和初加工分不开。咖啡种植需要劳动力，收获和加工期间更是需要密集地投入劳动力。农业雇工因此甚至举家来到南村，投靠亲戚，在村里或者地里租小屋定居，以便于务工。

正如前面提到的，南村历史上有不少从云南其他地区迁移来的人口，如从丽江宁蒗搬迁过来的，也有在茶场工作的农业工人，他们分散定居在南村的各个寨子里，在完成他们自己的农活后，就成为咖啡种植户的临时雇用的短工，都是当天来回。也有从墨江、澜沧县和红河地区来的流动人口，居住在南村的亲戚朋友家，如果是临时农业雇工，也是当天来回；如果是非农雇工，雇主往往提供午餐或晚餐；如果是长工的话，雇主会提供地里的简易房子或者雇工自己在地里搭建简易房屋。

南村农业或非农短工以天或计件的方式算工资。如果是按天计算，男性一般一天工资是50元，女性是40元。但挖地挖沟或摘咖啡、分拣咖啡豆等活，则按完成的量来计算，挖沟一米1.5元，多挖多得；摘一公斤咖啡鲜果得0.4～0.6元[①]。他们一般都是自带午饭。摘咖啡、分拣咖啡豆的工作，女性手脚比较快，也往往比男性有耐力，因此一般女性比男性摘得多，也挣得多。这时，男性会说，摘咖啡、拣咖啡这样的活，我们男人去干难为情。

原先已在当地的早期移民，如茶场的农业工人，原有的工作与第二职业是相关的，因此在第二职业中他们也是熟练的农业雇工，计件付工资对这些熟练工来说非常有利。农业雇工的务工期

① 2011年5月，访问CFX。

有较强的季节性特征，但只要有劳动投入，他们的收入是比较稳定的。村民反映，家庭往往是有了预算后才会雇工，而且邻里乡亲之间很少发生拖欠工资的事情，通常是工作告一阶段后就支付工资。

3. 水库移民

对于非自愿的水库移民来说，因移民安置点计划安置的土地没有得到落实，又由于原居住地与安置点土地资源禀赋的差异，移民在两地的收入来源存在明显差异，移民搬到安置地后收入骤降。问卷调查显示，与5年前相比，77.8%的受访者认为自己的收入较以前减少了，只有16.7%的受访者认为收入增加，而5.6%的受访者认为收入差不多。土地骤减，使得原来依靠粮食的养殖业也受到影响，原先村民种植旱地的技能因为没有土地而得不到发挥，而在老家可以种植粮食、水果和发展养殖业，生活自给有余同时还有不错的家庭收入。在安置地，家禽家畜甚至不够家庭自身的消费。来到移民点后，多数移民家庭不得不以农业雇工和打零工为生计来源。

约有60%的移民家庭迫于生计每年回到老家去耕种剩余的土地。抢在被水淹之前在原有耕地上种玉米，这不仅给一些家庭带来了满足自家消费的牲畜粮食供应，还有家庭就地把粮食卖掉，每年获得两三千元的收入。近几年，他们在原来山林地种植的柚木、咖啡和橡胶则更多是未来的收入（这些经济作物得过几年才有收成）。

然而，近200公里的路程，搭乘公共交通工具来回一趟车费就得120元，如果运输肥料和粮食需要租车，成本就更高了，这使有些家庭开始放弃回到老家耕种粮食。

搬迁到南村后，也有少数移民开始在本地寻求新的生计，有的在农贸市场租店开小卖部，为的是给刚刚结婚的儿子和儿媳寻找新的生计来源，因为年轻人不太愿意种地。另外，也有的自己探索栽培蘑菇不成功，又动员全家人每天清早在集市卖包子。但是这样在新环境中寻求多样生计的移民毕竟是少数，多数移民缺乏资本去做小生意，也没有经验和信心去开拓新的生计。

（二）水库移民户土地资源的拥有和使用

对于移民户来讲，移民搬迁带来的最大变化就是土地资源的改变和由此产生的生计方式的变化，这涉及非常复杂的经济、社会和文化等问题。

1. 对水库占用土地性质的划分

政府和移民户对于土地性质的划分有不同的观点，这导致移民对土地补偿不满。老家的土地，农民称之为轮歇地，政府则称为林地，两者的补偿标准就不同了。按照政府的规定，未利用地和河滩地都不予补偿；然而对于村民来讲，河滩地是可以季节性使用的耕地，轮歇地也是在不同年份可以耕作使用的农地。对于土地性质划分标准的不同认识，是导致村民对于土地补偿不满的主要原因。

2. 美好图景与实际状况的落差

政府在移民动员过程中，向移民户展示美好的前景。YWZ说："移民前，政府带我们来看（安置点），告诉我们，山在那里，田在那里，水在那里。"安置点的地是相对精耕细作的稻田和咖啡种植地，地方官员的美好愿望是让移民户从山上搬下来后实现从粗放经营到精耕细作的高精农业的转变。他们认为移民安置点交通便利，期待移民依托小集镇，发展高精农业，如种植咖啡、柑橘和茶叶等。官员们还认为，在这样的条件下移民户还在去与留的问题上纠结，这是农民的观念问题。

但土地面积大幅减少这个不争的事实似乎并没有在政府的考虑范畴中，更何况在移民土地资源配置的过程中不仅有行政干预，还有市场波动因素的影响，像土地这样的稀缺资源，一旦有外力的介入，价格必然飙升到农户心理难以承受的程度。而农户都习惯以静态的眼光来期待土地的落实与安置，因而错失购置土地的良机。

移民户从在老家拥有大片的旱地，转换到在安置地只能拥有少量的水田，从原先耕种旱稻、玉米及各种水果（香蕉、芒果、柚子）和经济林木（柚木、思茅松）转到种植水稻，他们的传统技能如刀耕火种的轮歇耕作方式在小片土地上无法施展；且由于过去没有耕种水田的经验，所以水田产出也相对本地人较低。因此移民户在安置地要实现精耕细作的转变特别不容易。但在移民后，移民户在南村也学会了一些新的经济作物的种植技术，并在老家广阔的山地上开发和种植新的经济作物，如橡胶、咖啡等。目前村中有许多农户开始回到老家去种植橡胶和咖啡，希望未来能有更多的收益。

虽然不少家庭回到老家耕种暂时还没有被淹掉的田地，但是远距离的季节性轮作，使成本和费用增加，收入也相应减少。由于远距离回流耕作，有的山地管理不到位，老家的剩余土地资源无法充分利用，且有土地被其他滞留户占用，被承包或外占的担心。

3. 安置地的土地配置和土地补偿存在明显问题

在安置地土地配置的过程中，政府考虑官方介入土地转移和安置的过程会使土地价格迅速上升，因此拿出50%的土地补偿款分给各户，期待移民户通过民间的交易来获取合理价格的土地。但同时政府要求移民户新造的房子要在两层以上，因此房屋造价都在20万元以上，这使得很多移民户所得的房屋补偿款和青苗补偿款全部用于造房子还不够，还得用土地补偿款将房子先造起来。但比较富裕和精明的移民户，在造房子的同时，也会考虑买地甚至为此贷款。

CYX 说："我们去年（2010 年）买了咖啡地，8000 元/亩，买了 6 亩，在信用社贷款 5 万元。是荒坡地，需要投入 1 万元/亩。大哥家买了 8 亩，11000 元/亩。"他们一家 2007 年刚搬来时买了 1.8 亩田，每亩 15000 元，集体管理费 300 元/亩，现在价格则上涨为 2 万～3 万元/亩。但大多数家庭则是等到造好房子后再买地，而这时土地价格已高昂得无从下手，而且还不断往上涨。

移民户反映，土地补偿款在 2011 年还有 50% 没有兑现。而针对 50% 未兑现的土地补偿款，思茅区政府的解释是，云南省向国务院争取到了长效补偿机制的政策优惠，为使被建设工程影响的老百姓得到长期补偿，农民以土地入股的方式，分享电力效益的收益，补助农民的未来生活。但此机制还没有具体措施和实施方案，村民看不到前景。政府为移民户的长远生计考虑，将补偿资金的 50% 分发给农户，另外的 50% 扣留资金将用于长效补偿机制。但是，补偿资金中有多少用于长效补偿机制、如何落实到移民户手里，这些都不清晰。公开补偿资金的具体数额和账目，才是减少移民的不安与焦虑的有效途径。因此政府部门需要对村民有清楚的交代。从宏观层面看，这几年建设项目较多，移民政策在不断改进和完善，因此出现前后政策落实上的不一致，有时就连政策也是不一样的。2004 年封库令下达，三批移民的政策都不一致。按照以前的政策落实的移民户，眼见后来的或者其他库区移民户享受到更完善的政策，免不了心生不满。因此，水库建设项目给移民整个生计方式带来较大影响，南村移民新村的移民生活水平和收入较以前有明显下降，移民很难满意。

4. 少数插花户移民的权益明显受到侵害

除了大部分来自大丙堆的村民外，还有 10 多户来自其他村寨的插花户落户在布朗新寨。由于应该分到户的土地补偿要原来所在村的2/3村民同意才可分，再加上土地补偿费中村集体提留的比例及其属地问题得不到原有村民小组同意，致使这10多户至今都未能获得应有的土地补偿。大车树村芒波小队有3户移民插花户。芒波插花户DXZ说："队上认为土地不属于我们每家每户，土地是村集体的，所以土地的补偿费不应该只给我们3家，所以不肯开证明，没有这个证明，移民局就不给土地补偿费。"按照土地政策，土地补偿款是给集体的，农户作为个体只能得到地面作物补偿款，但集体要帮助个人购置生产资料、获得长效补偿。移民户认为队上其他村民要分补偿款，那队上就要负责为移民户在安置点置地分地才说得过去。还有5户晚到的插花户，他们的补偿土地被先到的移民户和本地村民占用，致使他们没有基本的水田生产粮食。

5. 妇女的土地权益

妇女土地权益被侵害也是移民土地问题的一个重要方面。依照现有的移民政策，如何计算移民人口，关系到谁可以享有移民待遇和未来发展优惠。在本案例中，2008年6月以后出生的人和嫁到移民村的媳妇不算移民人口，2008年6月前嫁进来的媳妇就可以分到补偿，而上门的姑爷就不能分；嫁到外村的姑娘也没有补偿款，而嫁给本村男子的就可以有。因此，以前有土地的姑娘，与本村以外的男子结婚后就没有了土地，也不算移民人口。或许不算移民人口还能理解，但她们失去了原来属于她们的那份土地就难以理解了。这份土地，平时往往由她们的父母兄弟耕种，但移民后，出嫁的女儿能否得到一定的补偿，取决于社区尤其是家庭内部的分配；而在现有的婚姻制度和习俗中，妇女婚后的土地权利基本被原家庭的其他成员侵占成为一个普遍的现实。

6. 未搬迁的村民

大丙堆村民小组还有12户滞留户没有迁移，他们一开始就有迟疑，不愿搬迁，后来知道搬迁户补偿和土地安置落实等存在很多问题，而且由于多数人已搬走，剩余资源对这 12 户很有利，这就更坚定了他们不搬迁的决心，因此他们一直与政府处于博弈的状态。

由于 12 户的人口不到 100 人，按照政策不属于就地安置而是自行安置，这样政府就不会给他们免费提供“三通一平”的设施。按照计划，9 月水库开始蓄水，这些滞留户必须搬迁到更高的山地，但是在 5 月的时候，他们尚未在要搬迁到的高地上建房，心里也充满了焦躁和不安。地方政府为了尽快让他们搬迁，正在驻点做滞留户的工作，他们或许也会做出妥协。但是各方意见很难统一，滞留户希望村里搬走的移民户将山上的老宅基地留给他们用。但已搬走的移民由于经常回到老家耕作土地，希望政府在实施“三通一平”计划时可以通盘考虑他们的老宅基地，这样他们回老家种地时，老房子还可以有电、有水，住起来也舒坦一点。

但滞留户对移民户设想的这一方案并不接受，摆出一副“别来占我们便宜”的架势。移民户则认为滞留户实际是在觊觎搬迁后他们留在老家的土地，滞留户不希望他们回老家轮作种地。移民户和滞留户本来可以相互支持，现在却走向互不信任和相互拆台。

7. 置换国有林地的问题

移民户希望拿老家的林地换南村附近的国有林地。移民驻点干部说，政府原先也考虑用国有林地来置换淹没的林地，但由于水库占地补偿费与征地修路补偿费比较，或即使与南村征地用来配置移民户的耕地补偿费相比，大丙堆的补偿费也要高得多，更何况它处于偏僻的山区。所以当时移民宁愿要征地补偿款，也不要置换的林地。

根据在移民村蹲点的干部的说法，荒山可以开垦，但林地不可以开垦为山地，所以即使置换，也不可以开荒。再有，国有林地也不能一小片一小片分散在各地，必须是连片的。另外，南村附近也没有和移民老家面积一样的林地可以置换。因此，移民户和政府之间就国有林地的置换没有达成一致的意见。

（三）社会保障和公共服务的获得及利用

外出打工者的家人的叙述和外出打工者对过去外出情况的回顾描述，反映多数打工者（78.9%）没有签订劳动合同，雇主也没有为他们上社保，有社保的只是购买单项的意外伤害险。其原因一是由于农村户籍的流动人口在外出务工过程中，所从事的多是建筑、餐饮服务、制造业等工作，属非正规就业的占多数（即使是在正规企业，企业为减少成本，也不会为全部的员工都上保险）；二是由于在现有社保体系中养老保险等并不能跨省跨地区转移，户籍不在当地的员工也并不愿意投钱到无望的社保。

总的来说，目前的农村合作医疗制度还是以户籍为基础的，外出打工人员不一定能及时到合作医疗指定范围内的医院看病，在外地所支付的医疗费用，只有回到老家才能部分报销。这大大限制了他们的医疗和健康保障。南村水库移民虽然可以享受国家的新型农村合作医疗，但由于移民户的户口还在老家，他们的报销都必须回到思茅港镇去办。

过去20年里，流动人口的子女在城市或非户籍地上学存在很大的障碍，其中不仅包括借读费等费用的增加，还包括在公立学校受歧视和排挤，所以在大城市，即使教学质量和设备都不如公立学校，流动人口还是选择把小孩送到由流动人口自己创办的学校。近几年来随着公立学校借读费的取消，流动儿童入学又多了一些选择。通过相关政府部门的协调，南村布朗新寨移民家庭虽然户口还未迁到南村，小孩的就学问题在安置点就已得到了妥善解决。移民普遍反映，小孩上学方便多了，而且南村小学的条件和师资较老家更好。交通和教育的便利是政府动员移民搬迁时的宣传重点，也是移民同意搬迁的主要因素。

五　流动前后的变化

（一）流动带来家庭内部关系的变化

1. 性别和代际劳动分工

外出务工人群中存在明显的性别和代际差异。在南村种植多样经济作物的家庭，家庭内部的劳动力供不应求，有田有地的家庭中已婚男女外出务工的已经很少了。进城从事服务业的主要是年轻的初、高中毕业生，尤其是女孩多。她们多在餐馆和美容美发店打工，且出去后在外面结婚的较多。

在劳动分工上，总的来说，男人做重活、女人做轻活的“规则”没有改变。男子依然负责犁田、犁地和耙田以及深翻和挖地种植咖啡，也做建筑小工，干挑沙灰等重体力劳动，而除草、栽秧、收割等劳动大多数由妇女完成。

但也有一些变化在农业雇工上有所体现，比如摘咖啡、摘茶叶等活计，过去多是妇女的工作，现在在收购价格高扬的情况下，做这些工作的男性也增加了。然而他们和年轻人一样仍然感到这些是计件活，他们摘得少，收入比女人少，还是不情愿去做这类计件活。另外，过去种菜和卖菜基本是妇女的活，而现在在移民新村，越来越多的男性参与其中。虽然如建房、修小路、砍树等活主要是男性做，但也有女性参与此类劳动非关键部分的工作。

雇工的工资有性别的区分，男性每天的工资是 50 元，而女性每天大约是 40 元。在本地做建筑小工的男性，一天可以挣到 60 ~ 80 元。

回流到老家的季节性轮作有明显的性别和代际特征。如果孩子大了或者小孩子有老人帮助照看（尤其有奶奶照看的），往往是夫妇一同季节性地回到老家去耕种那里的土地。虽然村民认为女性容易晕车，平时不太往外跑，但实际上回老家做活时两口子一起去的情况较多，女的回到老家就愿意住下，可以较长时间蹲点看守和管理地里作物。如CFX家，“妻子一年大约3~3.5个月要去老家耕作，一年去两次，种收各一次。种好铲好地就回来，收的时候再去。女儿也摘咖啡1个月，忙的时候母女俩轮换，橡胶的管理主要是女儿和女婿的事”。如果小孩无老人照看，家庭主妇就离不开了，那么就只能是男性前往老家耕作。

2. 家庭消费的变化

移民户在老家有丰富的土地和山林资源，生产各类家庭消费的作物、家禽家畜，品种非常多样，但在南村移民户除了能够种植水稻外，基本的日常食品都要用现金购买，生活开支骤增，营养水平却不见得提高。

YWZ说：“我们老家什么都种得出来，有芒果、香蕉、苞谷、柚子、大树芭蕉……吃是不用愁的，一年要吃四五头猪呢。在老家只需买大米和盐巴。到了南村，吃的东西多数都得买了。”这位受访者提供的五口之家一个月主要支出如下：摩托车汽油费150元；烟3条200元；肉600元；4个手机充值费200元；卡车汽油费500~600元。在消费中，除了手机和肉外，其他支出主要是由男性消费和使用。为了方便回老家种地，移民户中共有10多家购买了皮卡车，还有一些家庭拥有拖拉机、摩托车等，但妇女很少掌控和使用这些交通工具。因为按照当地的习惯，这些机械、交通工具基本上是由男性所使用和掌控的。

（二）社区归属和相互关系

南村的流动形式是非常多样的，因为它既是一个流入地，也是一个流出地，但主要是前者。作为流入地，南村存在老寨子村民与移民的融合问题，也存在移民寨子内大多数移民户与少数插花户的融合问题。

1. 社区归属和融合

虽然在调查中，移民户表示没有出现与当地人非常激烈的冲突，但是依然存在一些矛盾，具体表现在用水、用路等方面。移民户反映，移民的水田灌溉渠上游的水经常被南村本地村民拦住，致使他们的水田得不到及时灌溉；另外也存在老寨子村民排挤和歧视移民户的情况，有些年轻人还会骂布朗新寨的村民是“烂移民”。其中的原因除了欺生外，还有土地补偿差异引起的当地人心理的不平衡。南村老寨子如茶树林的土地被政府征用，用于移民新寨的安置，给老寨子村民的水田的补偿费是每亩16500元，而200公里以外的移民老家的土地补偿费大大高于在安置点征用的土地补偿费，如水田为27344元/亩，旱地为14176元/亩。所以南村老寨子的村民认为政府给他们的土地补偿费没有达到市场的价格，在政府的干预下，是他们在部分补偿移民户，他们说：“我们卖田和地给政府，政府又给你们，但我们没有卖路。”所以，也存在老寨子的村民将通往水田的路种上咖啡的现象。其实，他们是用这样的方法表达对于土地补偿差异的不满。

除了在南村安置点不同群体间存在欺生、大群体对小群体的强占和排斥外，移民新寨原有社区随着移民搬迁，村民间的关系也发生了微妙的变化。

（1）插花户与原来村寨之间的关系。在原有村寨，他们的住房往往离寨子的中心有3～4公里，在社会关系上比较弱。当他们的土地被征用和补偿时，土地补偿款成为原来所在村庄大多数村民的觊觎对象。以土地是集体所有为名，村民集体拒绝签字将补偿资金发放给移民户。

（2）插花户和多数移民户之间的关系。在移民新寨中，由于插花户的安置滞后，分配给他们的水田被先到者占用，土地落实遥遥无期，他们在老家和新寨都受到排挤。因绝大多数移民户来自同一个寨子，移民新寨用喇叭通知大家开会时，他们觉得去也不是，不去也不是，不知道自己属于哪里。另外从访谈中我们得知，不少情况下，开会时插花户妇女们站得远远的，就听听讨论的内容是否与自己有关。如果在基层政府没有特别关注到插花户的利益和声音，他们可能会在新的居住地再次被边缘化。

（3）移民搬迁户和未搬迁的滞留户的关系。大丙堆村大多数家庭移民到南村，成为“外迁集中安置的移民”。老寨子里目前有12户人家还没有搬迁，成为“自行安置的移民”。但“外迁集中安置的移民”的多数土地还在老家。滞留的“自行安置的移民”和“外迁集中安置的移民”在老家土地与宅基地的社区设施规划和管理上存在很微妙的关系。“外迁集中安置的移民”担心他们在老家的剩余资源会被逐渐侵蚀；“自行安置的移民”则考虑因滞留老家不外迁而得不到政府支持，在焦虑不安中也在期望如何实现利益最大化。如果双方能够沟通与合作，会出现双赢；如果不合作，则在资源的使用和未来管理的利益上将面临双输。

搬迁至移民新村的村民普遍认为，搬迁以后，移民户村民之间的关系比以前散，一方面是由于大丙堆一个村子的移民搬迁被分到几个地方安置：大丙堆原来有105户人家（有一部分是户口在，但人长期不在），有66户搬到南村，12户没有搬出，其他的农户分散到另外两个地方。村民分散了，联系也少了，想法各有不同。

另一方面，不同的农户对于如何算“移民人口”的标准意见不统一，这使得移民户之间关系紧张。开始说常年在外打工的人不算移民人口，但有人提出他们虽然常年在外但没有固定的职业和社会福利，今后回到村里没有地无法生活，这样他们才被算作移民人口。而能否有资格成为移民人口主要关系到移民后期扶持政策中能够获得多少政府帮助，所以对村民来说格外重要。

另外在移民人口的计算中，最为复杂的是如何对待已出嫁的妇女，她们在大丙堆有土地，有的户口也没有迁走，但土地属于娘家父母和兄弟姐妹。她们虽已出嫁，但在丈夫家没有地。还有的虽然“嫁”了，但未登记结婚，户口还在，但也不能算移民人口。从这个意义上来说，无论在哪一个群体中，她们的利益是格外缺乏保护的。

2. 换工与雇工

传统上，中国农村尤其是少数民族社区都有换工互助的习俗，这是季节性调剂家庭和社区劳动力不足的有效方式。家里需要劳力时，如起房盖屋，村民要相互帮忙，只要大家能够做的活计就不花钱；但产生经济效益的劳动，就得雇工。CFX 说：“8 亩地需 16 个工，用锄头挖地是男人做，用甩刀的是男人，咖啡地男人（做）一半、女人（做）一半，（雇工）主要从昭通、墨江、江川等地（来的），多数是男女一起来。”

随着人员的流动、商品和劳动交换的活跃，换工的习俗出现了微妙的变化，劳作中逐渐出现了部分雇工甚至被雇工替代的趋势。根据村民的描述，村中一直就有换工现象，现在也还换工，但雇工现象的出现只有近十年的时间，是 2000 年前后开始的。那时，村民盖瓦房，有技术的四川人到这里做瓦工，开工钱的习惯就带进来了，而以前盖木结构和泥结构的房子时都是村民相互帮忙。一般认为，在家庭人员外出务工，劳动力缺乏，无法实现换工的情况下，村民就会请工。一些研究者也观察到，作物的性质与解决劳动力短缺的方式有一定的相关关系：在自给自足的作物生产中，村民趋向于换工，而在经济作物的耕种中，村民会选择请工。在南村，自从流行盖瓦房后，外面的人流入从事本村人传统上不擅长的工种，而请外面的人做工就必须付工钱，由此逐渐形成了本地人相互请工和付工钱的习惯。

但在传统节日和婚丧喜事中，村民几乎是全家出动去给有事的家庭帮忙。这时整个村的人会忙上两三天。笔者在南村移民新寨调研期间，CYX 的孙子正好满周岁办宴，全村人帮忙，妇女负责厨房的工作，男人负责桌子的安排、端菜端盘。可以说，节日和婚丧喜事的宴请是保存全村集体合作、相互帮助的最为完整的场域。

3. 制度和社会支持

当村民真正遇到困难时，仍然主要求助于亲友。如借钱要看派何用场，短期的，就向亲戚借，长期的就相互拼借；如果是大额的借款，如买车买地，就要贷款，贷款要担保，看是否有财产做担保。大事还得找政府，个人和亲戚解决不了。涉及移民补偿和土地落实等重大的与政府有关的事项，村民会先找村干部反映情况。如果是移民户共同的问题，他们也会组织起来，到思茅港镇移民局甚至到区移民局反映情况。在土地补偿和落实、移民人口的确定等问题上，村民在老家所在的思茅港镇和安置地所在的南屏镇两个地方都提上了村民的书面意见，口头的反映就更多了。

在调研期间的一个晚上，布朗新寨的村民开会讨论他们现在所面临的土地问题。所有来开会的都是男性，有一两个妇女在外围的拖拉机后面听会。组长和副组长传达他们与林业局沟通有关村民非法开垦国有林地的情况，他们也向政府反映了村民没有地所产生的生活困难状况。村民认为，他们的生活越来越走下坡路，自己可以马马虎虎地过一辈子，但后代需要土地。开垦国有林地是不对的，但去开垦的原因大家都清楚，没有其他地方可发展，从 2004 年开始经济也停滞了 7 年。从村民的角度说，开垦国有林地是作为要求政府解决他们的问题的一种筹码，国家占用他们的地搞建设，他们开垦一点国有林地过日子，也没有什么大不了的。

那些多占地的村民认为，这些田地是移民局买了分给移民户的，移民局欠我的钱，我占政府的地，理不亏。村里拿一份要求政府尽快解决土地和移民补偿的提议方案，让所有的村民签字，第二天要送到政府部门。在方案中，村民提出明确的诉求："我们也是国家的公民。"

如上面所述，虽然移民社区的居民是受建设项目影响的群体，但在事情发生的时候，群体内的权力分层一目了然。移民社区中边缘家庭的移民补偿权益被明目张胆地侵夺，不仅在原有的社区如此，在搬迁后的新社区也是如此。他们边缘化的地位随着迁移在搬迁后的社群内被复制，而不是随着环境和关系的变化而得到改变。

虽然大丙堆的大多数村民已经移民到南村，但他们的户口、新农合、选举等权利都还在老家的乡镇，在村委会改选的时候，移民在外的家庭为了在老家保有土地及山林利益，都很积极地自己出路费回去参加选举，并把一个滞留家庭的男主人选为村支书。但已搬迁的村民现在认为滞留的村民不仅不能为大丙堆的人争取利益，还开始为自己的利益而阻挠对搬迁出去的村民有利的一些项目，如关于通水通电的设施，而这些设施对滞留的村民也有利。

4. 民族身份与文化：认同、归属感与评价

布朗族是山地民族，新中国成立以后，少数民族的生产生活、宗教文化受到汉族的深刻影响，布朗族的文化在大丙堆没有得到很好的传承。村民们认为自己本民族与其他民族最为重要的不同是语言，但是，现在50岁以下会说布朗话的村民很少。而另一个民族文化符号是服饰，中年村民回忆，小时候穿过民族服装，但现在不仅平时已经不穿布朗族服装，即使是传统节假日或结婚时也都不穿。他们认为现在穿民族服装不仅不方便和不习惯，而且也

会被人笑话。布朗族长辈们过去很少出门，在未搬迁以前，50～60岁的村民，一年四季连思茅都不会去。相比其他民族，布朗族是一个不爱流动的民族。虽然搬迁了，但这个民族热情好客的特点没有改变，他们仍然喜欢有客人来家玩。

关于民族身份认同在移民村仍然是一个非常混乱的问题，村民对自己村子原来是什么民族有多种说法。村支书认为他们以前是布朗族，后改成汉族，但后来还是改回到布朗族。“也有汉族改成我们这个民族的，占布朗族的便宜。”但是村支书的胞弟则认为，“我们原来是彝族，后来（从）彝族改成布朗族，因为布朗族是小少民族，（国家）有更多的政策优惠。（我们）心理上认为自己是彝族，但从追求福利的角度，我们愿意被认为是布朗族”。也有村民认为“（我们）原来是汉族，2007年改布朗族，真正的布朗族只有4家。原来的老家那里有2/5是布朗族”。

对民族文化认同的另一重要体现，是对于祖先的尊重与祭拜。移民新寨老百姓认为自己老家的地被国家拿走搞建设了，在安置地没有分得地和山林，但老人走了要土葬，国有林地不让埋，自己又没有山地，结果还是得埋在国有林地。他们一般在清明时还是回去，水会淹到祖先的坟，所以死去的老人和祖先的坟需要迁往水淹不到的高处。对祖先的尊重是移民每年清明都回到老家祭拜的重要原因。

移民文化方面的体现更多反映在对故土的留恋，移民户把大丙堆描绘成瓜果飘香和猪牛富足的地方，移民户对故乡的美好描述使得笔者忍不住安排时间去他们的故乡做了快速考察。根据移民蹲点干部的说法，大丙堆并不像移民户所描述的那么富足。在千村扶贫思路下，大丙堆曾有两年大规模的猪牛羊养殖的辉煌期，但2005年开始养猪的效益下降，不少人觉得养猪不如外出打工。对故乡的美化描述当然带有移民对故土的美好感情和回忆。金窝银窝不如自己家的狗窝，是中国人传统的观念。很显然，其他地方的富足不是这些移民搬迁的理所当然的理由。

六　讨论

追寻南村流动的简单历史，笔者发现流动生计不是在当下才出现，早在几十年前，为了追求更好的生计空间与资源，或躲避疾病的侵袭，少数民族村民就曾有通过流动而获得新的生计的经历。只是那个时候的流动，断断续续、反反复复来往于两地，只是为获得更加宽广的土地与资源。在传统上虽然他们的生计与流动密切相关（如轮耕），但在过去的流动中他们仍固守土地，没有脱离农业耕种的生计方式。

在现代化发展的背景下，南村不同的群体因寻找生计而流动，他们的流动已跨越原有的地域与文化背景，包括地理与空间、资本与资源、社会与文化。在各种因素下形成的流动将持续地影响他们的日常生活与文化、社区的重新建构与人群关系的再造。流动生计背后的推力综合了国家和区域的快速经济发展需求、追求现代化和城市化的发展理念，也承载着家庭和个人追求美好生活的梦想。随着流动方式多样化，一些年轻人的流动已不再固守土地，超越了村民世代耕种土地的生活和生产方式。新的流动生计的方式在社区和家庭层面都变得较以前多样，这种多样性使得村民农民身份的单一性被打破，他们既可耕种自家土地，也可能成为耕种他人土地的雇工。

咖啡种植产业化和规模化的发展，使得南村的劳动力不能满足短期密集的高负荷农业劳动，由此出现了大规模的农业雇工。家乡农业的低价值和负成本，以及山区农业生计无法自给自足的特点，使得村民需要外出打工才能维持家庭的全部现金需要。对于他们来讲，家中有人管理土地，能够维持全家人食品消费的自给自足，同时也需要其他家庭成员外出打工，以挣得家庭所需的现金，这是比较理想的家庭生计策略。

作为跨越传统农业生计的流动个体，能否在流动过程中获得稳定和持续的生计，取决于他们的能动性。主动流动的雇工或在城里打工的年轻人，他们的能动性主要表现在工作确定过程中的“去”与“留”，雇主的善待表现在提供各种工作条件和待遇。而能动性表现的另一个方面，就是他们依靠亲缘、同伴的关系和纽带等社会资本解决流动中的各种难题，包括介绍新的工作、暂时借款度过经济困难期、辗转过程中的借宿，或者集体辞职对抗雇主相待的不公平。脱离了农业并在城市服务行业、建筑业和制造业中谋生的村民，他们的流动生计跨越了过往的许多边界，这些边界包含空间和地理、社会、资源。然而，流入城市寻求生计并未改变他们“农村人”的社会身份，他们不仅没有获得和城市人同等的社会保障的待遇，还有着与农村剪不断的千丝万缕的联系，这些联系不仅是地缘和亲缘的，更是心理和文化上的身份归属和有关未来人生设想的。

因为国家建设而搬迁的水库移民户，则更强调与广阔土地和山林的关系，因为那不仅仅是他们拥有的资源，更是与之密切相连的生计和一整套由生到死的文化。远距离的移民动迁，迫使他们改变和重新认同空间、地理和社会边界，他们不得不放弃世代生活的土地，在新的地方重新熟悉并构建认同新的疆界和被认同。在迁移跨越了物理边界后，政府设想的粗放经营到精耕细作的转变也已经实现，因此政府官员认为人均0.7亩的水田能保证一家的粮食供应，即使在旱地还没有落实到户的情况下，他们仍然遐想移民户能够像当地村民那样在咖啡地上每亩收获上万元的现金，也没有考虑到轮作农业转向固定的小块土地精耕细作中，移民户的技能是否适应和如何适应。

建设项目带来的移民搬迁使移民多年积累的社会关系被打散，而在新社区的融入和重建关系并不容易；更为直接的是，移民在流动过程中迅速将生产性资产如土地、长期作物等转化为消费性资产如房子、汽车等，虽然居住和流动条件看上去比以前有大的改进，但生计的持续性却被严重削弱。那些没有得到补偿款和土地的弱势家庭和群体如插花户尤其如此。从外表看，他们的房子跟其他家庭没有多少差别，但他们搬迁后往往就只剩下这个“空壳”般的新房子和债务了。虽然妇女是房子最主要的使用者，但房子是从夫居婚姻文化的重要平台，尤其是在农村。虽然不少少数民族并不是一边倒地从夫居，但在汉族文化的影响下，婚居形式也基本汉化了。因此从土地转化到房产和交通工具的过程中，女人失去了更多的资产控制权。

另外，对于外嫁的妇女来说，因为土地承包30年不变，她们在娘家分得的土地在出嫁后得以保留，但土地实际是在父母或兄弟的管理和控制之下。在迁移的过程中，她们名下土地的补偿所得，则取决于社区和父母兄弟的“客气”程度——“客气”一点，或许会分一点补偿款给她们，不客气的话就没有。通过移民人口的划分，她们就永远地与老家的土地“清算”了。当然，被动的水库移民不会坐以待毙，他们搬迁到南村后积极地寻找新的生计以弥补在新环境中家庭收入的不足，包括寻找和尝试新的作物，将安置点的种植品种引种到老家广阔的山地上（如咖啡和橡胶），开拓非农创业的机会。当南村的耕地被当地小工厂污染，他们也积极地抗争以获得赔偿，并持续不断地用各种方法向各级政府、移民局、水库施工方反映没有兑现的利益，反映形式包括书面报告、会议口头反映等。

本案例进一步揭示，布朗族在流动中常常处于边缘化的境地，在身份认同上也常常处于模糊状态；他们会根据当时的外界条件，模仿、攀附、选择更易于生存的身份，以获得更多物质、政治、社会文化上的好处。然而，在文化习俗和语言上，在现代化发展的大背景下，当前社会对于民族文化保护和传承的认识不足，汉化的过程无可阻挡。不同民族的流动、混居和通婚使得少数民族语言、服饰等文化被逐步同化，失去了坚守自己民族与文化边界的能力，民族的区分仅仅剩下符号意义。

参考文献

马健雄，2004，《性别比、婚姻挤压与妇女迁移》，《广西民族学院学报》第6期。

第六章　召村流动生计调研报告

吴　璟

一　背景介绍

（一）调研背景、目的及方法概述

召村是一个傣族聚居村，从近十年来看，其流动人口比例和规模与全村的人口相比比较小，与其他生计活动相比，流动生计对村民家庭收入的增加和生活改善的贡献较小。此次调研选择召村作为调研对象，是基于召村的“少流动”状况与其他三个案例村进行比较的需要。

在实地调研过程中，课题组成员主要采用了问卷调查、入户访谈、关键信息人访谈以及焦点组讨论等方式。其中发放问卷共54份，访谈户数占全村家庭户数的29%。在进行问卷调查过程中，调查人员有意识地选择不同年龄段和性别、有外出打工经历和没有外出打工经历的人进行访谈，受访的54人中，男性19名，女性35名；在入户访谈过程中，调查人员共选择了17名村民进行访谈，其中包括村委会干部、自然村的妇女小组组长、村会计等，还有最早教村民做手工纸的师傅、傣医、有外出务工或外出做生意经历的本村居民、外来的小学老师、收茶的外省人、因与召村姑娘结婚而留在村寨的外来居民等；群体主题讨论分为老人组、妇女组和男子组，讨论主要围绕村民的生计活动以及召村的历史展开。

（二）调研点简介

召村所属村委会隶属于云南省勐海县勐混镇，距镇政府所在地7公里。召村到村委会的道路均为水泥路面，交通十分便利。整个村有农户1003户，其中农业人口总数为4636，劳动力3385人，劳动力中从事农业的人数为3328，外出务工的人数为57，后者仅占全村人口总数的1.23%。

召村所属的行政村共有耕地面积6378亩（其中水田5767亩，旱地611亩），人均耕地1.37亩，主要种植水稻、甘蔗、茶叶等作物；拥有林地12500亩，其中经济林果地4772.5亩，主要种植沙松、橘子、板栗等经济林果；水面面积229.3亩，均用来发展养殖[①]。该村主要产业为种植业和养殖业，农产品主要在县内销售。2012年召村主产业销售收入为948.46万元[②]，占全村总收入的21.94%。该村目前正在发展柑橘、稻田养鱼、亚麻和蔬菜产业。2012年，农民人均纯收入为6140元[③]。

召村是其所属行政村村委会所辖15个村民小组中最大的一个，地势较为平坦，处在镇政府和村委会所在地的中心位置，距镇中心3公里，距村委会6公里。村寨总面积为4660亩，有耕地2564亩，其中水田1381亩，旱地410亩，林地2000亩[④]。主要居民是傣族，有186户农户，总人口为959，其中劳动力657；2012年，整个村民小组总收入845万元[⑤]。

---

① 资料来源：http：//www.62kbwwww.ynszxc.gov.cn/S1/S1057/S1072/S1078/S157152/#。

② 资料来源：http：//www.62kbwwww.ynszxc.gov.cn/S1/S1057/S1072/S1078/S157152/#。

③ 资料来源：http：//www.62kbwwww.ynszxc.gov.cn/S1/S1057/S1072/S1078/S157152/#。

④ 资料来源：http：//www.ynszxc.gov.cn/szxc/villagePage/vindex.aspx？departmentid = 157204&classid = 1623377。

⑤ 资料来源：http：//www.ynszxc.gov.cn/szxc/villagePage/vindex.aspx？departmentid = 157204&classid = 1623377。

二　社区流动的类型及状况

（一）召村流动的历史、阶段特点

据村民介绍，召村的傣族从建村之时就世代居住于此，村寨流动的历史离不开傣族的迁徙与流动史。傣族是一个历史悠久的民族，早在公元1世纪时史籍中就有关于他们的记载。傣族是古代濮人的后裔，属于百越的一支，原来住在江汉平原的西部，春秋战国时期百越被楚国灭后一部分人逃到了广西，还有一部分人逃到了现在的贵州与云南。逃到云南的濮人后来建立了滇越国，而逃到广西的濮人后来为反抗秦王朝的压迫，其中又有一部分人离开广西，经越南北部向西，迁移到了云南南部和老挝北部、缅甸东北部。迁到云南南部的濮人与滇越人合并，成为今天傣族的先人①。

纵观傣族的发展史，长距离大规模迁徙均与战乱或自然灾害有紧密的关系。在其迁徙的过程中，傣族的先人为了躲避频繁的战乱，找寻具有丰富水源的土地，往往沿着大江大河向南进行流动，这是傣族迁徙历史上的一个重要特征。傣族的许多历史传说也讲述当人们想要迁徙的时候，总是沿着大河去寻找和开拓新的沃土。傣族有句古语说：“没有一条河流，你不能建立一个国家；没有森林和群山的山脚，你就不能建一个村寨。”（郑晓云，2006）鉴于此，当傣族建立一个新的村寨时，其最理想的居住地就是背靠群山，前面是一片平坦土地或山脚的地方。傣族在茫乃（今景洪）定居后，逐渐安定下来。

笔者没有看到详细的历史记载，但据召村村委会的干部和勐海县文化局的工作人员介绍，召村距今已经有1300年的历史。从时间上推断，召村建寨应该是在盛唐时期即武则天当政和李隆基掌权之间，在勐泐建国之后。“召村”傣语的意思是萌芽寨，传说当年释迦

① 《傣族简史》，中国书画网，http：//www.minzu56.net/dzu/ls/4916.html，2012年4月1日。

牟尼外出时经过此地，在此丢下一根牙签，后来发芽生长，故取名如此。从村的名字上来看，应该是指傣族在此建村定居后繁衍后代。

经过不断的迁移，傣族开始广泛定居在云南南部—云南西南部—缅甸北部—老挝北部的广大地区，形成了今天跨国而居的北部傣族和南部傣族。在我国境内居住的是北部傣族，主要集中分布在澜沧江流域、怒江流域、元江流域、金沙江流域及其次区域等广袤的河谷平坝地区，继续向南迁徙的傣族就进入了缅甸、泰国和老挝，形成了南部傣族，这种分布状况是历史迁徙的结果（郑晓云，2006）。居住在中国境内的傣族总人口为110万，信仰南传上座部佛教。因为语言上的相通，地域上的山水相连，如今在民俗文化活动、经济贸易往来等方面北部傣族仍与南部傣族保持紧密的联系。自定居以来，除了在民国后期和20世纪60年代中后期因为“文化大革命”少部分人南迁进入缅甸、泰国和老挝以外①，很少有文献显示在勐海坝居住的傣族再有大规模、长距离的迁徙活动。

傣族人因其所处的通内联外的特殊地理位置，与中国和东南亚国家保持着密切的经济文化交流。历史上，从景洪到勐海经打洛出境一线就是中原与东南亚国家通商的必经道路和货物集散地。现如今，召村村民也在利用便捷的交通、相似的语言和民俗与缅甸的傣族进行以货易货的交易。

（二）召村村民的流动状况描述

召村村民对于流动的理解是不在村里居住、长时间在外打工，并从事非农业劳动。从这个意义上说，村里外出流动的人数相对人口总数而言，只是一个非常小的数量，因此村干部以及村民都认为召村是非常稳定的，村民基本没有流动的。但根据我们调查所了解到的信息，召村村民的流动仍可总结和归纳如下（见表6-1）。

① 《傣族简史》，中国书画网，http://www.minzu56.net/dzu/ls/4916.html。

表 6-1　召村问卷调查基本情况总览

受访者年龄	受访人数		完成九年义务教育人数	仅完成小学教育人数	未完成小学教育人数	长期外出的家庭数
20 岁以下	男	1		1		
	女	3	3			1
20～29 岁	男	2	1	1		
	女	6	1	5		3
30～39 岁	男	2	1		1	1
	女	6		3	3	4
40～49 岁	男	4		3	1	2
	女	10		9	1	2
50～59 岁	男	8	1	3	4	6
	女	7	1	2	4	4
60 岁及以上	男	2		1	1	
	女	3		1	2	
总计		54	8	29	17	23

数据来源：根据在召村调查的 54 份问卷统计得出。

从 54 份问卷的信息统计可以看出，在所有受访家庭中，如果不将每天往返于村寨和镇中心的日常流动家庭计入在内，那么有 23 户受访家庭中有成员外出流动的情况，占全部调查户数的 42.6%。在 23 户有成员外出的家庭中，受访者本人在外流动的时间最短的只有半个月，最长的是九个月；而受访家庭中成员在外时间最短的是一个月，最长的则有三年。在有流动人员的 23 户家庭中，流动与做生意（包含茶叶生意、大米生意、开沙厂、收售二手拖拉机）有关的家庭有 9 户，在 23 个家庭中约占 39%；流动与民俗歌舞表演相关的有 11 户，占 47.8%；流动与建筑有关的有 4 户，占 17%；有 1 户提到打瓦。流动生计并非一个家庭中只有一种模式，有的家庭有成员外出跳舞，同时也有成员在外做生意，但一个家庭中同时有两个成员外出并选择两种以上不同流动生计模式的家庭数并不多。而在 23 个受访的有外出流动的家庭中，仅有 1 户有成员外出到过省外，其余的多是到景洪和勐海的省内流动，他们基本上没有离开过傣族聚居的地区。

综合问卷、入户访谈以及主题讨论的信息，笔者对召村的流动状况进行了如下归纳（见表6-2）。

表6-2　召村村民流动状况与流动特征概览

流动类型	流动的群体	流动地点	流动频率	流动形式	流动时间	流动生计
流出	未婚女孩(18~20岁)	广西、西藏、陕西、山西、云南的景洪及广东的深圳	一年大约3到5次，有时外面的邀请多，外出的次数相应就多一些	受人邀请	一般每次7到8天，最长的有3年，但少	民族舞蹈表演
	到婚嫁年龄的女孩(21~29岁)	云南的楚雄、昆明、思茅、勐海、景洪	很少，一年最多一次	嫁到外地，在外面工作	长期在外	做茶叶生意，或其他非农工作
	未婚男孩(20岁左右)	云南的景洪	很少，一年中最多一次	同村人邀约，或在景洪有亲戚	最长待了2个星期	餐厅服务员
	中年已婚男子(36到50岁)	云南的勐遮、景洪、小勐腊、景洪、勐海、昆明，缅甸大勐龙	经常，每年有6次左右，去唱章哈的次数多	受人邀请	每次3到5天	唱章哈*
来回流动	中年已婚男子(36到55岁)	云南的勐遮、打洛、景洪、小勐腊，缅甸的大勐龙	每年最多2次，但每次的时间会很长	工程项目承包	3到9个月	民俗建筑工程
	中年已婚男子(36到55岁)	缅甸边境	经常，6次左右，主要是在每年的5月到9月	从事二手农具和车辆的收购与出售	农闲时节	收售二手拖拉机、农用车和摩托车
	55岁以上男子(只有1人)	老挝	每年2到3次	经人介绍	往返于老挝和附近的村寨	收购手工纸原料
	55岁以上的女子	附近山林	每年20次以上	自发	每年的3月到10月	采茶
	男青年(20到35岁)	附近山区的布朗村寨、爱尼村寨	每年3到5次	同族邀请，或亲戚介绍	每年2到3个月，一般都不在外住宿	打瓦，在建筑行业打工
		云南的勐混镇、勐海县	每天1到2次	自发	常年往返于村寨与镇、县之间	做生意，购买日用品
	中青年夫妻(30到55岁)(有3到5对)	云南的勐海县、勐遮	每周2次	以收谷子和卖大米为生计	收获季节	收谷子，卖大米

续表

流动类型	流动的群体	流动地点	流动频率	流动形式	流动时间	流动生计
流入	夫妻（30 到 50 岁）（有 5 对）	来自湖南农村	常年住村寨	亲戚介绍	时间长的来了已经有六七年	收购鲜茶叶，进行茶叶初制
	因娶了本村姑娘而留在当地的汉族人（30 到 50 岁）（七八名）	来自四川、云南的云县等	每年有 8 个月住在村寨中	经人介绍	时间长的来了有五六年	做小生意，如开饭馆、诊所进药
	教师 2 人	勐混镇	每星期往返	工作分配	3 年	教书

注：表中信息是根据问卷调查和入户访谈信息汇总归纳。

* 章哈又称“赞哈”，是傣族传统的曲艺唱曲形式，流传于云南省南部边陲的西双版纳傣族自治州及普洱市江城、孟连、景谷等地傣族村寨，与傣族毗邻而居的布朗族中也有传唱。章哈既是歌手称谓，也是作为曲艺表演形式的曲种名称。

（三）召村村民流动的特点

1. 流动人群的规模小，且流动范围较小

召村村寨总人口 959 人，虽然在问卷调查和入户访谈中发现每户或多或少有成员外出流动，但从流动的人数来看，除外嫁的妇女，有长期在外流动经历的人仅占全寨总人口的 10% ~ 15%。村民的流动范围基本是以勐海坝为中心、半径为 50 公里左右的地域内，去得最多的流动地是景洪，其次是布朗山、勐龙、勐腊和勐宋；除了在外面读书和村子组织的旅游以外，寨子里的人到昆明甚至省外的都屈指可数（见表 6－3）。

表 6－3　召村村民外出的情况统计

外出情况	户数	占比（%）
更　多	1	1.9
更　少	52	98.1
合　计	53	100

数据来源：根据 54 份问卷的相关信息整理。

表6-3所反映的是54户受访家庭对本村居民外出的看法，他们中的绝大多数人认为近年来召村外出的人越来越少，即便是前些年外出的人也早就回村，此后很少再外出。54户受访家庭中有一户因信息缺失而未能统计，其中填写外出的人更多的是前两年才来召村的汉族。

YKW是召村的章哈，他是村里外出次数比较多的人。每逢傣族的节日和庆祝活动，YKW就会应邀出去唱章哈，他最远到过缅甸，因为那边住的也有傣族，语言能听懂。景洪是他最经常去的，一年最少要去20回；勐龙和勐腊也会去，别的地方就很少去。

YZX是寨子中最早外出包工盖房子的人，他外出包工盖房子有30多年了，但最远也就到过勐腊，还到过勐宋、打洛的中缅街和勐遮。

2. 年轻人的流动持续时间短，且单向、单次的流动行为多

在54户受访家庭中，其家庭成员的外出时间多在10个月以下：仅有1户的成员外出3年，1户2年，1户1年，其余20户有外出成员的家庭中，成员外出时间最长的是6~10个月，最短的也就在半个月到1个月之间。这说明召村的多数村民外出时间不长，尤其是年轻人，外出流动时间短，基本上在两个星期到两个月之间。在与寨子中未婚女孩的交谈中，她们也多次提到，在同一辈的100多个人中，外出的只有10多个，一般是到景洪的餐厅去跳舞，一两个月就回来，回到寨子后就很少再出去。

此外在调研过程中发现，召村外出流动的人并不多，外出的多为年轻人，且多数外出过的年轻人的在外流动属于单向性的一次行为，即他们仅外出一次，回村后便不再外出，而且村民外出多次到同一地方打工的个案并不多见。

YJ在1993年就出去过，当时她只有15岁。景洪某餐厅的老板来寨子里看见年轻人跳舞，就邀请她和另外七八个差不多岁数

的伙伴（包括两个男孩）一起到他在景洪的餐厅跳舞。YJ 在家时经常听老人说起女孩被拐卖的事，自己年龄小，因为害怕，在景洪待了两个多星期就跑回了寨子，同去的伙伴后来也跑回来了。

YN 在 2001 年上初中时读了一年就到景洪的森林公园跳舞，公园给参加表演的年轻人提供三餐，但不提供住处，每逢傣历节日尤其是在泼水节期间，每人每天要跳两场舞，没有上场时工资只有 290 元，但上场后工资就增加到 900 元。YN 在森林公园跳舞也就 4 个多月，回来后就找对象结婚了，婚后和她丈夫一起在村寨周边做沙子生意，后来还在镇里租了个门面卖杂货。因为人少，生意不好做，2011 年就没再做了。YN 说寨子里外出的人并不多，即使外出，也是一两个月就回来，多数外出的人回来后就不再外出。

3. 村民的流动多是因同族邀请或同村人介绍

除了到自家山林或茶地采茶，或到镇上买东西，村民外出打工基本上都是由同族的人介绍，或者由同村有过同类经历的同龄人带出去。不论是何种类型的流动，他们都不存在被迫外出的情况。召村人多数没有生计压力，对于外出务工缺乏主动性。

4. 村民在流动中所选择的行业或工种因年龄和性别不同存在较大差异

从召村村民的流动状况可以看出，流动村民选择的行业或工种和年龄、技能以及性别有很大关联性。傣族喜欢跳舞，尤其是年轻女孩，所以年轻女孩在外出时一般是在傣族的餐厅或傣族的庆祝活动中进行民俗歌舞表演。多数外出的中青年男子虽缺乏技能，但能将村寨周边所淘汰的运输工具（包括摩托车、拖拉机、农用汽车等）收集起来，倒卖到缅甸边境上卖给缅甸的傣族，这种以边境商品交易为目的的流动只是短期的、季节性的，时间集中在每年粮食收获季节之后的一到两个月。寨子里少数 50 岁以上的男性，因为以前跟同寨一位做建筑的师傅学过一些技术，或多或少具有一些修建傣族竹楼或傣式建筑的经验和技能，所以经常被景区或周边山区布朗村和爱尼村的村民邀请去盖房子。

（四）流动原因

从召村不同的流动类型来看，村民的流动原因主要有以下几种。

1. 年轻人出于对外部世界的好奇，抱着想出去看看的想法而外出。在召村20世纪90年代出生的年轻人有100多名，外出的占总人数的10%。“90后”一般都能读到初中毕业，其中读完高中的是三女两男，也有外出读职业学校的，读大学（大专）的有几人。这些年轻人因为初中或高中都是在勐海县读，有的到过景洪，毕业后的想法多，想出去看看。在召村年轻人中，女孩多想外出，但男孩少有外出的想法。

2. 城市生活的延续。从在总人口中所占比例来看，召村村民中读到高中或大学的人并不多，1985年以前出生的人基本上都是在镇上上初中，由于镇上没有高中，需要继续上高中、中专、大专的就要到勐海县或景洪去上，也有在昆明读书的。据实地调查的情况来看，村寨中四到五户有子女到昆明读大专或大学本科。读书的群体并没有独立的经济来源，但他们在毕业后一般会选择留在景洪或昆明一段时间，这段时间就在外地找工作。从毕业到在外面找到工作，他们的生计方式是流动的。但最长三年后，他们因工资待遇低、生活不便等，又选择回到召村。

3. 结婚即外嫁或结婚后随丈夫外出是年轻女孩外出的一个主要原因。召村村民多数在本村找对象，但也有10多名妇女外嫁勐海县甚至景洪的傣族。2000年以后，村里有姑娘嫁给来勐海坝做生意的外地汉族，她们的外出多是在结婚后，主要是跟随丈夫回老家。

4. 个人爱好与旅游政策的推动。傣族能歌善舞，年轻人喜欢跳舞，跳舞是召村村民的一个普遍爱好，召村就有 17 个文艺表演队，村里的年轻人、中年人甚至老年人都组成不同的表演队。能到外面表演对于召村村民来说是一种荣誉，也是他们快乐生活的一种表现方式。近年来随着西双版纳旅游业的发展以及政府对傣族文化的宣扬，在很多庆祝活动和产品宣传（如茶叶）上伴有傣族的民俗歌舞表演，以吸引外地人到西双版纳旅游和购买产品。召村的文艺表演队就曾多次受到活动举办方的邀请外出表演。

5. 运用传统建筑技能作为生计的延续。傣族的民俗建筑和傣家竹楼是傣族文化的一部分，从事建筑并非召村村民的主要生计方式，但村中不乏有建筑经历和技能的人。年轻人很少学建筑，但对于 50 岁以上的中老年男性来说，他们以前依靠建筑维生，因此到周边承包建筑工程或参与修建傣族民俗建筑也是其现在外出谋生的手段之一。

6. 商品贸易和边境贸易的发展。商品贸易和货物交易是傣族很早就有的生计方式。随着社会经济的发展，村民的生活越来越好，收入提高，购买交通工具的家庭也多了，勐海坝的发展水平与缅甸边境的发展差距也在扩大。近年来，在收获季节过后收集村寨及村寨周边被淘汰的交通工具（如摩托车、农用车、拖拉机等）到缅甸边境去卖也是召村少部分中青年流动的原因之一。

三　流动决策的影响因素分析

纵观云南省民族聚居地的人口流动，其影响因素主要有宏观层面和微观层面。宏观层面主要是政策的影响，涉及因资源条件限制和以改善农民生产与收入为目的的农村剩余劳动力转移政策及易地搬迁扶贫政策，因城镇化需要而出台的土地利用规划、土地征收及补偿政策，以及以控制人口增长为目的的计划生育政策。

这些政策执行的直接结果是一定规模的农村人口离开原居住地而流动。当然也有一些政策直接或间接地诱发了农村人口的流动，例如旅游业开发、景区建设、民族文化的传承、产业发展政策的实施会在一定程度上吸引外来的投资者，带来外部的信息，间接地影响居住地的人口做出流动的决策。在微观层面上，农民是否流动主要受到三个方面的影响：一是家庭生计的压力，在当地继续从事传统的农业、林业及农村小型加工业已无法满足家庭人口增加的消费需求，也无法满足家庭成员发展的需求；二是对外界和城市的好奇与向往，这主要是指20世纪80年代以后出生的年轻人，相比父母辈，他们接受过良好的教育，有更多关于发展的愿望和想法，也更想探寻城市中不一样的生活体验；三是婚嫁，随着社会的进一步开放和人口流动的频繁，农村的年轻人有机会了解外民族的人，传统的不与外民族通婚的观念的改变逐渐改变了新生代的年轻人。

对于召村这样一个人口不足千人的傣族村寨来说，人口的流动是存在的，且具有一定的多样性，但从1995年召村开始有人外出到现在，流动人口的数量只占到全村寨总人口的15%左右，流动显然不是绝大多数召村人的选择。那么是什么因素在影响多数召村人不流动的决策呢？

（一）宏观政策的影响

1. 稳定土地权属，使村民能更加安心地从事水稻和茶叶种植

土地使用权的稳定与农民的投入成正比，使用权越稳定，农民在农作方面的投入（包括时间和经费的投入）会越多，产出也会有相应的提高。召村的土地承包制始于1982年，当时也被叫作大公制。事实上，土地承包制和林权制改革是政府同一时期在全省范围内推行的土地制度改革，主要是为核实和进一步稳定农民对农地的承包经营权，以保证农民对土地的投入积极

性和生产积极性。然而这一政策在不同的地区具有不同的影响，其原因主要有四个方面：一是承包农地所处位置和质量；二是种植品种的价格变化；三是土地资源的稀缺性与边际产出效应；四是村集体对土地承包权（包括耕地和林地）重新调整的频繁程度。

集体林权制度改革是云南省在20世纪80年代的“两山到户”和“林业三定”政策的延续，旨在全面摸清土地资源家底，明确林地、农地的范围和权属，落实土地承包关系保持稳定并长久不变的政策，实现还权于民、还山于民、还利于民，使农民真正成为森林的主人，做到“山定权、树定根、人定心”，从根本上理顺林业生产关系，进一步解放山区生产力，激发广大农民发展致富奔小康的积极性。勐海县在2007年就全面启动了林权制度改革，此次改革将林权制度落实和土地承包经营权证补、换发工作同步推进，抓好以中、低产田（林）地改造为重点和“林改”为契机的农业产业发展、农民持续增收的规划和实施，将集体天然林和有林轮歇地（农地天然林）全部纳入公益林管理。“林改”将核实权属、发放林权证与排查山林土地权属纠纷作为工作的重点，清查并核实林地和农地的面积、所在位置以及四至界线等，着重解决国有林地、集体林地与农地界线不清、权属不明，农村土地承包经营权证少办多用、证地不符，山林土地权属矛盾纠纷多发，侵占、抢占、强占山林等问题。

结合调研点的实际情况来看：第一，召村村民所承包的农地（包括耕地和山地、自留地）距村民居住地近，村民的时间成本低，且耕地质量好，位于西双版纳最大的坝区勐海坝的中心位置。村民的山地尤其是自留地也多为缓坡地和台地，种植条件好。第二，召村耕地以种植水稻和甘蔗为主，近年来其价格呈现逐年上涨的趋势。自留地以种植茶叶为主，近年来其价格虽有起伏，但总体趋势在往上走。村民从土地经营中获取的收益在其家庭经济收入中占很大比例，除维持基本生活外，召村人从土地上获取的收益还多有盈余。第三，从土地的人均拥有量来看，在最初实行大公制时，田地是按人口平均分配承包到户，当时人均拥有田地在6亩以上，与云南其他居住在山区的民族人均拥有水田几分地（有的地区如保山等人均甚至只有0.2亩）相比，召村村民拥有的土地资源是十分丰富的。到2010年底，召村人均占有耕地1.87亩，人均占有经济林果地0.53亩，主要种植橘子、板栗等经济林果。人均占有土地资源多，是召村人不愿外出的一个主要原因。第四，自实行大公制以来，对于村集体土地的承包权，召村共有过两次微调，即将亡故村民所承包的土地调出平均分配给新出生的人，1992年微调时未参与过大公制的人人均分配田地0.6亩，1996年第二次微调针对的是1992年后出生的人，微调的田地面积是每人0.28亩。1998年召村开始土地第二轮承包，即1982年以来实行大公制的农户所拥有的农地使用权再延后30年。两次对承包土地的微调只是对村内亡故者承包地的重新分配，并没有从根本上动摇和改变第一次土地承包的承包责任和土地权属，没有出现承包户因为丧失土地和经营权而被迫外出流动的情况。2000年以后出生的人就没有再分得田地，即使这些新生代没有分到田地，但这批年轻人在父母家也同样有田地，且户均土地资源丰富。到2008年年底，召村已签订农业承包合同172份，农村土地承包面积2841.24亩。

召村村民对于土地使用权是十分重视的，土地对他们而言是不可替代的失业保障和劳动保障，因而即使外出或者有的女孩已经外嫁且常年在外，他们也要保留在召村的户籍。

2. 结合旅游开发，发展茶产业，打造茶文化

“旅游强州”是西双版纳主要的发展战略，借助这一战略实施

的契机，围绕“山水田园、休闲度假”的目标，利用勐海丰富的古茶树资源和多彩的民俗文化资源，创建“普洱茶圣地”的旅游品牌，是勐海旅游业发展的重点。勐海有树龄1700多年的巴达野生茶王树和树龄800多年的南糯山栽培型古茶树。全县4.6万亩的古茶园主要分布在格朗和、布朗山、勐混、勐宋等乡镇。近年来，普洱茶蓬勃的发展生机和活力，使勐海普洱茶声名鹊起。勐海普洱茶产业有四大优势：生态优势、资源优势、技术优势和茶文化优势。不仅如此，勐海还借助西双版纳自治州“重走茶马古道”的旅游攻略来宣传自己的茶产品和茶文化，吸引了很多外来的游客。

召村所属行政村是勐海县重要的普洱大树茶的种植基地之一，2010年的统计数据显示，全村四分之一的收入来源于茶叶。而召村作为其中最大的村民小组，拥有全村面积最大的茶叶种植地。召村186户家庭户户都种有茶叶，据寨里的村民介绍，2011年茶叶的价格虽较往年要低，但是一天所采的鲜叶也能卖得50多元，而春叶（大树古茶）一天可以卖得100元。一般采摘茶叶的多数为妇女或老人。由于州县的产业政策引导，也由于召村茶产业的发展，与之相关的茶叶制作和副产品（主要是普洱茶的包装纸）等也有相应的较快发展。茶叶收入已然成为召村村民的主要收入，支撑家庭零散用品的开销，茶叶收入的增加也会影响召村村民的外出就业。现如今单是召村一个村寨，就有6个初制茶所。不仅茶叶种植给召村人带来收入，召村人也利用自己的民俗表演的特长，组建文艺表演队，并配合在各地举办的茶文化的宣传活动中以特殊的民俗歌舞表演的形式输出召村的文化，不断吸引外来的商人和游客。茶叶种植也推动了召村包装茶叶的手工纸制作的发展，村民在家门口即可赚取现金，无须再外出。

3. 实施“新村建设”和“文化惠民工程”，提高召村人的生活满意度

召村是西双版纳自治州勐海县“文化惠民工程”的示范村。“文化惠民工程”是在党的十七大提出来的，是构建公共文化服务体系、推动城乡基本公共文化服务均等化的惠民工程。“文化惠民工程”在召村的实施成果主要有：建成一幢两层楼的综合文化活动室，并配有3台电脑以及村民开展文艺活动所需的乐器等设施；建有老中青三个年龄段、129人参加的村民业余文艺演出队17支；完成召村村民小组农家书屋的建设工作，并建立了完善的借阅制度，农家书屋有音像制品10件，图书300多册，其中包括小说、农业科技书等，音像制品的内容有禁毒防艾教育、农业科技知识等；建成一所网络培训学校，为普及农业科普知识，召村村民小组购置了3台电脑供村民学习电脑知识，查询种植、养殖、科普生活、实用技术等方面的资料；建成一间傣族博物馆，两个文化宣传栏；建成一个可供村民自娱自乐和能开展小型文体活动和演出的占地270多平方米的“文化晒场”，老年人每晚都在村寨中心的小广场上活动、跳舞，丰富了村民的文化生活；成立了文化产业合作社，现有成员130多名；打造以手工造纸为乡村特色的文化产品，如今召村村民小组的186户农户中有153户具备传统手工造纸技术，仅造纸一项每户每年平均收入5000元，全村每年造纸收入60余万元。

召村同时也是“新村建设”示范村寨。2009～2011年，勐海县和州政府列出专项资金将召村村内的毛坯路及进村的主路进行硬化改造，对召村的村容村貌也进行美化，修建了召村的寨门和用于展示手工纸以及手工纸制作的各种工艺品的社房。召村这些年经济发展加快，人们的生活也比以前富裕，许多旧的瓦房现已

翻新成砖混结构的两层甚至三层住房，家家户户有卫生间，生活环境比以前改善。在召村建设和谐社区、传统文化社区示范村寨的同时，社区的服务体系也在进一步健全，现在的召村不仅有商品便利店，也有文化室、娱乐场所。这也使召村村民的文化生活需求得到了满足，外出务工的人也就越来越少。

（二）微观层面上的影响因素

1. 召村人对家庭和村寨的依赖程度较高，对外部世界缺乏安全感和认同感

召村是一个以傣族为主的村寨，傣族占总人口的99%，在实地调研的问卷统计中，54户参与问卷调查的有51户是傣族，其余的为汉族，且都是外来与本村傣族结婚的汉族。召村人的民族认同感十分强烈，每逢节日，多数人会穿上传统的傣族服饰。平时村民用傣语交流，甚至让外来的汉族有难于融入的感觉。傣族信奉小乘佛教，10~15岁的男孩按传统会到傣族寺庙中当和尚，学习古老的傣语和傣族文化。傣族的传统习俗在召村得到很好的沿袭，这加强了召村村民的民族凝聚力。只要脱离这样的文化习俗，召村村民在外面就会产生不安全感，这也是为什么傣族的老人不愿意让子女外出的原因之一。

召村有得天独厚的地理优势，其位于西双版纳自治州勐海坝的中心区域，基础设施较为完备，交通通畅，生活条件比地处山区的布朗族要优越很多。老人不允许自己的孩子与周边山区村寨的布朗族等其他民族通婚，早在5~8年前，连与外地的汉族通婚也是不被允许的。在个案调研和入户访谈中，很多受访者会提到“在外面不习惯（主要是在饮食和气候等方面），生活还是没有在寨子好”，或是“在外面会受气”等，这说明多数召村人对本村寨的依赖程度高，对外部世界缺乏认同感和安全感，这在很大程度上限制了召村村民的外出。

2. 召村人的平均婚育年龄较早，且平均受教育年限低，限制其外出

由于傣族普遍早熟，结婚年龄普遍偏小，生育也早，在调查中发现，在20世纪60～80年代出生的人，多数的结婚年龄在16～18岁，婚后一年生育的情况占多数，因而很多人没有外出的意愿，更没有读书改变人生的愿望。1985～1990年出生的人，因为九年制义务教育的普及，进入初中不再需要考试，因此多数人能完成初中教育，他们的结婚年龄也相应延后。即使如此，多数年轻人也只是在毕业后想外出看看，短时间后还是觉得在家好。召村人的结婚对象一般是在本村找，或者在附近的傣族村寨找，女孩外嫁的仅10多个，而男孩一般是在本村找。因此，多数召村人没有外出寻找婚姻机会的想法。

表6-1反映的信息，在54份问卷调查中，只有8人完成了九年义务教育，有29人只完成了小学教育，还有17人甚至没有读完小学。54人的平均受教育年限只有约5.5年，这说明多数人只具备小学文化程度。在个案调查和入户访谈中发现，20世纪60～70年代出生的人一般是小学文化程度，甚至更低。因当时没有实行九年制义务教育，许多人读到小学毕业就不想读书，很少人会读到初中毕业。自实行九年制义务教育和“三免一补”政策以来，召村的适龄儿童也能读完初中，但继续读高中或读到大学毕业的人寥寥无几。据本寨的村民介绍，全寨17～22岁的青年有50多人，男多女少，但高中毕业的只有3个，均为女孩，3人中有1人未考上大学，现在家中，另外2人在外面读大专。文化程度低且缺乏专业技能使召村人很难在外面找到薪酬好且稳定的工作，这也是现在召村年轻人外出少的原因之一。因为缺乏其他技能，召村人很难在民俗表演之外找到另外的收入理想的工作。

3. 收入来源多样化，流动生计贡献小

从2008年召村的收入统计数据来看，全村寨生计以农业种植活动为主，粮食种植收入占全部收入的2/3以上，其余收入也多来自以农业为主的活动，如农业副产品、加工业和服务业，而以流动为主的工资性收入仅占召村全部收入的3.7%。

从2008年召村经济总收入的构成情况来看，以水稻种植为主的收入占全村寨总收入的2/3，而与水稻有关的稻谷加工运输、茶叶采摘和初制加工、以手工纸制作为主的农业加工及服务业又占全村总收入的1/4多，这说明召村的主要收入以农业及农副业为主，这些收入都不用外出流动就可获取。

2008年召村农民人均纯收入2556元，农民收入以粮、糖、茶及造纸、打瓦等手工劳动收入为主。全村外出务工收入1.36万元，常年外出务工人数5人，仅占全村寨所有劳动力人数的0.8%，这5人均在省内务工[①]。2011年，召村农民人均纯收入增加到4800元，增加近1倍，比整个所属行政村的人均纯收入高出近1200元，召村村民的生活较为宽裕。对54户受访村民2010年家庭毛收入的统计显示，54户中收入最高的达到30万元，平均毛收入达到2万元。而许多年轻人外出务工的月工资最多也就3000元。因而单从收入这一项指标来看，召村村民没有经济上的压力，更没有到外面务工赚钱补贴家用的需求。

召村村民也会有资金周转需求，这样的需求通常产生在播种季节和购买手工纸原材料的时候。在实地调查中了解到，他们即使有资金周转需求，也不会靠到外面务工来解决。由于召村的融合性，也由于村民对村寨的依赖程度高，村民之间的相互信任度

① 该数据源自召村村民小组会计2008年全小组的收入统计，而实地调研在2011年进行，2008年的数据与2011年实地调研的关于外出务工的人员和收入统计会有一定的出入。

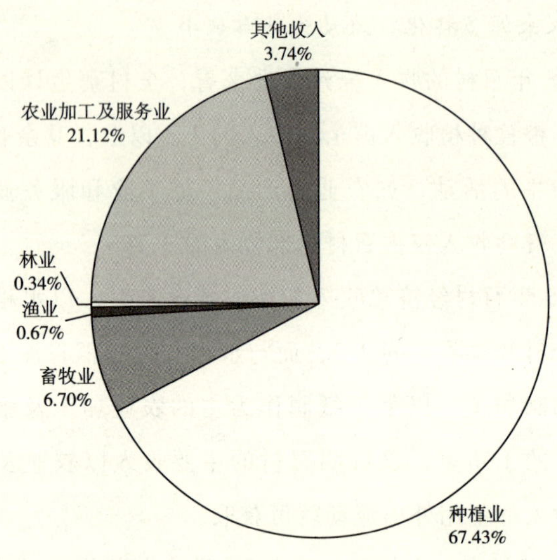

图 6－1　召村 2008 年经济总收入构成

也高，他们通常采取的办法是向亲戚和邻居赊账，等成品收购时再将原来赊下的种子费（杂交稻 201 种子）或原料费（主要是指做手工纸的原料）扣除。

四　外出人员在流动中的生存状况

因为召村外出的人数少，所以外出人员在流动中的生存状况只能从个案的角度来描述。

（一）收入和劳动待遇

在召村，有常年外出经历的人并不多，他们在流动中的待遇和收入会因选择的工作不同而有比较大的差异，但无论选择何种工作，技能要求和收入水平总是挂钩的。

YLK1995 年外出，最远到过山西、陕西和浙江，近一两年还到过泰国。最早她到山西的时候，同行的有 8 人，除了教跳舞的老师是景洪歌舞团的，其他的还有厨师和服务员。当时一起去的人都与老板签了合同，合同期是 1 年，工资是每月 600 元。两年后

17 岁的 YLK 到了浙江，在当地海鲜楼里跳舞，同样签的是 1 年的合同，但 3 个月后 YLK 就离开了。到陕西西安的头两年，餐厅的老板与 YLK 签了合同（一年一签），工资最早时是每月 800 元，后来增加到每月 1200 元，最高的时候可以拿到每月 1800 元。后来的三年就没有再签合同。YLK 在西安餐厅的工作是跳舞兼迎宾，每天中午和下午分别跳两场舞，每场都是半小时，周末一般不休息。YLK 是全村在外时间最长的人，她觉得能在外面待这么长的时间主要是因为自己运气好，碰到的老板都是好人，对员工很好，但在外面时间长了还是觉得自己的家好，想回来。

YKK 初中毕业考到了昆明中等专业学校骨伤科，学习了三年后到大理实习了一年。2006 年 YKK 留在昆明，在五华区保健医院当护士，之后一年又到昆明医药公司打工。在五华区保健医院时 YKK 的工资是每月 800 ~ 1500 元，到医药公司后的工资是每月 1000 元底薪加提成。YKK 在昆明打工时签有劳动合同，但是相对于当时昆明的工资水平，YKK 认为这样的工资较低，没有太多保障，而且工作也不稳定。2008 年 YKK 回到村里接替父亲做了村医。

YWJ2003 年以前在勐海县读职业高中，毕业后到昆明旅游进修学校学习 2 年，主要是学东南亚语，包括缅甸语、泰语和老挝语。从旅游进修学校毕业后，YWJ 在昆明打工，先后在餐馆和省医药公司工作过，一年后回家闲了一段时间后又到景洪，在酒店和兽医站打过工。因为没有什么特别的手艺，YWJ 说他以前的工资都很低，所以决定学一门手艺——玉石雕刻。当了 2 个月学徒工后，YWJ 就开始在景洪的玉石加工厂打工，领的是计件工资，刚开始因为不熟练，东西做得慢，所以工资低，在加工厂待了半年后，就被老板提升为加工厂的厂长，当厂长一年后又被老板调到玉石精品柜当经理。YWJ 在玉石加工厂时，最高时工资拿到每月

3000 元，与加工厂签订劳动合同，合同一年一签。但是早期在昆明餐馆和省医药公司做销售代表时他都没有签过劳动合同，自己也没有这方面的自我保护意识。

YZX 今年 52 岁，30 多年前在他的两个儿子尚未出生时就已经开始往外跑，最早从做家具学起，然后在建筑工地上做小工。YZX 有幸跟随本寨的老师傅（已故）学习傣家楼设计、建造的技能，在 30 多年傣族民居建造的经验积累的基础上，YZX 现在已经有了自己的设计图，并有了自己的建筑队伍。这些年 YZX 带着他的建筑队到过打洛的中缅街、勐遮、勐纳和勐捧。在外面搞建筑 YZX 觉得很辛苦，有时在外面还会被老板骗。2002 年在勐遮，有个缅甸老板打算在龙潭投资建旅游点，因涉嫌非法砍伐树木，当地政府在追查时没收了 YZX 所有的建筑工具，老板逃往缅甸再也没有回来，这次的生意让他损失不少。像傣族民居建造这样的，老板不会一次性付款，一般是分为四次：第一次是在搭好支架后，付全部建筑款的 30%；第二次是在房子结构成形时付全部建筑款的 30%；第三次是在工程验收完后付 35%；剩下的 5% 作为质量保证金要在房子所有人入住一年或三年后才付清。做建筑的收入一般是按工程量的大小来核算，做得越多收益就越高，平均下来，一天有 100 ~ 150 元的收入。

以上四个不同的案例显示，召村的外出务工人员都能从其劳动中获得收入，不存在被老板拖欠工钱的情况，但在流动中也有被骗的风险。在寻找工作的过程中，召村人刚开始时基本上没有维权和自我保护的意识，没有主动签订劳动合同的意识，对自己收入的构成不了解，对收入中是否含有《劳动法》规定的“三险”（失业保险、医疗保险和意外伤害保险）也不了解。

（二）社区融入

召村人很少选择外出务工，即使出去也有自己独立的“小圈子”，即外出时一般是和自己的亲戚或同村的伙伴一起，因为他们在外面很难融入更广的社会圈子中，尤其是年轻人。他们在选择工作时，也会尽量和自己的同伴一起，这与他们在外面缺少安全感有很大关系。

五　流动前后的变化与结果

（一）社区生计的变化

召村主要的生计模式为种植水稻、甘蔗、茶叶以及打瓦和造纸。若以收入的多少来看，排在第一位的是种植水稻，占全寨总收入的40%；最近几年由于茶叶的价格波动较大，变动也较为频繁，种植茶叶和甘蔗一起能占到全寨总收入的10%。从收入的比例来看，农业生产是召村社区生计的主要收入来源。此外，初级手工制作业，例如手工造纸，占社区经济收入的20%，打瓦收入占10%。全寨有50多户居民在做小生意，有的开小杂货店，有的从事农产品收购，也有的从事边境贸易，从附近的居民手中收购二手拖拉机、摩托车和农用车，再运到缅甸边境的村寨去卖。这样的收入占全寨总收入的20%左右。

追溯前几代人，可以从其历史大事记中了解召村社区生计的变化（见表6－4）。

水稻种植是召村村民最主要的生计活动。傣族是云南省较早栽种水稻和使用犁耕的民族，这与他们居住的坝区环境和适宜气候有关。从20世纪80年代中后期，召村引进杂交水稻后，水稻的产量大幅提升；90年代初期，召村的粮食供给已有盈余，有少数村民（只有三户）开始从事粮食的收购与出售生意，因而召村村民早期的流动是与粮食贸易有关的。从80年代开始，村民开始种植茶叶和甘蔗，这与当时云南省发展茶叶为龙头产业和甘蔗上山的政策有关。

表 6-4 召村村民小组大事记

召村的历史差不多有上千年

- 造纸从 200 年前就开始做(村干部说手工造纸有 800 年的历史)。
- 新中国成立前后,寨子里就有打瓦的历史,开始是用牛踩,然后用锤锤成形,再用手工制作。
- 1955 年,土地改革——要和平,穷人也分到土地。
- 1958 年,“大跃进”,搞合作社,饿饭,也缺粮,当时的产量是 300 公斤/亩。
- 1978 年,包产到户,开始搞双季稻,实行土地承包以后,开始推广良种种植,肥料也有,开始用牛犁田。勐海县是云南开展土地承包较早的县之一。
- 1958 ~ 1978 年,寨子里做纸的农户还很少,当时造纸只是为了做经书,做花圈,还用于写字,但主要用于做祭品。造纸以前都是老人活计,因为用处少,工作量也小。
- 1980 年,各家各户开始种茶叶,这是国家扶持的。
- 1981 ~ 1985 年,开始逐渐种甘蔗,但开始时技术跟不上。
- 1986 年,寨子里有第一间砖房。
- 1989 ~ 1990 年,造纸的人开始多了。引进了杂交水稻,产量提高到 600 公斤/亩。打瓦是当时的谋生手段之一(大部分人家是用手),寨子里的房子多是茅草房。
- 2000 年,家家户户都开始造纸,现在造纸的用途很多,但主要还是用来包装茶叶,做纸伞和灯罩以及帽子。以前每家产量几百斤,现在每家 2 ~ 3 吨的原料都不够用。
- 2005 年以后,寨子里开始有人外出打工(村干部认为村上最早外出打工的是从 20 世纪 90 年代中后期开始)。
- 2010 年,寨子里修了水泥路,开始有机器打瓦,现在有 3 ~ 5 户在用机器打瓦,其他手工打瓦的人家现已经很少做瓦了,因为手工瓦的价格低。

注:根据与村里 7 位年龄在 65 ~ 75 岁老人的讨论进行整理和归纳。

召村早期手工瓦的制作主要是村民为了满足自己建房的需求,基本没有从中获得收入。随着附近山区村寨村民的生活改善和村民建房需求的增长,召村村民的手工瓦开始外销到附近的布朗村和哈尼村以及其他傣族村,打瓦亦成为召村村民的主要谋生手段之一。但是手工瓦带来的副业收入增长并未导致召村村民大规模的流动,即使是短距离的流动也很少。这主要是因为手工瓦的买方市场没有形成,附近山区村民的建房需求日益增加,手工瓦供不应求,召村村民不用外出就可以等着消费者上门。2011 年以来,由于使用机器制瓦,产量增加的同时也使成本大大降低,而市场价格却有所提高，召村多数居民不再制作手工瓦，全寨只剩下四五户居民还在做瓦，机器制瓦逐渐替代手工打瓦。

从对召村历史的回顾和现在的发展来看，除了在具体活动的主次排序上有变化——机器制瓦代替了手工瓦，手工纸的用途更为广泛，村民收入不断增加，造纸的人家也有增加——召村的生计模式并未出现明显的变化，而流动生计因为规模小，并不是召村的主要收入来源。

（二）家庭的生计活动与收入来源的变化

为了解召村5年前和现在的生计活动以及收入来源的变化，对与妇女组和男子组专门就其生计来源的排序进行专题讨论。

从妇女的角度来看，收入最稳定的生计，5年前是水稻，现在是手工纸；收入对家庭经济贡献最大的，5年前是茶叶种植，因为当时普洱茶的价格最高，然而由于杂交水稻的引进，收成提高，再加上近几年粮食价格有所提高，因此现在对家庭收入增加贡献最大的生计是水稻种植。做生意这种有流动的生计以往被排在最后一位，其现在的地位较5年前没有什么显著的变化，而且做生意所得收入在家庭总收入中所占的平均比重仅从5年前的5%增加到现在的10%，这说明妇女认为流动生计在家庭经济收入中的贡献有一定变化，尤其是从建筑业或边境贸易中获取的收入对装修房屋和供子女读书有一些贡献，但在总体排序上并非十分重要（见表6-5）。

从表6-6中可看出，男子组所列出的生计活动共有11项，其中打工/建筑一项并未出现在妇女组的讨论中，这从一个侧面说明从事这一活动的多为男性。在11项生计活动中，打工/建筑一项在5年前对家庭经济收入来说重要性位于倒数第二位，对家庭收入的贡献仅为2%，现在这一排序有较大的提高，这说明有越来越多的村民认为这一行业对家庭经济的贡献有所增加，收入也稳定。尽

表 6-5 妇女组的生计分析

主要的收入来源活动	5年前(2006年)			现在(2010~2011年)		
	重要性排序	稳定性排序	占收入%	重要性排序	稳定性排序	占收入%
水　稻	4	1	30	1	2	40
甘　蔗	3	6	10	3	3	15
茶　叶	1	5	20	4	4	5
手工纸	5	2	15	2	1	20
打　瓦	2	3	15	5	6	5
养　猪	6	7	5	7	7	5
做生意	7	4	5	6	5	10

注：表中信息是根据在召村与6名28~40岁已婚妇女的讨论所进行的整理和归纳。

1）水稻一直是主要的收入来源，在当年的收入特别高。

2）甘蔗5年前全寨约有50%的村民在种，虽然它的价格一直在上涨，但2011年只有30%的人种，主要是因为甘蔗地一般是在稻田边上，放水怕淹了田。

3）茶叶从2007年价格就在涨，但2011年价格跌了，大部分村民说不好做。

4）手工纸在5年前仅有一半的村民在做，现在全寨子差不多90%以上的村民在做。

5）打瓦5年前比现在做的人多，主要因为现在有机器瓦，手工瓦不好销，所以大多数村民不做了。

6）养猪5年前基本上家家户户都养，但现在只有5%的家庭在养，而且养的数量很少。

7）做生意包括谷子收购、茶叶收购、手工纸收购、旧车收购，还有开小卖部的。

管打工/建筑的从业人员有所增加，但从业人员的绝对数量还是很少，而且这一行业的收入对家庭收入增加的贡献率几乎和5年前一样，仅为3%。家庭经济的主要支撑还是水稻种植、茶叶种植和手工纸制作这些无须流动的生计。

在收入变化方面，如表6-7所示，在54份问卷调查中关于收入增加的问题，有48份的回答是肯定的，但增加的收入主要来自于水稻和手工纸，并非来自流动生计，这从一个侧面验证了流动生计在召村不占主导地位，对家庭收入增加的贡献有限。总的来说，近几年召村外出流动的人数规模非常小，对召村已有的传统生计没有产生明显的影响，在收入增加上的贡献也十分有限。

表 6－6　男子组的生计分析

主要的收入来源活动	5 年前(2006 年)			现在(2010～2011 年)		
	重要性排序	稳定性排序	占收入%	重要性排序	稳定性排序	占收入%
水稻	1	1	30	1	1	35
茶叶	2	2	15	2	2	15
手工纸	5	4	5	3	3	10
打工/建筑	10	9	2	6	6	3
打瓦	4	5	10	7	8	2
卖烧烤	11	11	0.5	11	11	0.5
稻田养鱼	9	10	0.5	10	10	0.2
甘蔗	3	3	20	4	4	10
玉米/蔬菜	8	8	2	8	7	1.3
养猪/牛	6	7	7	9	9	3
做生意	7	6	8	5	5	10

注：表中信息是根据在召村与 6 名 35～55 岁已婚男子讨论所进行的整理和归纳。

1）水稻是家家户户最主要的收入来源，近几年的价格一直呈上涨趋势。

2）茶叶也是家家户户都在种，现在家庭里生活必需品就都靠卖茶叶的钱来买，尽管当年的价格不好，但因为数量多，收入没有明显减少，很多家庭把以前种甘蔗的地用来种茶叶。

3）手工纸 5 年前全寨子的绝大多数家庭开始做，但每家做的数量不多，因为用途少，只是写写字，现在绝大多数农户在做。年轻人有时间也会做，没有时间就不做。

4）打工/建筑，建筑都是中壮年的男子在做，主要是想攒点钱，远的到景洪，但多数还是在县城范围内。以前外出打工的人还要多一些，现在少了。

5）打瓦 5 年前全寨有 85% 约 146 户在做，很赚钱，现在手工瓦没有机器瓦好销，所以很多人不做了，全寨还有 10% 的人在做。

6）卖烧烤，5 年前大家的生活状况没有现在好，吃的人不多。现在做的人少了，全寨只有 1～2 家在做，但吃的人多了。

7）稻田养鱼，5 年前全寨 95% 的人在做，户均有 1～2 亩稻田养鱼，但都是自己吃，一般不卖。现在全寨只有 8% 的人在搞，也是卖得少，基本都是自己吃。

表 6－7　收入变化情况表（与 5 年前比较）

收入变化情况	受访户数	%
增　加	48	88.9
减　少	2	3.7
差不多	4	7.4
总户数	54	100

数据来源：表中信息是根据 54 份问卷的相关内容所进行的整理。

（三）土地利用的变化

表 6－8 召村土地使用及户均拥有土地数量统计

村子		家中5年前有水田多少亩	家中5年前有旱地多少亩	家中5年前有林地多少亩	家中现有水田多少亩	家中现有旱地多少亩	家中现有林地多少亩
召村	均　值	7.5385	10.3137	7.0784	7.6538	10.5400	7.2000
	户　数	52	51	51	52	50	50
	标准差	3.51122	6.24016	8.35426	3.67719	6.35099	8.56190

数据来源：表中信息是根据54份问卷的相关内容所进行的整理。

表6－8是对受访家庭拥有土地及各户对土地利用状况的统计。按照表中的统计，5年前，受访家庭的土地拥有面积与5年后没有显著的变化，这说明村民在土地利用方面没有明显的变化。同样从受访者户均拥有土地数量来看，没有土地被征用或转租、占用的情况。2007年开始的林权制度改革进一步稳定了村民的土地承包经营权，当然收益也不存在改变。目前，常年在外务工或在外居住的人，其土地由亲戚或家庭成员耕种。从水田、旱地和林地的拥有状况来看，也没有林地减少、毁林开荒、农户改变土地利用方式的情况发生。这说明召村农户的农业生产行为没有发生较大的变化，农业生产较为稳定。

从表6－8中所反映的5年前和现在村民拥有的各种类型的土地面积的大小变化来看，现在的面积稍有增加，这说明5年中，这54户所经营的土地并没有出现被征用的情况，土地利用的情况基本与5年前相同。如按种植品种来看，召村以前的耕地种水稻，水稻收割后种甘蔗，但由于近年来缺水，耕地还是以种水稻为主，甘蔗就种得少多了；稻田养鱼原来亦为召村村民的主要耕作活动，但近3年来，由于降水少且水资源减少，目前全村只有几户还在继续此项生计活动。自留地以种茶叶为主，由于茶叶现已成为召村村民的主要收入来源之一，因此，近5年来，召村村民自留地上的茶叶种植并没有改变。召村的林地资源较为丰富，平均每户拥有的山林面积超过10亩，种植的树种以保水涵养土壤和用材为主的杉松为主，以及勐海县特有的小叶普洱古茶树。因为山区距村民居住地较远，村民对林地少有管理。

（四）家庭内部劳动分工以及权力的变化

图6－2反映的是召村村民的家庭内部劳动分工。从这一分工图中可以了解召村家庭一年生计活动中的劳动分工是否因村民流动而有变化。

从图6－2所反映的召村人一年中劳动作息分配来看，农忙季节承担农活的多为家中的母亲或媳妇，而外出的多是未婚的女孩。男性在农忙季节也帮忙的农活，但在农闲时可以利用空余做生意。家务事多由女性来做，但管钱的多为男性。女孩一旦结婚，需要承担很多的家庭责任和家务事，这也是女性结婚后就会变得稳定的缘故。

（五）社区关系、社区资源、社区服务与社区凝聚力

召村从1999年开始就制定本村寨的村规民约，主要涉及一事一议制度、社区治安的保障、对村民打架斗殴的处罚，以及对违反计划生育和偷砍盗伐的惩罚。所收缴的罚款主要用于召村社区的公益事业建设。此外，召村成立了自己的边防队，在晚上负责村寨的巡逻，以保障村民的人身及财产安全。

2010年召村成立了老年协会，成员年龄在50～70岁。老年协会经常在晚上组织娱乐活动，请村寨的年轻人教跳舞，丰富老年人的文化生活。此外老年协会还承担了村寨的卫生清扫工作，村寨的居民每家每年交50元给老年协会作为报酬。老年协会专设会长1名、会计1名、出纳1名和妇女代表1名，任期均为3年，协会的资金使用采用每半年公示一次的方式，协会的成员要交会费，

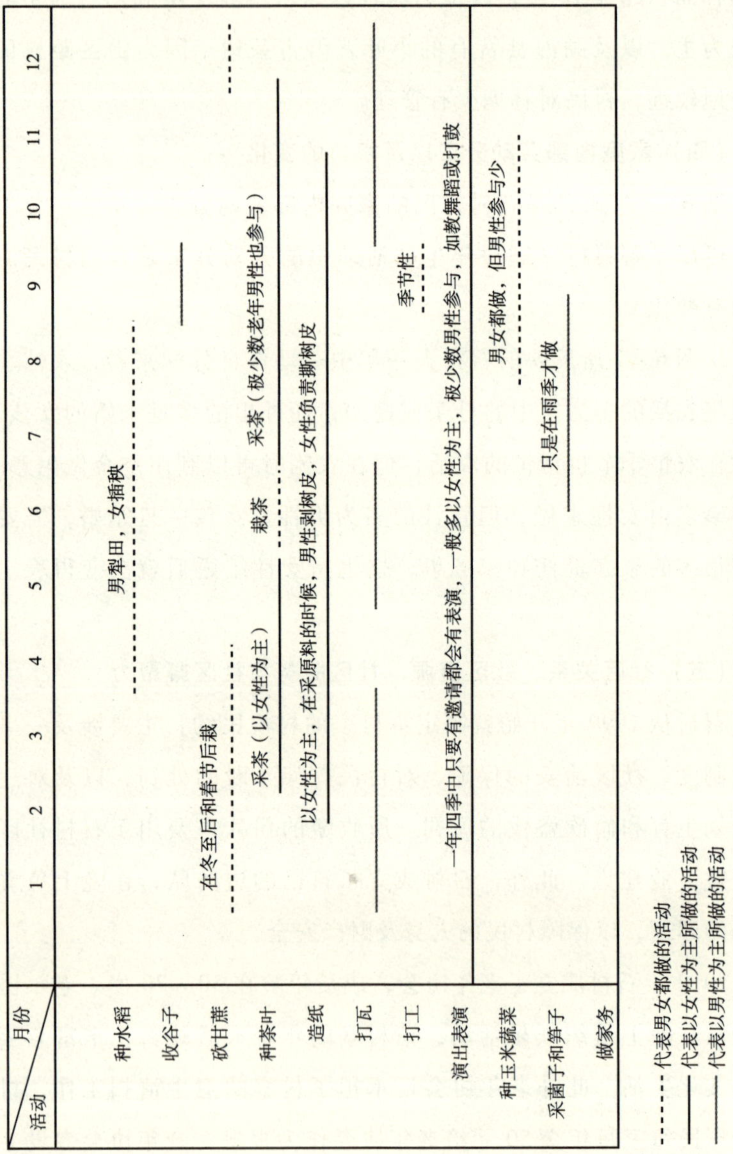

活动 \ 月份	1	2	3	4	5	6	7	8	9	10	11	12
种水稻	男犁田，女插秧											
收谷子												
砍甘蔗	在冬至后和春节后栽											
种茶叶	采茶（以女性为主）　栽茶　采茶（极少数老年男性也参与）											
造纸	以女性为主，在采原料的时候，男性剥树皮，女性负责撕树皮											
打瓦												
打工	季节性											
演出表演	一年四季中只要有邀请都会有表演，一般多以女性为主，极少数男性参与，如教舞蹈或打鼓											
种玉米蔬菜	男女都做，但男性参与少											
采菌子和笋子	只是在雨季才做											
做家务												

-------- 代表男女都做的活动
———— 代表以女性为主所做的活动
———— 代表以男性为主所做的活动

图 6－2　召村村民家庭内部劳动分工图

1 年交 1 次，每人每年 20 元。目前召村的老年协会有成员 75 人，其中 60 人仍有劳动能力，除了承担村寨的卫生清扫工作，老年协会的成员在村寨居民需要劳动力时还能提供服务，如帮助栽秧和砍甘蔗，费用按面积计算是 100 元/亩，按时间计算是 50 元/人/天。而老年协会如果被请去帮工，不参加帮工的还需要按 25 元/半天的标准交出务工费。在需要帮工时，即使不请老年协会帮忙，各家各户也会相互通过换工的形式帮忙；如果不是换工，那么也会按每人每天 50~60 元的标准支付帮工务工费。召村还会组织集体旅游，2011 年 5 月，全寨就有 13 对夫妻集体到北京和上海旅游，参加旅游的夫妻都是自愿报名，并不是村干部或是老年协会的成员。

2011 年底召村在“文化惠民工程”的支持下成立了“文化产业合作社”，主要负责手工纸的制作培训、收集和产品营销等事务。

目前召村是农村新型养老保险的试点，未满 60 岁的村民缴纳一定费用，到 60 岁以后就可享受由中央政府和地方财政配套的养老金，中央财政所拨付的养老金的标准是 55 元/人/月。一旦新型养老保险全面铺开，农村和城市的养老差距会缩小。对于召村人来说，他们现在的生活与城市相比，差别已经很小，这在客观上更减少了其外出的需求。

多数召村人对于近年来召村社区的积极变化是认同的，54 户受访者中有 51 户认为召村的凝聚力增强了，只有 3 户感觉差不多（见表 6-9）。村民的主要感受是路变好了，从毛坯路变成了水泥路；社区的服务设备增加了，有了文化室、社区活动广场，还配有乐器和音响等娱乐设施；寨子里有专人负责清扫，卫生和环境都变得好了；收入增加了，很多家盖了新房；召村的手工纸越发有名气，外出的人越来越少了。

表 6－9　受访者对社区凝聚力变化的感受

凝聚力变化	数量	%
更团结	51	94.4
差不多	3	5.6
合　计	54	100

数据来源：表中信息是根据 54 份问卷的相关内容所进行的整理。

社区凝聚力和村民的团结融和对于村民外出会产生一定的拉力：社区村民越团结、社区越凝聚、社区服务越好，对外出村民的吸引力就越大，外出的人就越愿意回到村寨，且没有外出的人就越来越不愿外出。

六　发现和基本结论

1. 召村是一个不足千人的傣族聚居村寨，人口流动从 1990 年以后开始出现，流动人口的总量虽然少，其流动仍因年龄和性别差异而呈现一定的多层面性。未婚女孩与同龄的男孩相比，流动的人数和次数都要多一些，她们的流动多以民俗表演为主，以单向性的、短期性的流动为主，已婚的女性则很少甚至不流动。在已婚的家庭中，三四十岁的男性相比同龄女性流动次数偏多，但他们的流动也是短期的、季节性的、临时的。50 岁左右的男性中少数有从事傣族建筑的经历，他们也有流动，但流动的规模不大。

2. 召村人的流动原因多种多样，年轻未婚女性的流动多是源于对外界的好奇和想出去看看的愿望，另外未婚女性中也有因为婚姻而外出流动的；但年轻男性基本不存在这样的情况，他们一般与本寨的姑娘结婚。中青年已婚男性的流动多是因为边境商贸的发展，而中老年男性从事建筑的流动则多是因为对其传统民俗建筑手艺/技能的依赖，他们的流动是对其传统生计的一种延续。

3. 从流动的范围来看，召村人的流动多限于傣族聚居区，是在傣族民俗活动影响较多的地区和语言环境相似的范围流动。长期在外的流动人群与其他民族的融合较少，他们的开放性是在最近几年随着经济社会的发展以及外来旅游和经商人数的增加而逐渐增加的。

4. 历史上的傣族尽管有大规模的长途迁徙史，但这并不能说明现在的傣族是喜欢流动的民族。傣族的规模性流动多源于外力的推动，极少源于自发。从今天召村人的流动行为来看，他们多是借助外地人的邀请而流动，尽管有人有外出的想法，但极少有自发性的流动行为，这说明召村人对流动缺乏一定的主动性。

5. 影响召村人流动决策的因素有外因和内因之分。外因即宏观因素，包括各项政策的实施和居住环境的变化。近5年来，首先，由于“新村建设”和“文化惠民工程”的实施，村里的居住环境一日好过一日；其次，相对充沛的土地资源和林权制度改革让以农业为生的召村人的土地承包经营权进一步稳定，相比外出务工，农业的收入更能得到保证；最后，旅游业的发展和茶文化的宣扬使召村的茶叶和文化名声远扬，比起外出，在家就能靠茶叶获利。从内因上看，首先，召村人对于本村寨和家庭的依赖，使他们本能地对外界有一种陌生感和不安全感，外出看过新鲜后，最终的选择是回家；其次，召村的傣族结婚年龄普遍偏低，多数人在完成九年制义务教育后，更愿意选择在家从事农活或随父母做事；最后，如果按收入多少来看，水稻和茶叶种植仍是家庭经济收入的主要支撑，现在手工纸制作作为一种民族文化的传承品牌，其带来的收入在逐渐增加。而流动生计无论是对社区发展，还是对家庭经济增收，其贡献都是非常有限的。

6. 从召村外出流动人口的经历来看，他们在流动期间，尽管所从事的工作不同，但在保障自己合法权益方面大多处于相对弱势的地位——并非所有人都能签订劳动合同，即使签了劳动合同，对其工作收入中是否应含有社会保障，多数人并不清楚，他们甚至没有意识来维护自己的合法权益。

7. 从流动给召村带来的变化看，流动是让召村人更为开放的原因之一，但主要原因是旅游业以及外来人口的流入。流动并没有让召村的家庭劳动分工和权力发生根本性的变化。傣族的女性依旧承担更多的家庭劳动和农业作业，繁重的劳动使妇女更难流动，更少外出，流动显然并未改变傣族传统家庭中男主钱财、女主劳动的习俗。当然，流动没有影响到召村人固有的融合，因为生活条件越来越好，外出流动的人也越来越少。

参考文献

郑晓云，2006，《傣族的水文化传统与可持续发展》，http：//news. sina. com. cn/c/2006 - 04 - 04/11159527116. shtml。

第七章　昆曼公路沿途道路基础设施建设开发的社会性别影响分析*

王云仙　赵　群

杨晓红　姚韵松/译

一　背景

在区域经济一体化和西部大开发过程中，中国不断加大在西部地区的基础设施建设和开发投资。云南省与 3 个东南亚国家（越南、老挝和缅甸）接壤，是中国西部地区贸易发展具有重要战略意义的省份。从昆明出发贯穿云南省，经老挝止于泰国曼谷的昆曼公路的修建，旨在加速推进大湄公河次区域及中国—东盟自由贸易区的经济合作。虽然沿线贸易的增长并没有达到云南省政府提出的预期要求，但昆曼公路的修建在很大程度上改变了公路沿线居住的妇女与男人的生活方式和谋生方法。

云南省 2008 年有人口 4540 万，其中少数民族 1590 万，占 2009 年总人口的约 1/3。中国共有 55 个少数民族，有 51 个分布在云南。其中，有 25 个少数民族人口超过 5000 人并有聚居区（郑凡，2004）。从经济和基础设施来看，云南省是中国最为贫困落后

* 此研究得到了亚洲开发银行的资金支持和亚洲理工学院的学术支持；云南省社会科学院的张秀芬研究员和云南大学学生李暮华参与了本研究的实地调研，在此表示衷心感谢。本章稍简短的英文版本 Gendered Impacts of Road Infrastructure Development along the Kunming-Bangkok Highway，载 Kyoko Kusakabe ed. 2012. *Gender*，*Roads and Mobility in Asia*. Practical Action Publishing。

的省份之一。但云南宜人的气候和特有的多民族文化，吸引了众多旅游者以及来云南长期定居的省外居民。自提出区域一体化合作发展概念并具体实施，以及云南成为大湄公河次区域的地区之一后，云南省政府努力将云南打造成为面向东南亚、南亚开放的投资中心。省政府提出要把昆曼公路作为加强推进与东盟自由贸易区各国合作的大通道。中泰两国专家估计昆曼公路全线完工通车后，三国（中、老、泰）的旅游人数、运输量和贸易额会有显著增长，昆明和曼谷的 GDP 将翻番①。本文基于 2009 ~ 2010 年间在昆曼公路沿线 3 个村所做的问卷调查和深入访谈，探究跨境基础设施改善、贸易增长和经济作物种植所带来的机会对妇女和男人地位的改变和作用，以及对社会性别实践带来的影响。

二　云南少数民族生计

昆曼公路经过玉溪市、普洱市和西双版纳州。位于云南省南端的西双版纳与老挝和缅甸接壤，是傣族、哈尼族、布朗族等少数民族聚居地。普洱则是一个少数民族与汉族共同居住的多民族地区，当地生活着傣族、彝族、哈尼族、拉祜族、佤族等群众。玉溪有彝族、哈尼族和傣族的社区。在与当地交通部门、商务局及地州乡镇政府讨论协商后，笔者在这 3 个州市分别选取了代表傣族、彝族和哈尼族的 3 个少数民族村寨进行田野调查。

第一个是位于西双版纳州与老挝边境口岸接壤的磨村。磨村距离昆明 700 多公里，由 16 个寨子组成，位于磨憨边境贸易开发区内。这里居住着 573 户人家，共 2534 人。笔者选了 2 个寨子即汗寨和龙寨进行实地调研。龙寨距离昆曼公路 6 公里，是一个纯粹的傣族社区，拥有充足的土地资源。汗寨紧临昆曼公路，是汉族

① 《昆曼公路通而不畅三国协调亟待开展》，2009 年 6 月 25 日，《经济参考报》，http：//news. xinhuanet. com/fortune/2009 - 06/25/content_11598023. htm。

与哈尼族共同居住的社区，这里的村民都是40年前从土地资源贫乏的墨江迁移过来的。村里仅有2232亩低地和2663亩高地可以用来耕种。汗寨本来土地就少，部分土地被修建公路征用和用于区域开发后，土地资源更是急剧减少。有人认为如征用整个汗寨用于区域开发，有可能导致当地社区更加无处可安。

第二个村子是普洱市的南村。村子有12个村寨，是传统的彝族社区。但随着彝族与汉族通婚及外地移民的迁入，南村现已成为一个汉族与少数民族混合居住的社区。村里有2132人，共532户。汉族占村总人口的80%。村里共有1500亩低地和2200亩高地可用来耕种。村民近60%的收入来自咖啡与茶叶种植。昆曼公路穿过南村的马寨。公路修建占用了村里约200亩土地，有22户被重新安置。南村还有67户是从200公里外的糯扎渡库区迁移过来的。随着昆曼公路的修建，磨村和南村原来种植的粮食作物已被经济作物代替，这些经济作物产品经普洱运输到国内市场或经昆明出口。

第三个村子是玉溪的平村，分别距元江县中心和昆曼公路3公里。平村有1015户，共3861人，有2366亩低地和838亩高地可用来耕种。村里主要居住的是傣族，而从周边山上迁移下来的哈尼族主要作为雇佣劳动力从事蔬菜、茉莉花及水果等种植劳动。这个村子之所以被选为调研地是因为村里有从事农业工作的哈尼族人。

笔者用在3个村子做的151份调查问卷和24次深度访谈所获得的资料进行研究分析，并在3个村子分别组织了小组讨论，目的是调查公路基础设施的修建对当地生活的影响、对妇女与男人生活的影响及对人口流动的影响，收集当地村民对未来发展的看法和观点。在磨村，笔者访谈了20个男人与31位妇女；在南村，访谈了26个男人与28位妇女；在平村，访谈了15个男人与31位妇女。其中，磨村的访谈对象中傣族最多（26 人），其次是哈尼族（13 人）、汉族（11 人）和彝族（1 人）。在平村，访谈最多的是哈尼族（27 人），其次是傣族（13 人），还有汉族（3 人）、彝族（2 人）及其他民族（1 人）。在南村，访谈的是两个不同的民族群体，彝族（31 人）和汉族（23 人）。

三　商贸变化

磨憨于 1992 年被批准为国家一类口岸。宏观数据表明，随着昆曼公路的开通，边境贸易、投资、运输量及通过新公路进出磨憨口岸的人流量都在大幅增长[①]。而在过去的几年中，该口岸边境贸易平均增长 40%，进出磨憨口岸的人数每年增长 20%（见表 7-1）。尽管 2008 年发生全球金融危机，但 2008 年的贸易增长及 2009 年头 3 个季度的贸易增长分别达到 42.8% 和 60%。在 2008 年及 2009 年头 7 个月的时间里进出磨憨口岸的人数达到 34 万人，创云南历史新高[②]。即使普洱并不直接与其他国家接壤，2008 年与 2007 年相比，其边境贸易总额也增加了 78.8%[③]。

随着老挝方面公路建设的完成和开通，中国商人和投资者蜂拥而入，许多公司甚至个人到老挝租地或签订农业合同，开展涉农贸易。当地农产品主要从南部运输到磨憨口岸，然后运输到昆明和内陆省份，而不是经老挝运输到泰国。因为边境贸易设施还没有完全建设到位，尤其是相关国家还没有签订跨境运输协定，磨憨口岸还没有检验检疫制度，即使是特殊安排的如“蔬菜换水果”“鲜花换水果”也运行得很不顺畅；车辆到了磨憨边境必须

---

① 磨憨边境特区发展委员会，2009，《磨憨口岸进出口商品、出入境人数和车辆（陆路），2001～2008 年》。

② 钱国俊，2009 年 9 月 1 日，《西双版纳磨憨口岸联检楼查验功能通过省州联合验收》，西双版纳新闻网，http：//www.xsbntour.com/xshbntour/13150.htm。

③ 《普洱外贸报告》，2008 年 1～8 月。

换车头，这大大减低了陆路运输的便利。磨村的青椒、西瓜、南瓜，南村的咖啡及平村的水果、鲜花和绿色植物直接运往昆明及四川、广西和广东。产于元江的鲜切花如百合和玫瑰，往北运到昆明包装后通过冷藏链物流经昆曼公路运往南端的曼谷。然而能从事这种贸易生意的只有拥有冷藏设施的公司。在云南，载有绿色作物的卡车可以免过路费，享受政府设立的绿色通道。这种制度规定是为了让云南的农民受益。但是，很显然，现在更多受益于这一规定的是一些商家和公司，而不是少数民族村民和小农户。

表 7－1　磨憨口岸进出口交易量、交易额和人车流量（2001～2008 年）

年份	进口（吨）	出口（吨）	进口（百万美元）	出口（百万美元）	过境人流量	过境车流量
2001	53204	24445	5.07	46.28	234301	—
2002	72841	27099	4.50	46.24	198144	45140
2003	54144	34570	4.37	74.35	207643	46159
2004	61972	36317	9.16	71.72	216294	36472
2005	78802	54506	10.74	58.42	266139	36376
2006	140050	79342	27.04	91.60	353040	43946
2007	174082	56678	39.21	89.12	609125	86947
2008	255589	72471	43.756	139.468	640111	98765

数据来源：磨憨边境特区发展委员会 2009 年报告。

对于居住在边境地区的边民来说，边民互市是日常生活的一部分。传统上，傣族和佤佬族妇女是边境小规模贸易的主要交易者。然而当边境贸易成为一种政策便利，随着它的繁荣发展，这些妇女商人正被从事大规模贸易的男性商人排挤。按规定，居住在边境 20 公里范围内的居民从事边境贸易可以免税。自 2008 年开始，免税商品额度设定为 8000 元（约 1194 美元）。在云南，一些大中型商家通过边境贸易来获取免税惠利，把大单分解成几个小单，雇佣边境地区的居民为他们签署商品贸易单据，通过这种方法享受免税政策。这些边境居民从每一笔交易中可获得30元（约4.5美元）的劳务费。

公路设施改善后，磨憨口岸每月的边贸集市定于6～8日举行。集市之日，来自老挝和我国西双版纳的200多名小商家在磨憨口岸搭起摊位。老挝商人卖肉、泰国水果、林产品和手工艺品；中方商人则卖衣服、食品和小吃。这些在边贸集市上做小本生意的边民说，他们已被那些中等规模的公司挤压，没有太多生意可做。早期在这里出售商品给老挝村民的当地妇女说，现在她们都不做了，因为竞争不过那些可以提供廉价商品的大商家，大的中间商将货物派送到老挝的每一个村庄。因此早期做传统边贸小生意的妇女已失去了市场。

“1997年我开始在老挝边境做小生意，我从孟赛搞到芋头后运往云南各地，每公斤可赚两三元。现在老挝的每个村子里都有中国商人做买卖，每个县都有约20个湖南商人开店出售中国制造的商品。我没有太多的资金，因此今年不准备再做了。”（在磨憨做生意的妇女）

“我们村子周围都是公司的仓库，囤积了大量边贸商品。很快整个村子就要迁走，让地方给磨憨边境贸易开发区。虽然绝大多数家庭都有银行存款，即土地补偿款，但村民们的生活没有了明确的规划，都感到绝望，对未来没有希望。按理说村民们应更多地受益于边贸，但我们无法与大公司竞争。”（磨村女商贩）

“从1995年起我就开始到老挝村子里卖菜，也经常在那里住一晚。许多老挝当地村民都认得我。现在有很多卡车拉着各式各样的商品和蔬菜到那边。我再也不能像原来一样在老挝做小买卖了，只有在这边支个小摊，还有点生意。”（磨憨生鲜市场上的女菜贩）

虽然边贸小生意被挤压，但沿途的生鲜产品市场和服务业吸引妇女小商贩做蔬菜、水果和食品买卖等生意。接受笔者采访的人都提到村里的商贸往来呈现增长的态势。在村镇一级，小杂货店、小吃店和烧烤摊是典型的小生意。除此之外，村里的男男女女也将产品卖给外来的和村里的中间商，这种生意往往是全家投入。

“我们从老挝收购茶叶、薏米，然后卖给外面来的中间商。”（磨村女商贩）

“村里做生意的多起来了，收购咖啡、小猪崽，卖到普洱和普文。”（南村访谈对象，女）

问卷调查中有96个人（占全部问卷调查的63.6%）回答说，他们村里及他们同民族的人做边贸小生意的数量在增长（见表7－2和表7－3）。这表明公路沿线的经济在快速发展，但是中小经营者的发展速度不同。边境上获利大赚钱多的贸易被大公司垄断了，早期曾一统边贸小生意的妇女现已被中等规模的家族经营者和男性商贩所取代，不再占据绝对的主导地位。

四　经济作物的增长

随着道路交通的畅通，无论是境内还是跨境，公路沿线的经济作物种植均发展迅猛。道路基础设施改善和边境贸易增长引来了大批的农业合同公司与合同农户，这就改变了当地的农产品结构，使其从原来传统的家庭消费产品如大米、玉米、香蕉和茶叶转换为现在的经济作物如蔬菜、咖啡、鲜切花、橡胶和园艺品，以支持城镇发展，满足国内、国际市场的需要。

> “很多年前，当我们听说这里要修高速路，就计划来元江建花卉生产基地。我们考察了十多个地方，决定在这里落户，交通方便，气候适宜。我们的花卉销往我国香港地区及东南亚。”（元江一花卉公司负责人）

村民访谈对象被要求对他们的生计来源进行排序，97 人表示修路前稻谷是最主要的生计来源，修路后，只有 17 人表示稻谷还是最主要的生计来源。对稻谷依赖程度的降低在南村和平村比在磨村更明显，这与经济作物的种植成反比，经济作物成为多数被访家庭的最大生计来源（见表 7-4）。

从主要的粮食作物到经济作物的转变把村民与国际市场连接起来，这种连接在很大程度上依靠外来承包人。国际商品价格上涨时，有些村民几年之内就暴富了。在南村，咖啡是最主要的经济作物。当咖啡豆的农场收购价从 2008 年每公斤 14 元涨到 2009 年每公斤 19 元时，参与问卷调查的每户人家都把咖啡种植面积扩大了 14.6 亩（刚好在 1 公顷以下）。

相反，平村的哈尼族因没有土地享受不了经济作物需求增长带来的好处，村民不得不选择外出打工。在对哈尼族的问卷调查中，76% 的回答者中每户人家至少有一个人外出打工，而只有 46% 的汉族、39% 的傣族和 15% 的彝族回答者有相同的情况。外出打工的人中男人多于妇女。彝族男人多数从事经济作物种植，因此较少参与贸易活动（见表 7-2），且少有外出打工的。

表 7-2　问卷回答者在公路修建后开始做生意的情况*

少数民族	是		否		已经在做		总数	
	男人	妇女	男人	妇女	男人	妇女	男人	妇女
汉	3 30.0%	14 56.0%	6 60.0%	10 40.0%	1 10.0%	1 4.0%	10 100%	25 100%
傣	5 45.5%	12 46.2%	6 54.5%	11 42.3%	0	3 11.5%	11 100%	26 100%
彝	6 28.6%	6 54.5%	14 66.7%	3 27.3%	1 4.8%	2 18.2%	21 100%	11 100%
哈尼	3 21.4%	7 35.0%	11 78.6%	12 60.0%	0	1 5.0%	14 100%	20 100%
其他	0	0	0	1 (100%)	0	0	0	1 (100%)
总数	17 30.4%	39 47.0%	37 66.1%	37 44.6%	2 3.6%	7 8.4%	56 100%	83 100%

*2 个哈尼族、2 个傣族、1 个彝族及 7 个哈尼族的案例为缺失值。百分比是按每组少数民族中女性所占比例计算而得。

表 7-3　问卷回答者从事贸易活动的类型*

村庄	农业贸易	跨境贸易	杂货店	运输	旅店/饮食店	装修	出租土地种茉莉花	总数
平村	6	0	0	3	2	1	4	16
磨村	8	12	3	1	0	1	0	25
南村	10	0	4	3	4	1	0	22
总数	24	12	7	7	6	3	4	63

*农业贸易产品有茶叶、茉莉花、蔬菜、咖啡、橡胶、水果、谷物、生猪、猪崽；跨境贸易产品有薏米、玉米、林产品、中草药，与边境居民贸易互通。

表 7-4　问卷回答者在公路修建前后主要生计来源的人数情况*

村庄		大米	经济作物	临时工	进城务工	做生意	养畜业	租赁土地	其他
平村	之前	27	15	1	1	0	2	0	0
	之后	0	16	16	4	1	2	5	2
磨村	之前	38	4	2	1	4	2	0	0
	之后	15	19	3	1	8	2	1	2
南村	之前	32	19	1	1	1	0	0	0
	之后	2	46	1	1	2	1	1	0

*问卷包括平村的哈尼族迁移到元江之前及之后的数据。

经济作物种植面积的扩大引起大量劳动力涌入，当地普通农耕家庭组织劳动力的方式也在发生变化。传统上，云南的这些少数民族家庭和社区在需要劳动力的时候都采用换工的方式，一些作物有季节和时间要求，需要在很短的时间内耕种或收割完毕（如水稻），这种情况下村民就会集中劳动力完成一家的活后再转到另一家。然而，这种惯例随着经济作物的耕种而逐渐被雇佣劳动力取代。在元江县城郊、平村和南村，笔者发现外来的流动劳动力被当地的农户雇请，从事采摘茉莉花、鲜花和咖啡果以及分拣咖啡豆等工作。据村民介绍，这种变化与作物的品种和性质有关：如果是自给自足的粮食作物，人们还是通过换工的方式来完成，但如果是经济作物，就会雇请劳动力。但在平村这个以傣族为主体民族的村子，村民相互之间仍在一些经济作物如蔬菜等种植和收割时采用换工的方式。如调研期间，笔者在平村观察到 7～8 个傣族妇女上午先为一家剥玉米留种，下午 20 多个男女为另一家整理蔬菜，装车外运。雇请劳动力与经济作物的种植有密切联系，而在相对稳定的社区中，换工仍是维系人情的方式。

进一步观察发现，在流动的人群中，男女劳动分工也发生了变化，外出找工的男人会集中在建筑、运输和重的农活，妇女则做农业雇工，如采摘、除草等，而且不少家庭一同出来受雇。

> “我们来元江摘茉莉花已经有四五年了，这里共有 13 家。有 3 个家庭在这里租地，雇我们在茉莉花地和青枣园工作。3～11 月，我们摘茉莉花；12～1 月，我们摘青枣子。”（平村哈尼族妇女雇工）

在农业雇工家庭集中的地方，笔者看到，女人占多数。似乎是一种约定俗成，从事涉农工作的报酬往往比非农行业的低。虽然农业雇工的工作比较有规律，一旦确定雇主，往往要做上几天的活，但男人仍倾向于在非农行业里找工作。如元江县城清晨的劳动力市场每天都有一大批男性等待被雇。如果找不到非农行业的工作，男人宁愿在家待着。妇女则成为农业雇工的主力。在南村，农业雇工中妇女占2/3。

五　流动

中国东南沿海地区的工业化发展带动了西部地区农村劳动力向东部流动。随着国家在西部地区投入的增加及农业税费和学费的减免，西部地区外出打工的流动速度减慢，因此道路交通的改善并没有带来更多外出打工的流动现象。相反，农业产业化使小农进入合同农业中，在家门口就能赚取收入，这使一些外出的人回到家乡。不仅如此，由于道路设施的改善以及云南良好的生态和气候环境，大批内地以及云南省内其他地区的投资者和劳动力涌向资源相对富庶的西双版纳、普洱和元江一带。流入到这一带的人群包括几类：来自东南沿海的投资者，在这一带开设工厂、开发房地产；来自中原地区20世纪60～70年代早期移民的后代和他们的亲属，如湖南人，在这一带开设饭店和旅馆；来自云南省内其他地区的农村劳动力，他们在家乡贫瘠的土地上难以有更好的发展，也来到这一带寻找生计机会，且多为雇工，尤其是农业雇工。在磨村和平村这样商业比较发达的村子，外来流动人口数量常常超过本地人口。在平村和元江县城郊，哈尼族是主要的“外来人口”，主要作为农业雇工。涉农企业如花卉公司在傣族和彝族社区长期租用土地，雇请来自元江和附近山区的哈尼族人种植花卉、瓜果等。在平村，有50～60个哈尼族家庭是该村的临时居民，而本村流到外面的仅100人左右。在南村，2008年登记注册的临时居民有近700人，他们受雇管理咖啡地、做农业和建筑小工。

在所有的受访家庭中，78.8%的家庭在道路修建后购置了新的财产，这些财产不仅有新的房子、家用电器、生产工具和机器，也包括车辆。在磨村和南村，有70个家庭用房屋和土地征用的补偿款购置了新的财产。需要说明的是，补偿款额度不算小，都是直接存到户主的银行账户，而户主往往是男性。如何使用补偿款是很多受访家庭的困惑。对于农村家庭来说，盖新房是家庭兴旺的象征，只要有存款和积蓄，第一件事就是盖房子，然后就是购买车辆，如自行车、摩托车、拖拉机、卡车等，这些都是农村家庭渴望拥有的。近些年农村家庭开始购置轿车作为财产。购置这些财产由家庭中男性（丈夫和成年儿子）单独做出决定，而不是由女人（妻子和成年女儿）做出，而且与车辆相关的财产主要由家中的成年男性使用，妇女当然也可以使用丈夫或儿子的摩托车，但使用机会要少得多。

随着公路设施的改进，当地妇女和男人外出做农产品生意与参加社会活动的日常流动机会也相应增多。但在交通工具拥有和使用方面的男女差异进一步使妇女的流动主要局限于社区和附近小镇，而男性可以跑得更远——外出做生意或打工，男人凭借这些绝对优势把控了与运输相关的生意，流动性也较大。

“我丈夫跑甘蔗运输，做了3个月挣了1万元。他一天只跑一趟（因为他有病）。”（平村妇女）

“我丈夫拉砖。过去我们有3辆拖拉机，现在换成卡车了。”（南村妇女）

“以前我从山上收小猪崽，运到西双版纳。今年我开始收

咖啡。我以每公斤14.5元的价格承包了50吨咖啡的运输。实际上每吨可挣到约200~300元的运输费。”（南村男子）

妇女外出基本局限在本地短距离范围内的地方，比如到附近乡镇或县城赶集，或走访亲戚。这3个村寨的妇女委员会都组织过她们到昆明或其他名胜风景区旅游观光，或作为社会活动的一部分组织她们到其他州县进行文艺演出。这些都是她们出远门的机会。

公路修通后，不同少数民族的生活方式决定了妇女远行地点的差异。汉族妇女流动得较频繁，其中约有22个到过昆明及云南省内和国内其他城市，有的还到过老挝等东南亚国家。傣族和彝族妇女的出行主要集中在州内和周边地州。哈尼族妇女则多在各地州之间和县里活动（见表7-5）。

表7-5　回答问卷的妇女在公路修建后到过的最远地方

民族	附近乡镇	县	州	昆明	省内城市	国内城市	老挝/海外	无/缺失值	总数
汉	2	4	8	13	4	2	3	1	37
傣	1	6	18	4	0	3	3	4	39
彝	2	0	12	9	5	3	2	0	33
哈尼	2	13	9	5	1	3	0	8	41
其他	0	0	0	0	1	0	0	0	1
总数	7	23	47	31	11	11	8	13	151

通过研究公路修建后妇女做生意与外出流动间的关系，可以看出妇女的流动性与做生意有直接的关系。约半数的汉族、傣族和彝族妇女是在公路修建后开始做生意的（见表7-2），哈尼族妇女则多以充当劳动力为生，并依靠男人外出打工寄钱回来养家。因为没有做过生意，缺乏经验，或没有靠近公路的土地用来种植经济作物，妇女不能够利用公路修建后带来的各种机会（近年来

其所在的地区常遭干旱袭击）。

然而，道路的畅通和设施的改善增强了批发商的市场渗透力，批发商网络的形成和移动通信网络的持续增长降低了经商妇女的流动性。在竞争加剧的情况下，批发商采取给附近零售商送货上门的形式销货，小商人则通过手机向批发商订货。

案例 1：YX 和父母在磨憨生鲜市场上卖菜。每天清早 6 点，蔬菜批发商就从勐腊赶到这里了。该县是各种新鲜蔬菜的集散地，也是蔬菜批发零售的地方。YX 通常在头一天晚上打电话订购蔬菜。YX 和父母摆了两个菜摊，中午菜市收摊前，他们能卖出 500～600 公斤的蔬菜。下午，她和父母在家里剥大蒜和扁豆，打电话订第二天早上的菜。她每月可挣 2000 元左右。

案例 2：LF 原来是一所学校的会计。她从勐腊来到南村收咖啡，还经营一个简易的小作坊，给咖啡加工脱壳、分拣咖啡豆，每天早上 9 点开门，晚上 8 点关门，很少外出。如有事她会去 17 公里外的普洱，否则不离开自己的小院。别人送咖啡来加工并卖给她。每隔几天加工并积累一定量的咖啡后，她就打电话让卡车承包司机把咖啡运到普洱。她儿子在普洱咖啡收购站接货和销售。所以 LF 不管是从农民那里收购咖啡还是把咖啡卖给工厂，自己都不用外出张罗。

如果是远距离的买卖，则是买方市场，卖方会送货上门。元江县一位养鱼妇女说她把钱汇到鱼饲料商贩的账户上，然后卖方就会把饲料直接拉到她的鱼塘。公路修好后，买卖做得大一点的生意人跑的机会更多、更频繁，而那些小商人则失去了外出的机会，变得较稳定。大生意基本上由男人把持，而做小生意的人几乎都是妇女。所以生意上的流动性直接影响到村里妇女和男人的流动性。

六　结论

昆曼公路的修建提高了人们对经济活动的期望值。公路条件的改善促进了边境贸易的增长，带动了货物和人员的流动，增加了公路沿线的投资。外来人与本地人之间存在明显的不以地缘经济为准的增长趋势差异。大公司和做大生意的人从增长的经济活动中受益，占据了边境居民本应享有的政策空间，同时也挤压了边境居民传统的边贸活动空间。做小生意的妇女逐渐淡出传统的边贸生意而转向本地市场。如在2009～2010年调研期间，妇女已成为本地每月集市上的主力军，主要从事零售生意，销售她们自己带来的商品。

公路交通条件的改善带动了沿线经济作物的种植。少数民族聚集的社区逐渐从种植粮食作物转向种植经济作物，主要经济作物有蔬菜、咖啡、花卉、水果、橡胶和茶叶，土地利用发生显著变化。经济作物成为多数家庭的主要生计来源，并且需要大量的劳动力投入，男人和妇女作为家庭劳动力都必须投入经济作物的耕种中。传统的换工习俗逐渐被雇工替代，在这一过程中，妇女成为农业雇工的主要人群。公路设施的改善和昆曼公路的贯通增加了当地居民与货物的流动。不仅大商家纷纷进驻公路沿线，其他省份和云南省内其他地方的人也大量涌入，做农业雇工或为做生意的老板打工。哈尼族家庭从山上被吸引到公路沿线地区，有的成为涉农企业和经济作物耕种家庭的雇佣劳动者，靠出卖劳动力为生；有的则租赁一小块地种植花卉。运输经济作物的活动都掌控在男人手上，这增加了他们的流动性和外出活动的机会，男人因从事运输业而扩大流动范围，他们可以到达很远的地方。而妇女的流动则减少了。除了村集体安排的社会和福利活动外，妇女的流动多局限于本地乡镇和州市。批发商流动性的增大在一定程度上减少了做小生意和零售生意的妇女的外出流动机会。

公路的修建和开发改变了妇女和男人的生计选择。建设和开发使受影响家庭的世代为生的土地被征用，家庭生计被打乱，土地补偿款“自动”存到男性户主的银行账户上；以土地为主的资源转化为以消费性为主的财产，而这些转化和积累的财产多由家庭中的男性掌控和使用，这有利于促进男性的流动。

妇女从曾占主导地位的传统边贸生意中被排挤出来，但迎来更多以家庭为单位的经济作物种植和经营微小企业的机会。妇女的创业与她们的流动性相关联。但与此同时，由于通信技术的使用与普及，以及与公路同时发展的市场网络，她们的流动性实际上降低了。这种新的发展模式究竟是赋权妇女、提高妇女的社会地位和经济能力，还是使她们更依赖流动性大的男人？这需要更多深入的调查研究，来分析现今摆在妇女面前的机遇和她们的局限性。

参考文献

郑凡，2004，《全球化视角下的中国云南》，中国社会科学出版社。

第八章 流动生计策略与相关政策导向探讨

课题组*

本章主要用政策分析的方法，考察流动与相关政策的关联性，并探讨未来政策改进的方向。

一 与流动生计有关的主要政策问题及策略方向

将流动性作为少数民族回应全球化、市场化和现代化发展的生存策略和能力来看，流动性与政策导向有直接的关系，与中国的人口大规模流动和日益开放的市场经济、非均衡的区域化发展以及渐次松动的户籍管理制度相关。正如本书前几章案例研究所提出的，云南少数民族的流动生计在快速城市化、工业化和全球经济发展的影响下呈现的多样性与丰富性高于历史上任何时期；在各种变动的转折点上，综合地考虑少数民族发展的相关政策与流动性的关联，我们试图在本章探讨流动性日益多样化背景下，在保证流动人群的可持续生计和福祉、落实流动人群的各种资源的获得、促进其能力提升、保障其权益等方面，还有哪些策略方向需要政策考虑。

* 本章是课题组集体参与策划和写作的成果，第一、四、六部分由赵群撰写，第二、三、五部分作者分别是欧晓鸥、张宏文和吴璟。全文由赵群统稿，课题负责人、本书主编王云仙对各个部分的修改给予了非常细致和中肯的建议。

在研究的四个案例村中，我们认为至少有以下几个与流动相关的政策议题需要关注。流动人群在流动过程中的社会保障和公共服务获得的公平性，特别是在目前依然存在的城乡二元结构的背景下，流动人群与城市居民相比，还有怎样的差距需要弥合，具体政策缺失点在哪里；边疆发展政策，包括富民兴边、少小民族扶持、边贸、旅游和产业发展对于边境流动产生的影响及应该关注的问题；用流动的视角考察与少数民族文化建设和保护相关的政策，还存在哪些明显的问题；土地政策，包括农用耕地、林地和建设用地利用规划政策，对流动与移民安置的重要影响和产生的问题。

本研究揭示少数民族流动生计现状和面临的问题，用流动性去考察公共政策中的缺陷，但研究不是仅停留在对问题的阐述，而是为寻求建设性的意见和建议找到初步的路径，这是本章的初衷和意义。

二　流动人群社会保障和公共服务的主要进步和存在问题

（一）城乡社会保障体系中的阴影区域——流动人群

自2003年中央农村经济工作会议提出“统筹城乡”[①] 的概念之后，全国范围内，各级政府纷纷出台一系列政策推进此项工作的发展。近年来，逐步打破城乡二元结构，构建新型城乡关系，实现城乡社会基本公共服务均等化，已经成为各地经济社会发展的一大方向。在这个过程中，统筹城乡社会保障无疑是一个关键的突破口，也是优化城乡产业结构、促进农村人口向城市流动的重要保障。

我们必须承认，在这个大背景下，十年的时间里，中国城乡社

① 统筹城乡的主要内容是：统筹城乡规划建设、统筹城乡产业发展、统筹城乡管理制度、统筹城乡收入分配。

会保障体系从无到有的巨大进步，让城乡居民切实受益。但遗憾的是，今天它仍然不是被城乡居民所公平享有的，其核心原因在于，覆盖城乡两地的是两套基本各自独立的社会保障系统。

“两套体系”这个事实，让原本就存在于社会生活方方面面的城乡界限，不但没有得到跨越，反而显得更加突出。

在这种情况下，因流动而模糊了身份（城乡身份）的那一部分人口（户口在农村，长期或周期性在城市务工），恰好处在制度还未触及的阴影区域。虽然理论上，作为“城乡居民”这个整体的一部分，他们享受社会保障和公共服务的权利是绝对的、不以其他条件为转移的，但现实是，目前的城乡社会保障制度和公共服务体系仍然依附于城乡二元户籍制度，也就是说，户籍决定身份，身份决定保障和权益的获得。

仅仅是选择了流动的生计模式，就同时被两套社会保障和公共服务系统排除在外——这是二十多年前，中国第一批农民从尝试离开土地远走他乡开始，就已经面对的困境。也许从经济上看，无论是在城市还是在乡村，这都不是最贫困的一个群体——很多人甚至用自己的劳动所得支撑了背后一个家庭的生存，但这一定是这个社会中最缺乏保障与安全感的一个群体。

当然，二十多年来，这个群体已经不再是一个盲点，无论是在公众还是政府的视线范围内，其能见度都不断提高，他们作为一个“现象”或者说“问题”，被越来越多地公开讨论。这一切的基础是，他们所应该享受的权益被承认了。也就是说，他们的生存状况是呈好转趋势的。

（二）近年来云南省社会保障和公共服务方面的基本情况

总的来说，截至2012年底，云南省已实现了城乡居民低保、基本医疗保障制度的全覆盖，城乡养老保险制度的基本全覆盖，城镇职工基本养老保险制度不断完善，被征地农民养老保障制度、新农保制度相继启动，这些都标志着在全省范围内，城乡居民社会保障体系的基本建立（欧晓鸥，2011，2012）。

与此同时，云南省在促进城乡基本公共服务均等化（统筹城乡的另一重点）方面取得明显进展，主要体现在两大方面：一是与社会保障系统配套的基础设施和服务平台建设（尤其是医疗改革和社会保障系统信息建设）；二是劳动权益保障和推动就业。

以下是对几个与流动人群相关的关键性政策的梳理。

1.《非法用工单位伤亡人员一次性赔偿办法》

在云南省社会保障系统的所有相关政策中，最先出现专门涉及流动人口条款的，是由国家颁布、自2011年1月1日起实施的《非法用工单位伤亡人员一次性赔偿办法》。

该办法规定了无营业执照或者未经依法登记、备案的单位以及被依法吊销营业执照或者撤销登记、备案的单位，向受到事故伤害或者患职业病的职工，或者用人单位使用童工造成的伤残、死亡童工进行一次性赔偿的程序和标准，使得有关部门在解决与非正规就业部门就业人员和城市流动人口相关的劳动纠纷时能够有章可循，提高效率。

可以说，这是政府在专门为流动人口权益实施保障的道路上迈出的第一步。这个政策看到目前流动人口多数在一些非正规部门就业的现实，是对过往流动人群在非正规部门就业导致工伤无法获得赔偿的巨大漏洞的弥补。

2.《云南省人力资源和社会保障厅关于加大城乡统筹力度促进农业转移人口转变为城镇居民就业及社会保障实施细则（试行)》

2012年7月，《云南省人力资源和社会保障厅关于加大城乡统筹力度促进农业转移人口转变为城镇居民就业及社会保障实施细则（试行)》开始实施，旨在从就业、创业、养老保险、医疗保险、失业保险等方面，为转户进城农民提供政策保障。

在养老保险方面，对于与用人单位签订了劳动合同的农村转户进城居民，基本养老保险费由用人单位和职工共同缴纳；没有用人单位的，可以个体灵活就业人员身份，选择自费参加城镇企业职工基本养老保险或城镇居民社会养老保险。

在医疗保险方面，基本和养老保险的规定一致。此外，城镇居民基本医疗保险和新型农村合作医疗保险的缴费年限互认互通，可以续接。

在失业保险方面，农村户口转变为城镇户口后，用人单位按照当年本单位应当参加失业保险职工的工资总额的2%缴纳失业保险费，个人按照当年本人工资的1%缴纳失业保险费；以城镇灵活就业人员形式参保的，按统筹地上年度在岗职工月平均工资的60%和3%的费率缴纳失业保险费；领取失业保险金期间死亡的，一次性发给丧葬补助金和抚恤金；领取失业保险金期间自谋职业的，给予创业补助；参加职业培训和求职的，给予职业培训补贴、职业介绍补贴。

该实施细则以促进进城农民工落户城镇为前提，以确保农村转户进城居民与城市居民享有同等权益为核心，标志着云南省在完善城乡社会保障系统的道路上跨出了实际而关键的一大步。

然而该实施细则针对的只是已经成为城镇居民的那部分人群，并非真正意义上的流动人群，要从非城镇居民真正转变为城镇居民，门槛仍然存在：云南籍居民，在县城有合法稳定职业或者有合法固定住所，申请在建制镇城镇落户的，本人及其共同居住生活的配偶、未婚子女、父母（含配偶父母），均可在实际居住地城镇落户；在州（市）人民政府所在地城市和县级市（区）有合法稳定职业满1年或有合法固定住所，本人及其共同居住生活的配偶、未婚子女、父母（含配偶父母），均可在实际居住地城市落户；在昆明市主城区有合法稳定职业满3年并有合法固定住所或者有合法稳定职业并缴纳城镇企业职工养老保险满3年的人员，本人及其共同居住生活的配偶、未婚子女、父母（含配偶父母），均可在实际居住地城区落户……也就是说，只有跨过了“门槛”，该实施细则所规定的权益才能真正适用于他们。而对于流动人群中不符合成为城镇居民条件（比如季节性流动、打短工或者频繁变换职业者）或不愿意成为城镇居民的人来说，它在某种程度上只是“镜花水月”。

3.《云南省流动人口人力资源和社会保障服务管理办法》

2013年3月，《云南省流动人口人力资源和社会保障服务管理办法》的正式实施，才真正意味着流动人群作为一个特殊社会群体，对其享受社会保障和公共服务权益的保护，明确被纳入政府必须承担的职责范围。

总的看来，该管理办法最核心的两个进步其实是关于“身份”。

一是重新定义“流动人口”。以往凡是跨乡、镇到其他地区暂住的公民，都属于“流动人口”。而该管理办法涵盖的流动人口，“是指离开常住户口所在地进入本省或者在本省内跨县级以上行政区域居住的公民”。

二是流动人口需要办理的不再是“暂住证”，而是“居住证”。按照规定，流动人口应当自到达居住地之日起5个工作日内，持本人居民身份证或者其他有效身份证明向辖区流动人口服务机构或者公安派出所、边防派出所（以下统称“公安派出所”）申报居住登记；拟居住30日以上的应当向辖区流动人口服务机构或者公安派出所申请办理“云南省居住证”。而办理居住证之后，有合法固定住所、稳定生活来源的条件符合者，可以申请常住户口。

从某种意义上说，这种修改真正承认了流动人口在城市的“居住权”。这种承认的关键，在于附着在“云南省居住证”上的十项公共服务和权益，包括：依法享有选举权和被选举权，参与管理有关社会事务；按照规定参加社会保险，享受相关待遇；子女接受学前教育、义务教育；申请居住地的保障性住房；获得法律援助；施行计划生育的育龄夫妻免费享受国家规定的基本项目的计划生育技术服务；享受传染病防治、儿童计划免疫和妇女儿童保健等基本公共卫生服务；参加职业技能培训和享受公共就业指导服务；参加居住地专业技术职务的任职资格考评、职业（执业）资格考试、职业（执业）资格注册登记；在居住地参加驾驶培训并申领机动车驾驶证，办理机动车注册登记手续。

其中，在社会保障方面，其规定与《云南省人力资源和社会保障厅关于加大城乡统筹力度促进农业转移人口转变为城镇居民就业及社会保障实施细则（试行)》相似：在正规部门就业的（即签订劳动合同)，由用人单位为其办理城镇职工医疗和养老保险；其他以自谋职业者或灵活就业人员的身份参加城镇职工医疗和养老保险（医保方面，也可选择参加城镇居民本地医疗保险或在户口所在地参加新型农村合作医疗，但不得同时参加和重复享受待遇)。

值得一提的是，该管理办法规定流动人口在居住地可申请居住地保障性住房，申请条件如下：一是住房条件——个人在居住地无房，或家庭人均住房面积低于 13 平方米；持有居住地所发的“云南省居住证”，并且在居住地有一定年限的稳定职业。二是收入条件——单身人士月收入不高于国家规定的“个人所得税工资、薪金所得减除费用标准”的 85%；两人以上（含两人）的家庭，每人每月收入同上（只是乘以家庭人数)。具体准入条件可由州市、县市区人民政府结合当地实际决定，定期调整并向社会公布。

可以说，至此，云南省流动人群的相关权益才算是离开“盲点”，正式成为整个社会保障和公共服务系统中“可见”的组成部分。

（三）依然存在的问题

1. 没有专门针对流动人群的综合保险制度

综上所述，《云南省流动人口人力资源和社会保障服务管理办法》虽然明确规定持有“云南省居住证”的流动人群享有社会保障权益，但这一权益主要依托于城镇职工社会保险制度，没有专门针对他们的综合保险制度。

例如在戈村的调查结果显示，大部分流动劳动者没有与用人单位签订劳动合同，相应地，用人单位也就没有为他们购买劳动保险，甚至许多人不清楚劳动合同与保险的“用处”。这当然与他们自身的法律意识不足有关，然而更与现实中其流动的性质（大多是季节性流动）和从事的工种（建筑、服务行业且大多受雇于私人雇主）有关。

事实上，在流动劳动者没有与用人单位签订合法劳动合同并且频繁变换工作的情况下，很难要求用人单位为他们购买保险，因为按社会平均工资为基数缴纳保险费，对于用人单位来说是比较沉重的压力。而对于那些没有稳定工作和收入的“灵活就业人员”（比如干完一个工程就回家的临时建筑工人或者觉得“没意思”就跳槽的年轻打工者）来说，相对高额的保险费用更是一个沉重的负担，许多人甚至选择放弃参保。因此可以说，现有制度要覆盖所有流动人群仍是困难的。

2. 社会保险关系异地转接困难

仍然以戈村为例，许多常年在外打工甚至举家已经迁至县城的受访者在谈到自己的社会保险参保情况时，显得比较茫然：有的说不确定在家（户籍所在地）交了钱，在县城可不可以看病；有的不清楚在哪些医院看病可以报销；有的听说可以在打工所在地参保且原来“在家”交的保险费也不作废，但不知道如何办理相关手续，也不清楚应该找谁询问。

由此可见，虽然理论上，相关政策规定已在省内外其他地区参加了城镇企业职工基本养老保险的流动人员，可按相关规定办理转移接续手续，还可自主选择在居住地参加当地城镇居民基本医疗保险或在户口所在地参加新型农村合作医疗，但目前云南省农村社会保险与城镇职工社会保险的转移制度仍在建立健全中，手续也较烦琐，流动人口的社会保险关系在跨地转移接续时存在的障碍可想而知。同样重要的是，针对流动人群无正式单位、住所不固定的特点，如何让他们公平地享有知情权，政策宣传能够到达他们的有效路径在哪里，是政府以及整个社会保障系统服务者必须思考并着力加以改善的问题。如果以上提到的困难得到解决，则流动人口的参保率有望得到明显提高。

3. 流动人群仍被排除在社会救助之外

如果严格界定，在目前的政策中，流动人口所能够享受的社会保障权益，其实仅指社会保险。

虽然作为我国现行社会救助制度的代表——农村的“五保户”制度和城镇居民最低生活保障制度，对城乡部分贫困人群发挥了一定的救助作用，但流动人群却始终是被排除在外的。

究其原因，核心还是对救助对象身份的限定：“五保户”制度针对的是农村无劳动能力、无生活来源、无法定赡养扶养义务人或虽有法定赡养扶养义务人但无赡养扶养能力的老年人、残疾人和未成年人；而城镇居民最低生活保障制度的保障对象为持有非农业户口的城镇居民，这个限定的排斥性非常明显。

例如云南省2005年公布的《国务院办公厅转发民政部等部门关于建立城市医疗救助制度试点工作意见的通知》，只提出对低保对象中未参加城镇职工基本医疗保险人员、已参加城镇职工医疗保险但个人负担仍然较重的人员等给予救助。而遭遇就医困难又没有参加医保的流动人口，可以说是最急需帮助的群体，却仍然被挡在“门外”。

最大程度地降低社会成员生存风险并提供救助，是世界上任何国家、任何形式的社会保障系统的重要功能。但是在戈村的调查中，我们发现，所有受访者都表示遇到困难（包括经济方面）的时候，求助对象依次是家人、其他亲戚、村中同伴，政府在这里是缺位的。

或许可以这么说，当亲缘关系成为面对生存困难时仅有的“救命稻草”，流动人群是深陷孤立无援困境的。

综上所述，随着社会经济的发展，与过去十年的状况相比，云南省的公共政策在保障流动人群权益方面虽有较大进步，但现有制度仍存在缺陷，这是显而易见的。在实际操作中，确保社会保障和公共服务资源能够真正完全地到达流动人群，或者说，更重要的是，在他们的生存和发展过程中遇到自身无法解决的困难时，确保其能够及时有效地获得援助，我们的制度和服务建设仍有漫长的路要走。

三　边疆发展政策与边境流动

（一）边疆发展政策对流动产生了重要影响

边境地区的稳定和发展历来备受国家重视。云南作为多民族边疆省份，陆路与缅甸、老挝和越南接壤，国境线长达4060公里，有16个少数民族跨境而居，因而云南的边疆地区被看作面向东南亚、南亚开放的前沿，对于中国与东盟、南亚的政治、经济和文化往来具有十分重要的意义。因此，国家和地方各级政府出台一系列政策和措施，以维护和促进云南边疆的稳定与发展。

云南省自2000年开始实施的兴边富民政策，对于改善边疆地区的交通、道路和水电等基础设施无疑具有极大的促进作用，而国家从2005年开始对人口在10万以下的少小民族实施的扶持政策，促进了云南的普米族、布朗族、阿昌族、德昂族、怒族、基诺族和独龙族等人口较少的独有民族的社会经济发展，以及边疆的稳定和民族的团结。从研究案例中可发现，乡村村民曾经在20世纪90年代到21世纪初因为贫困而流动的现象非常普遍，他们有的经由缅甸流动到泰国投亲靠友，寻求生计；有的在广西、海南等地打工。2006年后，外出打工的村民大多回到家乡，这说明边疆发展政策对稳定边民在家乡发展产生了明显的效果。如今在边境地区随着边民生计改善和富裕，跨国流动已经不是20世纪80~90年代的打工和谋生，而是边民外出租地、投资发展新的经济作物种植业如橡胶、各种热带水果和山地作物如薏米等，流动的目的和方式明显不同。

另外，由于边疆发展政策的推动，更多的内地资本来到边疆发展，带来了资本和人流的进入；基础设施建设、房地产开发以及规模性的热带水果、橡胶的种植，吸引着更多的资本和人流，致使边疆地区的人口流动更加频繁。2010年，西双版纳州口岸进出口货运量162.96万吨，年均增长31.1%，比2005年增长2.9倍；出入境人员140.45万人次，年均增长16.1%，比2005年增长1.1倍[①]。2012年4月14日，西双版纳傣族自治州第十五届边境贸易旅游交易会共签约17个项目，协议投资达670亿元[②]。据不完全统计，2010年景洪市流动人口总数为79473（其中流入人口76252、流出人口3221），约占全市人口总数的18%、户籍人口的21%[③]。

① 《西双版纳傣族自治州“十二五”对外经济发展规划》，西双版纳傣族自治州政务信息网，http：//xsbn. gov. cn。

② 《西双版纳边交会引来金凤凰》，云南日报网，http：//news. cntv. cn/20120416/112808. shtml。

③ 《景洪市加强流动人口的服务与管理》，《西双版纳报》，http：//www. xsbn. gov. cn/jinri/ShowArticle. asp？ArticleID = 15732。

以上数据充分说明，西双版纳成为资本和人流净流入较高的地区之一。

（二）相关产业发展对流动的影响

另一个影响流动的政策因素是产业发展。在边境地区，旅游业、边境贸易等的发展在特定时期起到了关键作用。以案例村夕村和召村所在的勐海县为例，这是一个典型的农业县，素有“滇南粮仓”“鱼米之乡”的美誉，盛产稻谷、茶叶、蔗糖。同时因其优越的气候条件、丰富多彩的少数民族文化和与缅甸接壤、邻近金三角地区的特殊地理位置，旅游业和边境贸易成为该县自20世纪90年代初就重点发展的产业。而旅游和边贸发展的政策是对人口流动产生重要影响的因素。

1. 旅游发展政策变化对人口流动的影响

作为国内外闻名的旅游胜地，西双版纳州历来十分重视旅游业的发展，从2000年以来，更注重旅游业发展的规划布局，先后编制了旅游业发展的三个五年规划。西双版纳州国民经济和社会发展“十一五”规划，提出要“全面提升旅游与文化产业。积极推进旅游和文化产业的有机结合，提高旅游与文化产业对经济增长的贡献，把西双版纳建成闻名中外的旅游胜地”[①]。西双版纳将“旅游强州”定为本州的发展方向，由此可见旅游业对西双版纳经济社会发展的重要程度。“十一五”期间，全州累计接待国内外游客3072.16万人次，比“十五”期间（1357.25万人次）增长1.26倍；累计实现旅游总收入245.1亿元，比“十五”期间（107.2亿元）增长1.29倍[②]。

---

① 《西双版纳傣族自治州国民经济与社会发展第十一个五年规划》，西双版纳傣族自治州政务信息网，http：//xsbn. gov. cn。

② 《西双版纳州“十二五”旅游产业发展规划》，西双版纳傣族自治州政务信息网，http：//xsbn. gov. cn。

2009年，勐海县全年接待国内外游客55.7万人次，增长36%。旅游业综合收入4.2亿元，增长51%[①]。勐海县旅游业发展还带动了邻邦缅甸第四特区（勐拉）旅游经济和相关产业的增长，繁荣了中缅边境的旅游贸易市场，拉动了就业。夕村村民正是在打洛出境游十分红火的时期，纷纷到打洛森林公园等景区以及缅甸小勐拉打工，或唱歌跳舞，或讲解销售以及节目主持等。因距离不远（仅3公里），不少村民白天在家干农活，晚上去打工补贴家用，可算是家门口的出国打工。

2004年2月，在全国开展禁赌专项整治工作并暂停出境旅游后，自20世纪90年代兴起并逐步红火起来的打洛出境游受到致命打击，整个勐海县的旅游业陷入停滞状态。“过去平均日客流量近三千人次，年客流量近百万人次的勐海旅游产业基本处于停业、歇业状态中”[②]，造成“打洛一封关，西线无旅游”[③]。夕村人家门口的出国打工也不可避免地受国家政策的影响，在2004年打洛暂停出境旅游之后，在边境从事旅游相关服务业的夕村人只好结束打工回家。

然而，夕村村民在过往边境旅游的参与中积累了相关旅游业的经验，虽然家门口的旅游业发展遇到瓶颈，但当时正值海南、广西等省区大力发展旅游业。如海南省早在1996年就明确提出“一省两地”（新兴工业省、中国热带高效农业基地和中国度假休闲旅游胜地）的发展战略，旅游业被作为第三产业的龙头产业。2003年，海南省提出要把海南建设成为“中华民族的四季花园”

① 《勐海县政府2010年政府工作报告》，勐海县政务信息网，http://www.ynmh.gov.cn。

② 《勐海县旅游业“十一五”发展规划》，勐海县政务信息网，http://www.ynmh.gov.cn。

③ 《勐海县旅游业“十一五”发展规划》，勐海县政务信息网，http://www.ynmh.gov.cn。

和“全国人民的度假村”，2004 年通过了《海南省旅游发展总体规划纲要》，2005 年，确定了到 2020 年要把海南建设成为中国旅游强省和世界一流热带滨海度假胜地的战略目标。在地区乃至全国旅游业蓬勃发展的大背景下，很多村民在村中艺人的带领下远赴海南、广西等地打工，大多数以民族歌舞表演、民俗展示为业。旅游行业为追求利益最大化，千方百计增强各景区、景点的吸引力，除了挖掘海南当地的黎族、苗族文化以外，还从云南等少数民族集中地招聘各种能歌善舞的少数民族员工，将各少数民族的歌舞、民俗风情等引入景区景点，使之成为招徕游客的核心人文元素。夕村人正是在海南省的旅游业蒸蒸日上的时期，于 2002 ~ 2005 年来到海南各景区打工，大多数表演歌舞、民俗。可以说，布朗族文化在那个时期成为夕村人的重要生计资源和技术资本，突破了传统的日常生产和生活的边界，成为夕村人在云南、海南、广西等省区大力发展旅游业的过程中能够参与的重要元素。

旅游业的发展提供了向外流动的机会和条件，让夕村人或在家门口或远赴他乡，找到另外一个补充家庭生计的来源，正如前面案例中提到的，夕村人在参与旅游业的发展过程中，更多从事报酬低、无保障的工作，很少能够参与旅游业的经营管理。

2006 年以后，一方面由于家乡种植的橡胶已经可以开割，橡胶的价格也在不断上涨，另一方面是有的景区因经营不善而倒闭，大批的夕村打工者回家了。

边境旅游业处在不断转型的过程中，勐海县在总结以往旅游业发展的成绩和问题的基础上，提出了以往旅游业面临的“两大依赖”和“三大威胁”。“两大依赖”是指市场依赖景洪发团、分配，产品依赖缅甸小勐拉。“三大威胁”一是指境外黄、赌、毒、乱，口岸不时封关，受政策性威胁；二是市场单一、窄小，受行政管制制约和恶性竞争威胁；三是东线旅游升温，水路全线开放，西线客流量下滑威胁。对此，规划提出要实施“两个转型”，即“变出境观光为边境旅游，变过境旅游服务为目的地建设管理”①。打洛边贸出境观光游仍然是勐海重要的旅游产品。而像夕村人这样的边境村民，在周边旅游地寻找生计依然是对其家庭生计的重要补充。

2. *边境贸易的发展与流动*

边贸的发展对于流动具有明显的促进作用。以西双版纳为例，在“十五”期间基本形成了以景洪港和关累码头为轴线的澜沧江—湄公河沿江中、老、缅、泰转口经济贸易区，建立以勐腊磨憨口岸为重点的中、老经济贸易、仓储、加工与技术合作区，以勐海打洛口岸为中心、以240通道为辅建立了中、缅经贸和旅游区，全方位、多层次的对外开放格局已基本形成。“十五”期间，全州边民互市贸易累计完成23.53亿元，比“九五”的18.20亿元增加5.33亿元，年均增长3.0%。磨憨边贸区、打洛口岸和240通道边民互市市场建设步伐进一步加快，市场功能进一步完善。“十五”期末，直接或间接从事边民互市贸易的人员达4000余人②，对转移边境农村劳力和缓解城镇就业压力起到了积极作用。由此，西双版纳对外经济发展“十一五”规划提出要“稳步发展边境贸易”，“落实好国家促进边贸发展的政策措施”，“加快实施‘兴边富民’工程”，“加快边民互市市场建设”，“构建沿路、沿边、沿江产业经济带”，“力争边境贸易再上新台阶”。

---

① 《勐海县旅游业“十一五”发展规划》，勐海县政务信息网，http：//www.ynmh.gov.cn。

② 《西双版纳傣族自治州对外经济发展第十一个五年规划》，西双版纳傣族自治州政务信息网，http：//www.xsbn.gov.cn。

打洛口岸是我国9个陆路出境旅游和贸易口岸之一，区位优势突出，自古有滇南“茶叶商道”和东南亚国家“边贸之路”之称，是通往东南亚各国最便捷的内陆口岸，在跨国旅游和边贸发展中，具备很大潜力。

距打洛口岸仅3公里的夕村，具有得天独厚的区位优势，不少村民在缅甸小勐拉、景栋及泰国有亲友，按理夕村村民应该积极投身边境贸易。但通过调查发现，夕村170多户家庭中仅有10家左右从事边境贸易。这一方面是由于近年来橡胶价格直线上升，橡胶成为村民第一大收入来源，致使夕村村民对种胶、割胶的热情高涨；另一方面是由于很多来自内地的贸易公司资本雄厚，对一些利润较高商品贸易近乎垄断，势单力薄的夕村村民难以匹敌。而原本为了促进边境小额贸易的优惠政策（货物价值在8000元以下的免税），为一些大公司所利用，成为逃避税收的工具：大公司把货物拆分开，并租借边民证或找边民来签署小额贸易的单据，每个人每笔单据给30元报酬。另外，境外缅甸小勐拉的收费名目繁多，这使从事小额贸易的村民收益更加微薄，且贸易的风险不仅仅来自市场的变化，也与小勐拉的政局稳定与否有密切的关系。因此，夕村村民对进行边境贸易兴趣不大，仅有少部分农户参与其中，作为“零花钱”式的生计来源。

促进边贸的相关政策未能使边民和边境地区受惠，真正受益的是那些实力和资本雄厚的大公司、大企业，在发展边贸的过程中，边民的边缘化程度日益加深。所以，以边贸为载体的流动呈现的基本特点是内地流向边境的人口呈上升趋势，而边民小额贸易较过去处于下降趋势。2010年，全州边民互市贸易完成5842万美元，仅占当年对外经济贸易总额的5.7%①。

① 《西双版纳傣族自治州“十二五”对外经济发展规划》，西双版纳傣族自治州政务信息网，http：//www. xsbn. gov. cn。

四　民族传统文化的保护发展与少数民族流动

（一）在建设民族文化强省背景下的云南少数民族文化保护和发展

云南省作为中国少数民族文化最丰富的省份，如何在发展中保护和传承民族文化，一直是备受关注的重要发展议题。

1996 年，云南省提出建设“富有特色的民族文化大省”的战略，这在全国是最早的。2000 年先后出台了《云南民族文化大省建设纲要》《云南民族文化大省建设实施方案》等。2001 年将建设云南民族文化大省作为云南经济、社会发展的三大目标之一，将发展文化产业作为各级党委和政府的工作重点。2003 年提出将文化产业培育成云南省新的支柱产业。近年，将建设“民族文化大省”转变为建立“民族文化强省”的新的战略目标。2008 年正式提出《关于建设民族文化强省的实施意见》。云南财政每年专列少数民族文化保护经费 2000 万元。以上这些都说明云南省对民族文化发展的重视。

在关于建设民族文化强省的各种文件中，重点是强调建成覆盖城乡的公共服务文化体系和促进文化产业的发展，提到“文化遗产保护和传承”，但只是概括性地提出“加强对少数民族文化遗产的抢救、保护和传承”。如何保护、传承和发展？学界有很多讨论，有一种共识是非常清楚的，在保护中求发展，使民族资源的开发成为促进民族文化保护的积极因素（郑凡、刘薇林、向跃平，1997）。

在具体的实践层面，从 2009 年开始的“文化惠民工程”，在各地建立了越来越完善的文化服务设施，包括文化馆、图书馆、博物馆等。这些工程对于改善农村基层的公共文化服务设施和服务的基本条件无疑具有明显的积极作用。西双版纳的召村就是得益于“文化惠民工程”，建立了自己的文化室和各种文化设施，并在恢复民族文化传统技艺当中一枝独秀，恢复和发展了传统的造纸和手工打瓦，使之成为村民生计来源的重要形式，相比其他村寨更少通过外出流动来获得生计。

然而在现代化、城市化和全球化发展的浪潮中，流动作为一种生计方式已成为不可避免的常态，如何在流动过程中保护和传承民族文化成为我们不容忽视的议题；在民族文化保护与传承的研究和政策导向层面，对流动性带来影响的关注还远远不够。在政策和各种方案中鲜见流动性的视角，保护和传承民族文化都较倾向于关注物质文化、文化产业开发和民族旅游业开发。

（二）民族文化保护、传承与流动生计的相互影响

民族文化保护、传承与少数民族的流动生计之间有着隐含而密切的关联，这些关联表现在以下几个重要方面。

1. 传统文化作为少数民族的重要标志，是一个民族赖以生存的重要资源，以民族文化作为旅游资源所进行的开发，带动了内地人流和资本到少数民族地区寻求发展的机会，促进了人口的流动。特别是一些地区为鼓励发展旅游业而出台的对于投资商业和基础设施建设可以获得税费和土地使用费的优惠政策，致使大批外地经营者涌入民族旅游地区（葛本忠，1995）。如西双版纳州汉族人口由 1990 年的 201417 人（25.29%）上升到 2000 年的 289100 人（29.10%）（赵晓彪，2002）；西双版纳重要的旅游地曼景兰 1995 年人口仅 806 人，至 2000 年外来移民数量就高达到 4000 人（Grant Ewans，2000）。西双版纳也因此成为人口净流入数量大大超过人口流出量的地区。

2. 少数民族文化是影响民族流动与否的重要因素，也是民族发展重要的生计资源基础。例如在夕村，布朗族的传统民间歌舞，作为全村早期流动时赖以生存的技能，成为外出流动的村民在旅游地区和景点可以立足的资本。在召村，手工造纸工艺成功得到保护和传承，由此村民多了一种生计方式，该村是我们调查的村子中以流动为生计最少的一个村。

3. 人口流动发生增加了不同民族与主流汉文化碰撞、交融的机会，碰撞和交融通过通婚、人际交往而完成，交融过程中文化差异减少，不同民族文化边界的模糊性增加，如何在流动过程中保存和发展少数民族文化的独特性与多样性成为不容忽视的重要议题。例如一些外出打工的少数民族年轻人，在日常生活中只能使用汉语交流，到了民族节日时也没有穿民族服饰的机会。

（三）目前存在的主要问题

1. 以民族文化作为资源的开发，能否为这个民族文化的发展和传承做出贡献？这不是单靠经济发展就能够解决的问题，而是要在民族文化资源开发过程中使经济发展与民族生计相结合，让本民族真正获益。现在许多以民族文化开发为重点的产业，推动了人口流动（大多由省外向省内流动），但常常促进的是资本和人员进入后对民族资源重新生产、包装，产生的效益大多被外来的人员获得。例如，在著名的丽江古城，90%以上带有民族文化元素的商铺是外来人开办的，很少有丽江本地纳西人经营和开发。大多数文化传习的地方供游客学习，而不是本地文化传承的场所。在西双版纳开发旅游业的过程中，汉族投资者逐渐取代原来从事小规模旅游业的少数民族经营者，而大多数少数民族村民仅能从事如导游、舞蹈演员、酒店服务员等低工资的工作。政府虽然极力鼓励广大村民参与旅游业，但对于本地村民的商业发展只能给予非常有限的帮助。简单地说，旅游部门主要被外来者所掌控，本地少数民族反而被边缘化，因为他们无法与经验丰富的汉族经营者竞争（李强，2010）。

2. 如何在开发民族资源中真正保持民族文化的原汁特色和真

实性，成为民族文化旅游资源开发的重要挑战。很多民族文化旅游地所展现的文化风俗和资源，有明显的歪曲、猎奇和丑化现象。例如在夕村，早期村民被旅游景点招去做表演，有的直接让他们扮成野人，夸大其粗朴的生活方式，严重丑化了当地民族，伤害了他们的民族感情和自尊。李强在其文章中指出，在民族旅游业发展过程中，民族文化的呈现常常是女性化、异文化和娱乐化的，这种庸俗化的宣传方式，常常是去民族化的（李强，2010）。

3. 在民族文化开发过程中，在现代化浪潮的影响下，一些民族的传统生计向旅游生计转变，引发乡村社会向都市化发展，使得一些民族建筑的特色在逐渐消失。黄惠焜在分析曼景兰变成“闪光的泡沫”时指出其原因为：真正的“傣味”的消失以及农村城市化的趋同现象（黄惠焜，2001）。而民族传统建筑被现代建筑替代的过程不仅是表面建筑风格和建筑材料的改变，也深层次进一步影响到传统建筑劳动中的换工制度，向雇佣或外包给外来的建筑队转变，这导致更多外来流动，也进一步改变了村中的劳动用工习惯，由此引发社区内部关系的变化，互助和人际关系与劳动力互换的用工制度被金钱雇佣所替代。

4. 仅仅重视民族文化开发过程中的经济价值，民族文化的精神、意识、观念等核心内容在开发过程中被明显忽视，没有让民族文化精神价值观的内核真正通过开发而得到保护和传承。郑凡等提到各民族多样的文化不应是遗留式的“博物馆文化”，而是“文化意识”在旅游开发的同时得到传承，例如，让年轻一代服务员在旅游服务中继承热情好客的朴素民风，变成行业所需的职业道德先锋；民族历史文化的丰富知识能够提高导游人员的素养（郑凡、刘薇林、向跃平，1997）。我们进而引申，将民族文化中精神文化核心价值观清楚地传递给游客，使之成为现代人反思日常生活方式的重要精神文化力量源泉。例如，许多民族天人合一、敬畏自然、保护环境的简朴生活方式对于现代城市中的浪费、拜金以至不顾环境承受力追求经济发展、舒适享受等，不是最好的教育素材吗？

5. 以外出流动为生计的少数民族村民，如何在以汉文化为主流文化的城市中保有本民族文化的特点，并融入城市文化，这是目前少数民族外出流动中面临的最大挑战。在几个村的调研过程中，村民都反映他们在外流动时保有的民族文化就是在本民族重大节日时回到家乡过传统节日，如傣族的泼水节、布朗族的“新年节”“开门节”“关门节”等。由于布朗族居住得与傣族比较接近，所以他们的节日有的和傣族比较相似。另外还有哈尼族的“十月节”和“新米节”等。在这些重大的民族传统节日到来之前，外出打工的村民都要争取回到家乡，与亲人一起度过，这不仅可以让他们在经过几个月的辛苦劳动后获得短暂的休息，同时也是其与亲人团聚、感受本民族文化的最佳时机。

外出流动的少数民族在城市生活和工作时，处在以汉文化为主的环境之中，其民族文化特质在日常生活中很难体现，只有与家乡人在一起时才可以说自己民族的语言，平时基本没有机会穿民族服装、居住民族式样的房屋，更没有机会从事民族传统的娱乐、工艺等活动。一些学者注意到少数民族在城市寻求生计的过程中“凭借地缘、亲缘、族缘，居住扎堆，行动抱团，形成了相对固定的聚落作为他们在城市生存和发展的依托”（赵民、林钧昌，2012）。马戎指出，（人口）迁移后会自发形成本族人相对聚居的小社区，使本族的生活习俗、宗教生活得以保持，生活上便于互助，也较易与集体争取自身合法权益。我们认为，从文化的角度来讲，这也是其保存文化空间的一种策略。

有研究者注意到，少数民族流动人口是“从传统社会到现代社会的时间移民；从农村地区到城市领域的空间移民，从少数民族聚居区到汉族聚居区的文化移民。他们面临多方面的交流与适应难题：从传统社会到现代社会的适应；从农村生活到城市生活的文化适应；从少数族群边缘文化到主体民族主流文化的适应，从家乡的主人角色到他乡的客居角色的适应，从民族语言文化到汉语言文化的适应，从传统教育向现代教育的适应”（王平，2008）。“在这个过程中，基于地域、民族、文化之间的差异导致的文化冲突与文化不适成为一个新问题。”（王平，2008）有学者进一步用社会学的“内卷化”理论分析少数民族在沿海城市融入过程中社会认同内卷化的逻辑建构，包括居住区间的“孤岛化”、社会交往“内卷化”、就业形态“单一化”和情感归属“族内化”（汤夺先，2009）。

五　土地利用政策与农村流动生计的相互关联和影响

（一）云南省土地权属相关政策对农村人口流动的影响

云南地貌以山区高原为主，山区面积约占全省总面积的84%，高原约占10%，而盆地（坝子）仅占6%。在人口与耕地矛盾突出的情况下，土地权属问题对农民生计的影响显得尤为重要。

1. 农村土地制度变迁对人口流动的积极促进和影响

我国现行的土地制度是在公有的基础上，所有权和经营权分离，土地所有权属于国家或集体，作为个体生产者的农户通过承包集体所有的农地（包含耕地和林地）行使经营权，以实现土地的有效利用和农业的多种经营。自新中国成立以来，我国农村的土地利用经历了从私有到集体所有和集体统一经营，再到集体所有和个体分散经营的格局，这样的制度变迁在一定程度上推动了农村人口的流动。

从积极的一面看，土地所有权与经营权的分离、承包期的延长使农户获得了土地的长期使用权，实现了生产资料与劳动者的直接结合。这种土地制度既使农民可以自行安排生产，根据市场需要从事农业多种经营，也催生了农民自主经营的以农产品生产、加工和流通为主的乡镇企业或合作社。在满足土地经营所需劳动力的同时，富余劳动力开始向集镇和城市中的非农产业流动。再者，家庭联产承包责任制的推行实现了农村土地分配制度由工分制向承包制的转变，这样的分配以多劳多得为原则，农民有了对剩余产品的处置权。土地制度的改变所释放出来的剩余劳动力，在单纯的土地耕作之外，有了从事农业以外更多生计活动的可能。由于土地制度变迁，农民开始主动选择流动，然而这样的流动多是季节性的，具有临时性特征，例如做季节性的农业雇工，外出城市打工，从事农产品交易和流通活动，等等。这些流动促进了当地商品和劳动力的流动以及贸易的发展，在几个案例村具有典型性和代表性。

2. 农村土地制度与政策的缺陷以及对农民流动的消极影响

从消极的一面讲，现行土地制度的缺陷让农民在抉择中被动流动，以谋求土地之外的生计模式。第一，农村土地的承包多以村民小组（或自然村）为基本运作单元，多数村民小组在承包时会考虑土质的肥瘦搭配和距离居住地的远近，但在面积上则按村民小组在册农户登记数按人头分配到户，这样的分配使地块细碎化，经营过于分散，无法形成规模效益，土地耕作的收入增长有限，随着人口增长和过于密集且频繁地耕作，土地肥力和产出率呈逐渐下降趋势，与此同时，城市及新兴城镇居民的收入增长较快，城乡收入差距逐渐拉开，农民迫于生计压力和对增收的渴望而被迫流动。在这样的背景下，农民的流动只是单向地从农村到城市的流动，在流动过程中，多数流出的农民因技术和知识的限制，只能选择收入低且缺乏保障的临时性工种。

第二，在现行土地制度下，农民虽然享有承包权，但其自主经营权不稳定且存在弱化甚至虚化的现象。出于县域经济和区域经济发展的需要，政策一般要求发展特色产品，并对农户有“土地统一规划，连片种植和经营”的要求，尤其是对农户所承包的山林和自留地。政府的统一规划实际上凌驾于农户的土地承包经营权之上。农户对种植的作物没有完全的自主决定权，一旦遭遇产品的市场价格跳水或天灾，损失完全由自身承担。再者，农户土地承包经营权的转让并非通过市场交易关系完成，农村集体经济组织的所有权可以凌驾于承包经营权之上，所有权主体可以随意干预土地承包经营权流转，并分享其收益。既然农户难以获得令其满意的土地使用权流转收益，他们就会在不割舍自己承包地的同时，选择兼业流动，以在土地耕作之外寻求更多渠道的收益。这样的流动多是短期的，且呈双向性和季节性：在农闲时流入城镇，在农忙时流回农村。如果有邻居或亲戚的帮忙，农户的流动则呈现一定的长期性特征。

第三，由于土地资源稀缺，在完成第一轮和第二轮的土地承包后，村集体除了极少量因人口死亡和人口数量减少（外流或搬迁）而盈余的土地可以用于新增人口的微调外，已没有资源进行分配。随着城镇化进程的加快，农村可用于承包的土地资源越来越少。20 世纪 90 年代以后出生的新生代农村居民普遍存在没有土地的情况。有研究表明，农户拥有的土地资源越少，农业内部对农村劳动力的外推力就越大①。人均土地面积实际上和当地的人口流动比例成反比。早在 2000 年，湖北省农调队就进行了相关调查，调查的结果表明，人均拥有土地面积不足 1 亩的村寨，农村人口外流的比例很高；相反，人均经营耕地面积在 1 ~ 2 亩的村寨，农村

① 杨文彦、秦尊文，《人口流动、土地流转和新农村建设》，http://qkzz.net/article/e034a509-5451-405f-9dea-8e9f9497f660.htm。

人口有土地资源的保障，生活相对平稳，外流的比例就相对低一些。这样的情形在云南也是如此。在山区占绝对比例的云南，人均拥有的土地资源更为稀缺，四个案例村中除召村为1.87亩/人（这是不包含有旱地和山林的情形），其余三个村，戈村包括旱地是1.4亩/人，南村布朗新寨仅0.7亩/人（仅水田，旱地未分），夕村就更少，只有0.6亩/人，这也是仅计算了水田，没有包括旱地在内。从流动的规模和流动人口占全村人口的比例来看，召村最小，夕村最大，南村布朗新寨的流动虽多，但情况与其他三个村稍有不同。

（二）土地利用规划和城镇化进程中征地政策实施与人口流动的关联

1. 云南省土地利用规划的新内容与重点

云南省的土地利用及规划制定一般会涉及农村基本农田、城镇建设用地、重要基础设施建设的土地占用及征用，以及生态功能区的划分。与土地利用相关的规划活动主要依照《中华人民共和国土地管理法》和两个规划进行，即《云南省年土地利用总体规划（1997～2010）》和《云南省土地利用总体规划大纲（2006～2020）》（以下简称“规划大纲”）。

随着云南省城镇化建设进程的加快，城镇占地和交通水利等基础设施建设占地不可避免，根据规划大纲，2006～2020年，云南省将安排新增能源建设用地2.68万公顷（40.20万亩），交通用地2.83万公顷（42.45万亩），水利设施用地1.08万公顷（16.20万亩）（不含库区淹没面积）[①]。交通、水利及其他用地总规模2005年为20.98万公顷（314.7万亩），2010年增加到23.42万公顷（351.3万亩），占耕地1.42万公顷，到2020年还将增加到

① 云南省国土资源厅，2009，《云南省土地利用总体规划大纲（2006～2020）》。

28.02 万公顷（420.3 万亩），占耕地 3.29 万公顷①。

2. 土地利用规划的调整和实施对农村人口流动的消极影响

如前所述，在没有其他外部因素影响的前提下，随着人口的增长，农村可开发的土地资源以及可用于承包的新土地越来越少。明晰的农村土地产权关系、规范的农村土地市场交易，是在农村人口离开乡土走向城市的过程中，保证其原有权益不受侵犯的基本制度安排。随着经济的发展，城镇化进程加快，城镇将向农村扩张，交通、水利设施的兴建等也将不可避免地占用部分非建设用地，农地资源越发稀缺。在土地利用规划的实际执行过程中，未按规划进行的土地征用以及农地被转为建设用地甚至工业用地等，对农村人口的流动和生计选择造成了消极影响。

承包地对于农民而言是重要的资产，它为农民提供了最基本的生活保障和失业保障，但农民却对这一资产没有控制权，这正是因为农地的所有权归集体所有，“集体”在此却是一个抽象的所有权主体，这个抽象主体无法真正行使并落实处置或买卖农地的权利。在实际操作过程中，农地的征用首先是所有权主体的变更；由于集体主体的虚位设置，政府可将农地低价转化甚至无条件由“农村集体所有”变更为“国家所有”，再在市场上将土地出售给土地使用者。尽管农地转为建设用地的程序和审批手续非常复杂，然而一旦农地被征用，政府享有全权处置权和控制权，农民则没有知情权、话语权，更没有对其承包地的财产处置权。地方政府按农地的收益标准补偿被征地农民，却按商业用地的高市值将土地出让给开发商，作为原承包者的农民集体却不能享有土地类型转变升值后的任何收益。进行基础设施和城镇化建设的目的是将更多的农村剩余劳动力转移出来，使他们摆脱土地的束缚，但农

① 云南省国土资源厅，2009，《云南省土地利用总体规划大纲（2006～2020）》。

村土地所有者虚化导致政府在征地过程中与农民存在利益冲突，即制定土地利用规划的是政府，审批权在政府，征地主体是政府，而最终获益的还是政府。这个过程对于享有土地承包经营权的农民来说是不透明的。城镇扩张和基础设施建设将会产生越来越多的失地农民，他们以低价出让了资产，却丧失了生活保障，被“农转非”，成为城镇中新的低收入者和劳动技能缺失群体。

在农地征用过程中，最典型的是水库建设和库区移民的整体搬迁，被搬迁的农民作为移民被重新安置，他们对其流动选择和流动后的生计模式没有参与权和话语权。由于库区被淹没，“被流动”的农民可以通过政府的“土地置换”重新获取新的土地资源，但生计模式可能会发生改变，正如搬迁后的南村布朗新寨，以部分林地置换了水田，离城镇也更近，但在搬迁过程的前后，村民的传统技能和生计模式被忽视了，没有水稻种植经验和技能的村民在新环境中适应性差，流动后的生计能力弱，生活状况改善有限，致使村民在迁移后选择回到原村继续从事原有的生产模式。

（三）人口流动使土地政策面临新挑战

土地承包经营权的不稳定以及土地所有权的抽象和虚化，使农民从土地经营中获取的直接收益非常有限，农民缺乏对土地投入的热情。另外，由于农村社会保障体系不健全，土地实际上替代了现金，为农民提供最基本的生活保障、养老保障和失业保障。流动农民兼业现象普遍，即使长期离开耕地，农民也不愿放弃对土地的依赖，但又不愿增加对土地的投入。在现行的土地承包制度下，人口流动的增加将制约土地的规模化经营以及土地产出率的提高；外流的农民不愿放弃承包地，这是在四个案例村都存在的普遍现象，也阻碍了土地的流转。

六　政策改进方向的建议

少数民族的流动生计由来已久，并且在相当长的时间内会作为一种生计方式长期持续。因此在政策层面需要高度重视少数民族流动生计的问题，让以流动为生计的少数民族人口不仅能够提高收入，而且在流动过程中其各权益都有保障，均等地享有社会服务，很好地融入流入地，有尊严地生活，并较好地保存本民族的传统文化。以下几点政策建议供政府相关部门和社会组织参考。

1. 扩展对流动生计概念和形式的认识，不仅关注外出打工的农民工群体，也系统考虑农业雇工、季节性流动打工及移民搬迁的权益保护和社会服务面临的问题与困难。

2. 相关部门应做好在境外租地和农业投资方面的引导和信息咨询工作，保证农民在境外投资农业和租地发展农业的长远利益及合同的履行，避免由于外交和境外环境的改变而使投资农民利益受损，或影响到合同的公平履行。

3. 在边境旅游和边境贸易投资发展过程中关注本地村民，尽量避免外来资本过度侵占本地村民的利益，进一步完善促进边境小额贸易发展的政策，保障边民的收益权利。

4. 做好外出打工群体劳动权益保护工作，对侵害农民工合法劳动权益的企业和法人进行严厉的惩罚，加大对农民工法律援助的支持力度。

5. 弥合城乡社会保障的制度性差异，包括住房、教育、医疗卫生、计划生育服务等。不能将流动人群看作社会管理的“麻烦”，而应视作社会服务的享有者。尽快将打工人群纳入城乡住房规划和廉租房计划，消除户籍制度在教育和医疗卫生服务上对其的限制，真正落实将流动人口纳入基本医疗公共服务体系的相关工作。

6. 建立专门针对流动人群的综合社会保险制度和包含流动人群的社会救助制度，根除排斥流动人群的城乡社会保障制度。

7. 在重大基础建设项目实施过程中，尤其是在水库建设项目所涉及的移民搬迁和安置问题上，有条件的地区尽量考虑缩小移民范围和搬迁的距离，能就近安置的就不要远距离或跨地区移民，这样便于移民就近管理自己的山地和林地。在解决移民住房时，要考虑移民的经济承受力，不应为了面子工程，一味强调住房的标准和档次，致使移民使用大量的补偿款建设房屋而不能保证在重建生活中需要的经济资本的投入。注意解决移民中少数插花户安排的利益问题，避免其在安置过程中再次被边缘化，以及权利与利益持续受损的问题。最重要的是移民安置的后续跟进活动，注重被重新安置的农民的生计模式选择以及生计技能培训，开展能力建设项目，增强新移民的环境和生计适应能力。

8. 尽快解决水库移民搬迁后的土地权益落实，不仅要重视经济补偿，更应关注可持续生计扶持，在生计和文化适应方面给予大力支持。

9. 将农民的承包经营权物权化，允许农民对土地收益有充分的处置权和抵押权，为农民获取金融贷款、增加对土地投入奠定基础；完善集体所有农地的流转制度，使流出的农民能从出让土地中获取合理的流转收益，同时也让流入的人口能通过流转土地和租用土地参与当地对土地的有效经营和管理；减少农地的抛荒和闲置现象，同时使农民的承包经营权得到应有的保障。

10. 将被征地农民以及因城市建设或水库搬迁而失地的农民纳入城乡社会保障体系，尤其是加强低保和失业保障对失地农民的专项扶持，同时对于被征地农民的产业选择和就业安排，应充分利用农民原有技能和组织体系来推广相关培训。

11. 在民族文化开发和保护中引入流动性的视野，在民族文化产业开发过程中重视民族文化的传承，使少数民族能够从自己传统文化的产业开发中增加生计和发展的机会。设立专项扶持资金或小额贷款，给当地社区的村民用于本民族文化开发和传承。

12. 在旅游业开发中注意保持少数民族传统文化和习俗的真实性，尊重少数民族情感，发挥民族精神文化价值的教育功能，包括尊重自然、保护环境、勤劳节俭等。

13. 关注流动到城市的少数民族流动人口中的文化保护和传承，在流动人口用工、居住、文化娱乐、权益保护等各种社会服务项目中增强少数民族文化视野，尊重他们的文化和风俗，增加他们对本民族文化的自豪感，增强少数民族流动人口在城市生存和发展的文化适应性。

参考文献

欧晓鸥，2012，2013，《云南省城镇社会保障报告（2011）》《云南省社会保障专题系列报告——2012 云南农村社会保障报告》，载樊坚主编《云南社会形势分析与预测（2010～2011）》《云南社会形势分析与预测（2011～2012）》，云南大学出版社。

郑凡、刘薇林、向跃平，1997，《传统民族与现代民族国家——民族社会学论纲》，云南大学出版社。

葛本忠，1995，《中国边境地区投资、贸易、旅游指南》，中国审计出版社。

赵晓彪，2002，《西双版纳州各民族人口变化分析》，《西北人口》第 3 期。

Grant Ewans. 2000. “Transformation of Jing Hong，Xishuangbanna，PRC”. in Grant Ewans，Christopher Hutton and Khah Khun Eng，eds. *Where China Meets Southeast Asia*：*Social and Cultural Change in the Border Regions.* Institute of Southeast Asian Studies，Singapore.

李强，2010，《民族旅游发展：国家与地方政府的取向研究——以云南、贵州为例》，《云南社会科学》第 5 期。

黄惠焜，2001，《西双版纳曼景兰旅游新村总策划》，《思想战线》第 5 期。

赵民、林钧昌，2012，《东北地区城市化进程中的流动人口和民族关系》，《满族研究》第 4 期。

王平，2008，《关于城市少数民族流动人口子女教育问题的思考——以兰州市少数民族流动人口子女教育为例》，《民族教育研究》第 2 期。

汤夺先，2009，《城市少数民族流动人口问题论析》，《中南民族大学学报》第 2 期。

第九章　结论

赵　群　王云仙

本书在云南少数民族四个村庄流动性案例与研究的基础上，探讨了在全球化和市场化的冲击下，云南少数民族如何以流动作为生计模式，回应全球化市场带来的机遇和挑战。在历史上，流动对少数民族来说并不是新事物，随着全球化生产的推进和市场的全面渗透，少数民族人口更是被推着进入流动的常态中。流动作为生计策略，已经不仅仅是从农村、山区和少数民族地区外出打工那么简单。研究表明，少数民族的流动包含更加复杂多样的形式，除了为每日生活所需的日常短距离的流动外，从农村到城市和沿海地区打工、往返于城市和乡村的城乡循环流动、从家乡到外乡做农业雇工的农业季节性流动、从国内到国外做工或耕种的跨国流动、水库移民和从移民点到老家的回流与耕种等，这些流动生计跨越了过往的许多边界，包含空间、地理、社会和资源。少数民族世代生活在相对偏僻的山地，虽然在传统上他们的生计与流动密切相关（如轮耕），但过去的流动仍固守土地。而今天他们的流动已经趋于多样，不论是出于自愿寻求更加多样的生计形式，还是迫于国家发展的水库移民，这些流动已经让处于边疆山区的少数民族跨越传统以农牧业维生的生计方式，流动作为生计已成为其生存的重要形式或补充。

而流动作为一种能力，占有不同资源的不同阶层和人群在流动中获得的利益是不同的；从这个意义上说，“自由流动”并非“户籍松绑”那么简单，需要有资源（经济、社会、文化的）与公平的保障作为基础，而社会身份恰恰是这些附着在流动人群身上的一系列条件和背景，规定他们可以在多大层面自由、安全和有尊严地流动。在民族、阶层、代际、性别交叉的社会分层中，流动的表现形式和特点也是多样而复杂的，不同社会分层及其流动特征影响不同人群的流动结果。当少数民族人群离开他们的土地在城里和他乡寻求生计的机会，他们往往经历不稳定的流动且获取仅够生存的资源，而流入到他们家乡土地上的资本则获取了更大的利益。从社会性别的视角看，流动对不同年龄段的女性影响是不一样的：对年轻女性是一定程度上的选择和机会，而对已婚女性则更多是家庭和社区责任，甚至是牺牲。但无论是女性还是男性，在他们流入的城里或异乡，都填充了非正规经济的每个角落——他们的生产和再生产多以非正规的形式来安排。

流动不仅仅是活动范围的地理位置和生计方式的改变，还直接涉及生存、保障和公共服务、身份、文化适应与社区关系的建立和融入等一系列相关联的议题，是现实生活中的社会关系坐标的移动。在流动中人们的机会和选择或扩展或受限，或被接纳或被排斥。复杂的流动生计方式以及相关的系列问题已经超出流动形式的本身而附着在流动之上。城乡社会、文化和制度的结构性差异，使处于流动中的少数民族需要跨越不同的鸿沟。本书研究所揭示的是，在流动过程中少数民族正是运用已有的社会文化纽带、亲缘和地缘关系编织着外出流动的安全网，去补足社会保障和文化适应的不足，在自己的民族、代际的亚文化圈中寻求更加“安全”的空间。不过这种“安全”是一种长期的形态还是过渡时的选择？没有唯一的答案。

本书研究进一步说明，少数民族流动有着广泛的历史和现实背景，无论是宏观全球资本经济和生产发展的影响，还是中观区域发展政策的变化，全球化不仅深刻影响大城市和中心地带，少数民族和边疆区域也没有因为地处交通和地理的“边缘”地带而得以逃脱，这进一步印证了“边缘”和“中心”的相对论。如今很难有一块净土可以逃离全球市场化的魔咒，因为土地、资源已成为全球市场角力的场域。全球化生产带来的发展和基础设施建设的结果往往是使祖祖辈辈居住在那一方水土上的人们的生计被打断，引发进一步流动甚至动荡。在这样的背景下，流动超越了个人和家庭生计的决策，与更广泛的社会过程相连。作为处于社会、经济发展和文化保存边缘状态的少数民族，要在全球资本激烈进入的社会过程中安全地持有和利用自己的资源（包括自然、劳动力和文化），获得生存和发展的空间与权利，保护应有的利益，并在长期持续生计中处于合理的位置，这一切已超越他们祖先世代留下的在自给农耕系统求生存的经验，他们必须在陌生的市场、城市和国家的政策中寻求并开拓新的空间。

流动是一系列时间和空间的变化，流动也使人们在几个不同的地方都有家，但同时感觉哪里都不是家。无论是作为人口大国，抑或是因为流动所涉及广泛的社会过程，探讨流动都无法回避承担社会管理责任的政府和与之相关的政策。在市场经济高速发展的今天，如何保障边缘弱势群体的利益与诉求，政府的态度和政策的导向非常重要且不可替代。流动普遍存在的现实要求国家和地方政府的政策逐渐跨越传统户籍管理的藩篱，在制定各种少数民族政策和公共发展政策中更具有流动性视野，即非地方化、非固定化、非户籍化。要看到劳动力和资本更富活力的自由流动对于发展繁荣经济的贡献，流动劳动力不应仅仅被当作满足工业化和全球化的生产工具，而被假设他们在年迈体弱时一定回到原籍，因而在社会政策上仍然采取地方化策略，使流动人口在分享社会经济发展的利益上受到限制。Sassen 的“反地域循环”的提出给我们一个明确的启示，资本的流动、劳动力的流动和国家发展获得利益的差距是巨大的，如果大多数被边缘化的流动劳动者被排斥在发展之外，那么发展的意义又何在？所以国内学界提出弥合城乡社会保障的差异，为流动人群提供更完善的社会保障和服务，让“发展的蛋糕”能够更多地分给为国家发展做出巨大贡献的人群，给她/他们更公平的待遇。但是问题远非如此，作为社会过程的流动不仅涉及调整社会经济文化关系的方方面面，包括土地、森林、房屋等资源的再配置，就业和收入，社会保障和机会的获得等经济利益；也涉及社会关系和网络的镶嵌与重建。而民族文化身份的自觉、习俗规范的传承、生存、平等的公民身份等，都有待被纳入国家的政策层面和发展规划。

流动无论是作为生计策略、能力还是社会过程，都已经深深嵌入今日中国边疆少数民族区域，相比资本与市场和国家发展主义的强势，少数民族在流动中的脆弱性显而易见。然而我们并非简单地把他们看作在全球化中被动受害的群体，其内在依然蕴藏着坚韧的生存力量，所以对“能动性”和赋权策略的探掘依然是寻求出路的方向，从而使流动作为生计策略和能力、作为发展的组成部分，能够朝积极的方向拓展。这也是在资本市场、国家发展中寻求更加平衡出路的另外一种不可或缺的力量。

本书通过对云南少数民族地区案例的展示，期待这样的分析能有助于在更大范围内，让决策者对现今中国社会经济转型过程中的流动有更多样的理解，推动流动成为边缘群体的发展机会，让流动成为和谐发展的主流，并使流动者充满幸福感。

后　记

“印度、中国和老挝少数民族的流动生计与社会性别”研究项目历时三年，作为一个综合性的跨越三个国家的比较研究，其涉及了多个合作单位。

本研究得到了挪威研究委员会的慷慨资助，这使得我们的研究能够顺利地开展实地调研，参与研讨会，并且出版此书，我们由衷地表示感谢。此研究由挪威科技大学的 Ragnhild Lund、泰国亚洲理工学院的 Kyoko Kusakabe、印度人力资源基金会的 Smita Mishra Panda 和亚洲理工学院/上海社会科学院的王云仙合作执行，并各自分别在老挝、印度和中国与当地的合作伙伴开展国家研究项目。中国的研究在与云南省社会科学院社会学研究所的紧密合作下开展，这使来自云南的一线的调研能够在研究中得到充分的体现。这个多方合作的研究也是我们二十多年来的友谊在专业领域的展示，我们不仅相互关心各自的家庭和个人生活，也鼓励和支持每个人的事业发展，因此整个研究合作的过程充满了信任、承担和支持。虽然由于不能常常面对面沟通而产生误解和张力，但三年的合作过程让我们巩固了友谊，令我们享受并不断忆起。

我们的调研和编辑过程也得到了多方的支持。云南省社会科学院的研究人员共同进行了四个村的调研和案例写作，并与亚洲理工学院一起承担了行政支持。在实地调研中，云南民族大学的研究生万冬冬、和靖莲、韩洋，昆明医科大学的研究生孙双凤、胡丹和孙睿参与了问卷调查，孙双凤、胡丹和孙睿还协助我们输入和分析问卷数据。云南省社会科学院外办的陈亚辉担任了下乡考察和研讨会的翻译。欧晓鸥在繁忙的学习期间对本书稿的文字和格式进行统一编辑和修整。对此，我们表示满心的感谢。

我们也向支持我们调研的地方政府部门、官员和村民表示致谢。我们由衷地感谢他们对我们实地调研的支持、组织和参与讨论。他们包括：西双版纳州政府、民宗局、妇联、旅游局等部门，勐海县政府和民委，打洛镇政府，思茅州政府，南屏镇政府，元江县政府和民委，羊街镇政府。我们要特别感谢四个调研村的村民抽出时间参与我们的访谈和研讨会，安排我们调研期间的住宿。没有他们的接纳，我们的研究就没法顺利完成。

最后，我们要感谢社会科学文献出版社，为我们的研究成果提供机会，出版文稿。在我们提议出版此研究的成果时，童根兴先生即刻对这个选题产生兴趣并提出前瞻性的建议，同时编辑郑嬿女士、任晓霞女士对我们的交稿、修改的耐心，我们表示深深的谢意。

编　者

2013 年 7 月

图书在版编目(CIP)数据

流动生计与社会变迁：云南少数民族区域调查/王云仙，赵群主编.—北京：社会科学文献出版社，2014.11

（田野中国）

ISBN 978-7-5097-6057-4

Ⅰ.①流… Ⅱ.①王… ②赵… Ⅲ.①少数民族-人口流动-调查研究-云南省 ②少数民族-社会变迁-调查研究-云南省 Ⅳ.①C924.257.4 ②C912.82

中国版本图书馆 CIP 数据核字（2014）第 106682 号

·田野中国·

流动生计与社会变迁

——云南少数民族区域调查

主　　编 / 王云仙　赵　群

出 版 人 / 谢寿光
项目统筹 / 童根兴
责任编辑 / 任晓霞

出　　版 / 社会科学文献出版社·社会政法分社（010）59367156
地址：北京市北三环中路甲 29 号院华龙大厦　邮编：100029
网址：www.ssap.com.cn
发　　行 / 市场营销中心（010）59367081　59367090
读者服务中心（010）59367028
印　　装 / 三河市尚艺印装有限公司

规　　格 / 开　本：787mm × 1092mm　1/20
印　张：13.4　字　数：210 千字
版　　次 / 2014 年 11 月第 1 版　2014 年 11 月第 1 次印刷
书　　号 / ISBN 978-7-5097-6057-4
定　　价 / 59.00 元